普通高等教育"十三五"旅游与饭店管理专业系列规划教材

总主编　刘住

旅游经济学

主　编　温　秀
副主编　苏　琨　王会战　宋竹芳
　　　　王春梅

西安交通大学出版社
XI'AN JIAOTONG UNIVERSITY PRESS

内 容 提 要

　　本书以经济学基本理论为基础，综合了管理学、应用经济学、旅游学等多门学科的理论和知识，全面系统地阐述了旅游经济学的基本理论和基本方法，并以案例的形式加强巩固基础知识和理论。本书主要包括三大部分的内容：旅游经济学概述、微观旅游经济学和宏观旅游经济学。第一部分为相关概述，包括旅游经济学概述和旅游经济学的发展和理论综述；第二部分为微观旅游经济学部分，包括旅游需求与旅游供给、旅游消费与评价、旅游产品及开发等内容；第三部分为宏观旅游经济学的内容，包括旅游投资与决策、旅游市场结构、旅游收入与分配、旅游经济管理体制、旅游经济效益与评价及旅游经济的发展趋势等内容。

　　本书可供旅游及饭店管理类专业学生使用，也可供旅游企业从业人员使用。

前言
Foreword

在当今的世界经济体系中,旅游经济活动已经成为并且正在改变人类生产和生活的方式。20世纪50年代以来,大众化的旅游方式发展态势强劲,迅速成为各个国家和地区的重要支柱性产业。

在我国,自1978年改革开放政策实施以来,特别是1986年,国家将旅游业纳入到国民经济计划体系之后,旅游产业的增长速度加快。1998年东南亚经济危机时,世界经济发展疲软,国家将旅游业列为国民经济新的增长点,旅游产业的发展突飞猛进。目前,旅游产业在政治、经济、社会、文化及生态建设等各个行业都有突出表现。

2009年,国务院提出把旅游业建设成国民经济的战略性支柱产业,全国各个省、市、自治区加大旅游产业投入,目前全国大部分省、市、区均提出要把旅游业打造成支柱产业,其中17个省、市、区更是提出要将其建设成战略性支柱产业,通过推动旅游产业与其他产业的充分融合来实现地区经济社会发展的结构均衡与质量提升。

旅游产业的发展实践要求旅游教育水平的提升,旅游教育水平的提高促进旅游产业的进一步深化。正是在这种社会经济历史条件下,我们编写了本教材。本教材的主要特点如下:

(1)运用西方经济学和其他相关学科的理论与方法,结合旅游经济运行的自身规律,系统阐述了旅游经济学的基本理论与方法;其内容包括微观和宏观方面,尽可能全面阐述旅游经济学的各领域;

(2)注重案例教学对旅游经济基本理论的解释,将理论与实践进行了更好的结合,使结论更具科学性;

(3)语言表述尽可能通俗易懂,适用性较强。

本书是旅游管理专业教师与团队集体完成的,也是教师在各自研究领域中最新成果的体现。全书共十一章,具体编写情况如下:西北大学温秀编写第一、七章,西北大学文国繁编写第二、八、九章,西北大学曹妍雪、许晓燕编写第三章,陕西学前师范学院苏琨编写第四、五章,延安大学宋竹芳编写第六章,湖南女子学院王春梅编写第七章,西安科技大学王会战编写第十、十一章。本书由温秀担任主编,苏琨、王会战、宋竹芳、王春梅担任副主编,负责全书的统稿工作。

在本书的编撰过程中,得到了西北大学李树民教授、陈实教授以及旅游管理系各位教师的悉心指导,也得到了西安交通大学出版社王建洪编辑的大力支持,在此表示最衷心的感谢。

由于时间仓促,本书在编撰过程中难免有疏漏之处,敬请诸位读者指正。

温 秀

2016 年 12 月

目 录
Contents

第一章

旅游经济学概述

学习目标

◎ 掌握旅游经济学的基本概念；
◎ 理解旅游经济学的研究对象；
◎ 理解并掌握旅游经济学的学科特点；
◎ 了解旅游经济学的研究方法。

引导案例

中国旅游业高速发展

　　旅游业是有效拉动我国国民经济发展的主要力量。1978 年的改革开放政策为旅游业带来了发展契机,旅游业在国民经济中所占比重逐年上升。我国旅游业发展的三十多年间,除了 1997 年亚洲金融危机和 2003 年"非典"疫情等的影响造成暂时性的比重下滑之外,旅游业相当于国内生产总值的比重是持续增长的,1985 年的旅游收入占国内生产总值的 1.31％,到了 2007 年,则相当于国内生产总值比重的 4.42％。2008 年汶川大地震的影响和世界经济危机的冲击导致我国旅游业出现了下滑。当年,我国全年入境旅游人数为 13003 万人次,实现国际旅游外汇收入 408 亿美元,比 2007 年分别下降 1.4％和 2.6％;国内旅游总人次 17.12 亿人次,国内旅游收入 8749 亿元,分别比 2007 年增长 6.3％和 12.6％;中国公民出境旅游人数为 4584 万人次,比 2007 年增长 11.9％。全年实现旅游总收入 1.16 万亿元,比 2007 年增长 5.8％,相当于国内生产总值的 3.86％[①]。

　　到了 2015 年,我国旅游业平稳较快发展。国内旅游市场持续高速增长,入境旅游市场平稳回升,出境旅游市场增速放缓。国内旅游人数 40 亿人次,收入 3.42 万亿元人民币,分别比 2014 年增长 10.5％和 13.0％;入境旅游人数 1.34 亿人次,实现国际旅游收入 1136.5 亿美元,分别比 2014 年增长 4.1％和 7.8％;中国公民出境旅游人数达到 1.17 亿人次,旅游花费 1045 亿美元,分别比 2014 年增长 9.0％和 16.6％;全年实现旅游业总收入 4.13 万亿人民币,同比增长 11％。全年全国旅游业对 GDP 的直接贡献为 3.32 万亿元,占 GDP 总量比重为 4.9％;综合贡献为 7.34 万亿元,占 GDP 总量的 10.8％。旅游直接就业 2798 万人,旅游直接和间接就业 7911 万人,占全国就业总人口的 10.2％。

　　资料来源:各年中国旅游业统计公报

---

　　① 中华人民共和国国家旅游局网站[EB/OL]. http://www. cnta. gov. cn/html/2008 - 9/2008 - 9 - 10 - 11 - 35 - 98624. html. 中国经济网[EB/OL]. http://news. xinhuanet. com/fortune/2009 - 01/22/content_10700948. htm.

第一节　旅游经济学的基本概念

一、旅游的基本概念

旅游是在一定的社会经济条件下产生,并随着社会经济发展而发展的一种综合性社会活动。早期的原始人类迁徙是人类最初的空间移动形式,属于生存需要的空间移动,并不属于旅游的概念。人们的第二次空间移动就是旅行。旅行既包括经济需要的空间移动,也包括休闲需要的空间移动。旅行与人类早期迁徙的最大区别在于是否改变人们的固定居住地。人类早期迁移是以离开固定居住地去寻找新的居住地的行为,而旅行则是暂时离开居住地,是一种在居住地和目的地之间的往返行为。旅行现象只有在人类形成了定居生活,出现商品交换后才可能出现。人类社会在手工业和农业分离之后出现了更加细化的分工,分工的细化促进了生产技术的进步,进而提高了劳动生产率,商品交换领域随之扩大,出现了专门为满足商品流通与交换需要的商业与商人,形成了第三次社会分工。商业连接了手工业者与农业生产者之间的供给与需求,商人地域间的流动完成了商品的交换。因此,商业与商人的出现扩大了商品生产与商品交换的范围,促使了商业旅行的出现。

从旅游本质属性来看,早期的商业旅行并不是我们所理解的现代意义上的旅游。从概念上来看,商业旅行属于经济需要的空间移动,与现代旅游的休闲需要差别较大;从旅行目的来看,商业旅行的目的简单,仅为商品交换,而现代旅游的目的很多,包括休闲、度假、观光、消遣等。当然,早期商业旅行的出现带动了专门为商业旅行提供服务的商业客栈和交通等设施,这些是现代旅游的早期雏形。

现代旅游是从旅行中分化出来的一种独立的社会现象,是商品经济发展到一定阶段而出现的经济现象。由于社会经济的发展和人们社会水平条件的不断改善,现代旅游形成。现代旅游是指人们暂时离开居住地而到异地进行各种包含游览、度假在内的有目的全部活动的总称。

二、旅游经济的特征

现代旅游经济是以现代旅游活动为前提,以商品经济为基础,旅游经济活动主体之间由于经济利益问题而发生经济交往的经济活动的综合,因此旅游经济既有旅游者的消费经济活动,又有旅游经营者的经营经济活动。旅游经济的特征表现为以下几个方面:

1.旅游经济是一种商品化的旅游活动

现代旅游经济是社会经济发展到一定阶段的产物,与商品经济的发展密不可分,因此可以这样界定:现代旅游经济是一种商品化的旅游活动,旅游经济的商品化表现在旅游产品的市场化、旅游经营主体和需求主体的经济化等。

2.旅游经济是一种综合性的服务经济

旅游经济与社会经济各个部门、各个产业都有一定程度的联系,属于第三产业的范畴。旅游经济的发展离不开社会经济各部门、各产业的支持,如交通条件影响旅游景区的可通达性、饮食条件影响旅游者旅游目的地的总体评价等,因此现代旅游经济是一种综合性的服务经济。

其实质是以旅游为目的、以经济为基础、以服务活动为主体的综合性经济活动。

3.旅游经济是一个相对独立的经济产业

旅游产业作为国民经济产业的重要组成部分,在社会经济发展中的地位和作用不断提升。特别是二战后大众旅游的兴起和发展促使旅游产业规模不断扩大,旅游产业结构体系不断完善,直至目前旅游产业范围扩张至全球,现代旅游经济已成为一个相对独立的经济产业。

三、旅游经济的地位及作用

(一)旅游经济在国民经济中的地位

旅游经济作为一个经济性产业,是国民经济的重要组成部分。随着旅游经济在国民经济中所占的比重逐渐提升,旅游经济在国民经济中地位也得到提升。旅游经济在国民经济中的地位如何,主要取决于旅游业的性质、发展规模及运行状况。

知识链接

旅游经济在我国国民经济中的地位考量

随着经济全球化的来临,我国旅游经济取得了长足发展,每年均呈现上升趋势。但笔者作为旅游研究者,科学合理地分析了相关经济数据发现,促进我国国民经济发展的众多产业均呈现增长趋势,而旅游产业呈现的增长趋势并不能有效表明其是否具备支柱产业的增长优势。因此,把旅游业和其他产业放到国民经济序列中进行比较,才能研究出旅游产业是否具备支柱产业的增长优势。

一、旅游经济在国民经济的比率

在国民经济序列中,某个产业的发展促进了国民经济的快速增长速度,这个行业就被定义为国民经济的增长点。其基本特征是:符合经济结构调整方向,增长速度快,适应社会机构调整等。

(一)旅游总收入等同于 GDP 的比率

由于旅游总收入基本等同于国内生产总值的比率,因此本书使用旅游总收入来衡量旅游产业对我国国民经济的贡献,并选取了 1997—2012 年相关数据进行分析。由相关数据可知,由于 1997 年改变了统计方法,从而使当年的旅游总收入占 GDP 的 3.21%,在随后的几年中也呈现逐渐上升的趋势,至 2006 年已接近 5%,但自 2007 年以来,随着我国 GDP 飞快的增长,我国旅游收入在 GDP 中的比率也开始呈现下降趋势,保持在 4%～4.5%左右,在 2012 年更是下滑到 4%以下。

(二)旅游总收入等同于第三产业的比率

旅游产业是第三产业的核心产业,笔者通过运用 1999—2012 年第三产业产值和旅游总收入,并计算比率可知,我国旅游总收入虽然呈现持续上升的趋势,但在第三产业中的占比却没有显著增长,基本维持在 10%～11%左右,近年来还呈现下降趋势。

二、横向比较旅游经济在国民经济中的地位

我国旅游产业是否具备支柱产业的增长优势,不应局限于自身的纵向比较,还应考虑在我国国民经济的范围内与其他产业进行比较。笔者选择旅游产业、汽车产业、房地产产业、信息产业等进行比较。主要指标选取我国国民经济的比率、税收贡献、利润以及行业平均增长率来分析旅游产业是否具备支柱产业的增长优势。

（一）横向比较平均增长率

由于我国旅游产业缺少增加值，故使用旅游总收入代替旅游产值。通过表 1-1 所列 2004—2012 年四个行业的增长率和增加值，可以看到，房地产产业的平均增长率为 16.3%，信息业的平均增长率为 22.1%，而汽车产业的平均增长率为 25.2%，三种产业均明显高于国民经济增长的速度。但我国旅游产业的平均增长率仅为 14.3%，与国民经济增长速度相比相对落后。

（二）各产业在国民经济中的比率

在 1999—2012 年度的 13 年间，我国房地产业、信息产业和汽车产业由于呈现较强的增长趋势，使三种产业在我国国民经济中的比率愈发凸显。尤其是我国汽车产业的比率增长了近乎一倍。房地产业和信息产业也是增长趋势。唯独只有旅游产业在国民经济中的比重略微下降，由 1999 年的 4.5% 下跌至 2012 年的 4.4%。

（三）比较各产业利润

由于我国旅游产业的利润长期处于微利状态，尤其是其资产与饭店业在 2007—2012 年更是处于亏损状态，与其他产业相比，其利润明显偏低。虽在 2012 年达到 140 亿元的新高，但增长幅度仅为信息产业的 6.7%，是汽车产业的 13.6%。

表 1-1　2004—2012 年相关产业数据统计表　　　　（单位：亿元，%）

年份	房地产产业增加值	信息产业增加值	汽车产业增加值	旅游总收入	房地产产业增长率	信息产业增长率	汽车产业增长率	旅游总增长率
2004	3682.3	2750.5	759.4	3997.9	—	—	—	—
2005	4149.1	3819.3	885.4	4517.2	12.7	38.9	15.4	13.0
2006	4715.1	4406.3	1056.4	4993.7	13.6	15.3	22.2	10.5
2007	5345.6	5754.3	1564.4	5564.2	13.4	30.4	50.1	11.4
2008	6172.7	7054.4	2154.3	4881.7	15.5	23.4	35.6	-12.3
2009	7174.1	9445.5	2188.5	6839.3	16.5	33.2	1.6	40.1
2010	8243.8	9011.3	2210.6	7685.2	14.9	-4.6	1.0	12.4
2011	9664.2	11003.2	3363.5	8935.4	17.2	22.1	52.2	16.3
2012	12277.4	13031.3	4141.4	10966.4	27.0	18.2	23.1	22.6
平均增长率					16.3	22.1	25.3	14.3

数据来源：国家统计局 http://www.stats.gov.cn/.

（四）比较各产业税收

从各产业对我国的税收贡献来分析，旅游业与其他产业相比也存在一定差距，2012 年信息产业税收贡献为 770 亿元，汽车产业税收贡献 364 亿元，而旅游产业税收贡献仅为 158 亿元，与其他产业相比，旅游产业仅占其中的一部分。

从这些比较结果可知，我国旅游产业经济增长速度相对缓慢。与各个行业的增长速度相比，并不具备明显优势。主要原因在于我国旅游产业利润相对薄弱，并致使税收贡献率相对不足，最终迫使在国民经济中的比率有所下降，而旅游产业在我国经济增长点的主导地位也开始被其他产业所代替。

三、结论

笔者将我国旅游产业设定在我国国民经济的框架下,分析了我国旅游经济在国民经济中的地位,并与其他几个国民经济增长点的相关产业进行了横向对比,从而更好地分析了我国旅游经济在国民经济中的地位。所得到的结论如下:

我国旅游总收入在国民经济中的比率,在20世纪90年代中期呈现快速增长的趋势,使我国旅游总收入基本等同于我国GDP的上升趋势,至2006年已接近5%。但自2007年以来,随着我国GDP飞快的增长,我国旅游收入在GDP中的比率已开始呈现下降的趋势,基本保持在4%~4.5%左右,在2012年更是下滑到4%以下。

在与其他几个国民经济增长点相关产业的横向比较中,发展旅游产业与房地产产业、信息产业和汽车产业相比,其利润明显较低。在产业税收贡献比较中也发现旅游产业的税收贡献明显低于其他几个产业。

综上所述,四个产业的增长速度由快至慢依次为:汽车产业、房地产产业、信息产业、旅游产业。前三种产业在GDP中的比率已开始增加,而旅游产业在GDP中的比率却开始减少。表明旅游经济在我国国民经济中地位开始下降,政府应重视此问题,并通过制定科学全面的相关政策,来改善我国旅游经济在国民经济中的地位。

资料来源:李南.旅游经济在我国国民经济中的地位考量[J].商业时代,2014(20).

(二)旅游经济在国民经济中的作用

旅游经济作为国民经济收入的重要组成部分,其作用主要表现在:

1.增加外汇收入

旅游产业是一个外向型经济,通过旅游产品的生产与销售将旅游生产商与旅游消费者联系起来,实现旅游收入。旅游业又是一个开放性的国际产业,作为旅游产业中的三大旅游市场的国际入境旅游市场能够吸引大量国外游客,从而增加旅游外汇收入。

2.加快货币回笼

旅游业由入境旅游市场、国内旅游市场和出境旅游市场三部分组成,国内旅游的大发展刺激旅游需求者的旅游消费欲望,满足旅游者的旅游需求,带来旅游目的地的经济发展,大量回笼货币,促进整个旅游市场的稳定与繁荣。

3.带动相关产业发展,扩大就业机会

旅游业的产业关联性强,旅游者的消费包括食、宿、行、游、购、娱以及社会经济的各个方面,因此旅游者数量的增多,带动为旅游者提供服务的相关产业的发展,从而为社会提供大量的就业机会,解决旅游目的地的就业问题,有利于旅游地的安定与团结。

4.积累建设资金

相对于传统产业而言,现代旅游业属于高投入、高产出、高创汇的行业,旅游业的经济效益、社会效益和环境效益均有不同程度的提升,为旅游业的可持续发展提供了强有力的资金支持,也为其他产业的发展积累了建设资金。

5.对落后地区的扶贫作用

我国的旅游业实践表明,旅游业可以先于其他产业发展,借鉴实践经验,通过落后地区的旅游资源规划,开发具有地域特色的旅游资源和特色鲜明、品位较高的旅游产品,带动落后地区的经济发展,有利于落后地区的居民脱贫致富,减小社会经济发展中的区域经济不平衡。

(三)旅游经济对其他方面的作用与影响

1.旅游经济对社会的作用及影响

旅游经济的发展对社会的影响深远,旅游经济的发展带动旅游目的地经济的发展,进而提高旅游地的就业水平。另一方面,文明的旅游行为、良好的生活习惯和友好的旅游态度等都会促进旅游地旅游居民文明行为的形成和沉淀,形成良好的社会环境。

2.旅游经济对文化的作用及影响

旅游经济的发展与文化有密切的关联性,具有差异性的文化是旅游活动产生的动因之一,旅游消费者对优秀民族文化的传播带动民族文化影响范围的扩大,使民族文化的开发更加有力,民族个性更加突出。另一方面,旅游者参观和了解旅游目的地的文化的同时将旅游者自身的文化带入旅游目的地,并通过言、行、举、止传播给旅游目的地居民,带动旅游文化的传播与交流。再者,旅游经济的发展可促使各民族优秀文化得到发掘,使民族个性更加突出,促进人类精神文明的进步。当然,旅游的发展对文化也有一些负面作用,如崇洋媚外的生活方式、由于利益分配不均带来的旅游者与当地居民的矛盾、旅游的商品化改变了居民的价值标准等。

3.旅游经济对环境的作用及影响

旅游与环境紧密联系在一起,这里的环境主要指自然环境。旅游活动对环境的影响既有积极的一面,也有消极的一面。积极方面表现在能够保护和恢复自然和文化遗产;消极方面表现在过度的旅游发展污染了自然环境、空气和水的质量降低、噪音增加、影响了动植物的生存环境等。因此,旅游经济发展必须同环境保护协调起来,达到既发展旅游经济,又保护环境的目的,实现旅游产业的可持续发展。

知识链接

旅游开发对丽江古城周边环境的消极和积极作用

一、景区介绍

丽江古城一般认为始建于宋末元初(公元13世纪后期),由丽江木氏先祖将统治中心由白沙迁至现狮子山,至今已有八百多年的历史。丽江古城地处滇、川、藏交通要道,古时候频繁的商旅活动,促使当地人丁兴旺,很快成为远近闻名的集市和重镇。丽江古城坐落于玉龙雪山下。丽江大研古城已有近千年历史,是国家级历史文化名城和我国首批进入世界文化遗产名录的世界文化遗产古城。它是以充分体现人与自然和谐统一、多元融合的文化为特点,以平民化、世俗化的百姓古雅民居为主体的"建筑群"类型的世界文化遗产,是一座至今还存活着的文化古城。

二、旅游开发对景区的积极影响

丽江是一个美丽的地方,在丽江,不仅拥有着美丽的自然风景,还有着清新的空气,这里的一切都让长期生活在快节奏的大都市里的人们向往不已,丽江的慢节奏和接近自然、享受自然的生活方式则让很多游客慕名而来。不仅如此,丽江的旅游资源还得天独厚,"两山、一城、一湖、一江、一文化、一风情"是丽江旅游资源的主要代表。"两山"即玉龙雪山和老君山;"一城"即丽江古城;"一湖"即被誉为高原明珠的泸沽湖;"一江"即流经丽江615公里的金沙江;"一文化"即纳西东巴文化是融纳西古乐、东巴经卷、东巴绘画、建筑艺术及宗教为一体的纳西文化体系;"一风情"即摩梭风情,其沿袭母系氏族男不娶、女不嫁的婚姻习俗,被称为"人类母系文化最火一片净土"。

1.保护自然景区和历史古迹

为了吸引更多的旅游者并提高他们的满意程度,许多风景区和历史古迹作为旅游点,其环境保护问题自然会引起旅游经营者的高度重视。发展旅游业能够为此地带来大量资金,使风景区环境受到保护,历史遗迹得到维护、恢复和修整。丽江古城先后开辟了游客参与性极强的四方街篝火晚会、酒吧恋歌、品尝风味等一系列具有本土文化特色的且参与性休闲旅游活动,推出了"印象丽江""丽水金沙""丽江大研纳西古乐会"等大型民族表演晚会,为到丽江休闲度假的旅游者提供了本土化、个性化、时尚化的体验型休闲旅游产品。这一系列的举动和措施都大幅度地吸引了游客来到丽江,来体验属于丽江的民族风情。

2.改善基础设施和服务设施

旅游的发展既能改善地方的基础设施,如道路、通讯、用水系统和污水处理系统等,又可以促进当地休闲娱乐、住宿餐饮等服务设施的建设,从而使地方经济水平得以提高,地方人居环境得以改善。伴随着经济的快速发展,旅游逐渐成为人们休闲放松的主体,而丽江则成为了人们向往的旅游胜地。越来越多的国内外游客慕名来到丽江,每到旅游旺季,游客数量更是有明显的增加,有着人山人海的趋势。相比过去的游客量翻了不止一倍,其原因就是由于丽江人民改善了交通质量,使路途不再颠簸;同时,在不破坏原始风貌和原有建筑特色的基础上对丽江古镇、古城进行修建,并进行对古城旅游、卫生、周围环境的改善,对玉龙雪山、泸沽湖、蓝月湖等景区生态环境进行保护。

3.提高绿化比例和环境质量

发展旅游业客观上还将推进地区环境的"两化",即土地的绿化和环境的净化。旅游业可以通过植树造林、开发园艺项目或设计建设生态化建筑来扩大绿化面积,还可以通过控制空气污染、噪音污染、水体污染、垃圾污染和其他环境问题,促使环境的全面净化。

4.带动了当地的经济发展

旅游的发展带动了丽江人民的生活方式,旅游业的飞速发展给丽江人民带来了就业机会的增加,给许多无业游民提供了就业机会;不仅如此,旅游业的发展还带动了相关产业像饭店、旅馆、餐饮、景区等行业的快速发展;同时,旅游业带动了整个丽江的经济状况,平衡了地区的贫富差距,促进了丽江社会的繁荣,增加了政府的税收;但是在这各种利益增长、趋势大好的背后还有着其不足之处,因为旅游活动是有很强的季节性的,旅游旺季时还好,但在淡季时不可避免会出现劳动力严重的失业问题,而且,经济、社会、环境、游客的兴趣爱好等都会造成丽江旅游业的衰落。另外,由于丽江旅游业发展太快,物价也跟着急速上涨。所以说,如何合理地运用旅游经济的发展是非常重要的。

三、旅游开发对周边环境的消极影响

1.丽江文化的逐渐消失

旅游是文化的载体,文化是旅游的灵魂,丽江旅游的一大特色是美丽的自然风光和独特的民族文化的水乳交融,这是丽江的魅力所在。然而,大量外来人口在丽江流动,与当地居民在接触中产生了一系列的交流活动和复杂的人际关系,在这些交流中有对丽江的社会文化好的一面,也有不利的一面。在消极方面,大量的游客来到丽江,干扰了丽江当地居民的正常生活,同时,丽江的居民为了多赚一些钱,使得古城、古镇逐渐商业化,导致原本的当地在生活上的一些习俗,游客无法再看见,丽江也就逐渐失去了它的特色,游客来丽江所追寻的丽江特色、浓郁的民族气息消失不见,同时,游客也就失去了来丽江游玩的追求和向往了,这样就会使得丽江的游客急剧减少。

2.自然环境受到威胁

旅游和环境之间有着非常密切的联系,是一种相互依赖又相生相克的关系,丽江美丽的自然环境是吸引众多国内外游客的重要因素。随着丽江旅游业的发展,游客的大量流入,交通工具的增加,会导致环境的污染,降低环境质量,破坏自然景区的生态环境;游客的增加会影响当地居民的生活空间,而且,游客在去景区游玩时的触摸攀爬、乱刻乱画会危及历史古迹,破坏景区的原始风貌,政府的过度开发会破坏自然景观。

3.环境污染

游客的大量涌入,势必就会产生非常之多的生活垃圾,而据相关资料,对于生活垃圾,丽江并没有特别好的垃圾处理方式,都是通过统一焚烧,这样会造成中度的空气质量污染。

四、结论

丽江属于高原地区,其自然环境具有敏感性和脆弱性。由于旅游开发,自然生态环境已经受到一定程度的影响,大量的旅游活动对丽江的水体环境造成较大影响,因此,对于丽江生态环境方面要提出相应有效的管理措施及保护方案,运用可持续发展的思想,多层次、多角度地运用科技、经济、行政、法律、宣传教育等手段,保护和治理旅游区内的水体、植被、野生动物等资源,妥善处理旅游垃圾和大量污水,提高全社会的环境保护意识、旅游道德等,寻求旅游业的社会、经济、环境三大效益的最优化,以促进旅游开发与环境保护共同发展,真正做到旅游环境资源利用和保护的双赢。

第二节 旅游经济学的研究对象和学科特点

旅游经济学是现代经济学的分支,是以现代经济学理论为指导,研究旅游活动过程及其各相关主体之间各种经济现象、经济关系、经济规律和矛盾的学科。旅游学科与其他学科相比较,具有自身的特点。

一、旅游经济学的研究对象

旅游经济学是研究旅游经济活动中旅游需求和旅游供给之间关系的学科,揭示旅游经济运行过程中的内在规律性,因此旅游经济学的研究对象主要包括:

(一)旅游经济的形成过程及规律

旅游经济活动中存在一定的经济规律,因此旅游经济研究的首要任务就是要分析旅游经济的形成条件,揭示旅游活动的商品化过程和客观规律性,分析旅游经济在社会经济发展中的作用,以及其在国民经济中的地位和影响。

与一般的经济活动一样,旅游经济活动的基本规律也包括价值规律、供求规律和竞争规律。价值规律是商品生产和商品交换的基本经济规律,旅游产品的价值取决于社会必要劳动时间、商品等价交换等规律依然存在,旅游产品的价格随着供求关系的变化而上下波动。

供求规律是商品的供求状况与价格之间变动的内在必然规律。旅游产品的供求状况影响旅游产品的价格变动,反过来旅游产品的价格波动也会影响旅游产品的供求,因此研究供求规律有助于我们利用供求规律调节旅游经济的平衡。

竞争规律是市场经济中必然存在的,只要存在商品经济交换,就会有市场比较、优胜劣汰的竞争,利用竞争规律制定相关的政策可以更好地规范旅游竞争市场,带动旅游经济的健康快速发展。

(二)旅游经济主体及其活动

在旅游活动实践中,旅游经济主体包括旅游者、旅游经营者和旅游管理者。其中旅游者作为旅游活动的需求方,是旅游活动的消费主体,旅游者的旅游目的或者说旅游者追求的旅游产品和服务的满足程度是旅游活动的出发点和归宿点,在整个旅游活动中处于非常重要的地位。

旅游经营者作为旅游活动的供给方,主要是为旅游者提供产品和服务的旅游企业,它是以旅游资源为依托,以有形的设备、资源和无形的服务为手段,在旅游消费服务领域中进行独立经营核算的经济单位。从广义上来看,旅游经营者还包括从事旅游经营活动获取经济利益的个人或相关组织机构,如旅游目的地的个体旅游经营商、农家乐以及从事旅游相关行业的企业,又如管理公司、影视公司、通讯设施及食品、卫生等生活服务部门或行业。

在我国,旅游管理者是政府及其相关部门。广义的政府是指国家的立法机关、行政机关和司法机关等公共机关的综合,代表着社会公共权力。狭义的政府是指国家政权机构中的行政机关,即一个国家政权体系中依法享有行政权力的组织体系。在旅游经济主体中,我们的政府主要指狭义的政府概念。经济活动中,市场是资源配置的有效工具,但市场也不是万能的,存在市场失灵,这时就需要政府对经济进行干预,解决市场失灵问题。旅游经济活动同样也存在市场失灵,为了解决这个问题,就需要相关的政府以管理者的角色制定行业和产业规制措施,干预旅游经济活动,使旅游经济运作和发展符合政府预定的目标。

(三)旅游经济活动中的关系及矛盾

旅游经济学研究在旅游经济活动过程中旅游者、旅游经营者、旅游目的地政府和居民等多方的主体关系及其矛盾运动。

旅游经济活动运行必然是以一定的经济关系为核心的,这种关系主要体现在:

一是旅游需求者与旅游供给者之间的围绕旅游产品买卖的经济关系。旅游需求者通过购买旅游产品得到满足,旅游供给者售出旅游产品实现企业利润。

二是旅游需求者与旅游目的地政府之间的经济关系。旅游目的地政府通过旅游规划、市场营销等多种手段推销旅游目的地产品,旅游需求者消费旅游目的地产品时,旅游目的地政府运用旅游法律、法规来营造安全良好的旅游环境等,满足旅游购买者的需求。

三是旅游需求者与旅游目的地居民之间的经济关系。旅游需求者的异地旅游消费涉及当地的食、宿、行、游、购、娱等多个方面,这些经济活动与旅游目的地居民的就业和收入有着直接和间接的影响。同时旅游需求者的旅游消费行为给目的地居民带来正面和负面的经济影响、社会影响和环境影响,进而导致居民对待旅游者的态度、行为,决定了双方之间能否和谐融洽。

四是旅游供给者之间的竞争与合作的经济关系。由于旅游消费水平的提高和消费需求的变化导致旅游供给者之间为了争夺有限的旅游客源市场,必然会在旅游设施、服务质量、服务水平和价格等方面展开竞争;同时为了应对不断变化的社会环境,旅游竞争者之间通过合作的方式提高产业竞争力,实现多方的共赢。

五是旅游目的地企业、政府和居民之间的经济关系。旅游目的地在发展的过程中由于利益分配问题会导致旅游目的地各利益主体之间的相互竞争与合作。旅游资源的价值估量及利益分配是旅游目的地企业与居民之间经济关系的焦点。旅游目的地政府调节相关利益主体之间的矛盾的同时,也要获取以地方政府为代表的国家利益的最大化。

除此之外,旅游经济主体之间的矛盾也存在,主要体现在:

一是旅游需求方面的矛盾。旅游需求的实现是旅游者可自由支配的收入、闲暇时间和旅游欲望的统一体,任何一个条件的缺失都会导致旅游需求无法实现。同时由于旅游存在明显的冷热区域和淡旺季,在旅游热点区域和旅游旺季时期,旅游产品供不应求,旅游者争夺有限的旅游产品,导致旅游产品价格上涨和旅游服务质量的下降。

二是旅游供给方面之间的矛盾。旅游供给者自身的投入产出矛盾以及旅游供应者之间的竞争与合作的关系。

三是旅游需求者与旅游供给者之间的矛盾。在市场条件下,信息的不确定性和不对称性导致旅游需求和旅游供给总是处于矛盾状态,表现为旅游需求者的支付能力与旅游产品之间的矛盾,旅游需求者的需求与旅游供给者提供的旅游产品档次、服务质量等方面的矛盾,旅游需求的多变性与旅游供给的相对稳定性之间的矛盾等。

旅游经济学通过研究旅游主体之间的关系和矛盾,通过各种手段调节关系、解决矛盾,从而更好地满足旅游需求,促进旅游产业健康快速发展。

(四)旅游经济在国民经济中的地位和作用

旅游经济是国民经济的重要组成部门,在国民经济中占据着十分重要的地位。旅游经济的形成和发展以市场经济为基础,同时又会对社会经济、文化及环境产生影响。因此,研究旅游经济在国民经济中的地位和作用有助于解决国民经济问题,促进旅游经济可持续发展。

二、旅游经济学的学科特点

旅游经济学是现代经济学科的一个分支,作为特殊类型的经济学科,其学科特点与其他学科相比,具有自身的特殊性。

(一)旅游经济学是一门应用实践学科

旅游经济学作为经济学科的分支,应用经济学科的相关原理和知识研究旅游现象及其相关活动,揭示旅游经济发展的规律及其作用的条件、范围及表现形式等,应用性较强。这种应用性表现为:第一,旅游经济学的基本原理、方法和内容来源于旅游经济活动实践,是人们对于旅游经济现象、经济关系和经济发展规律的高度总结和概括。第二,理论来源于实践,又反作用于实践。旅游经济理论是对旅游经济活动的综合,反过来旅游经济理论又能够指导和服务旅游经济活动,促进旅游经济理论的进一步发展和完善。第三,旅游活动的区域经济带动作用促进了区域的经济发展,表明旅游经济对实践和应用的高度重视,如区域旅游资源开发、区域旅游发展战略等。

(二)旅游经济学是旅游专业的基础学科

旅游经济学是在旅游学理论的指导之下,揭示旅游活动在经济领域中所发生的矛盾运动、经济关系的发展规律的学科,是认识和理解旅游业发展的基础内容,也是理解旅游管理学的基础。旅游经济学科与旅游学、旅游管理学有着本质的区别。旅游学的研究对象为旅游活动,集中于研究旅游活动的产生、发展及其变化规律,目的在于揭示旅游活动的内在性质、特点和发展趋势;旅游经济学的研究对象是旅游经济活动,集中于研究旅游经济活动中的各种经济现象、经济关系的矛盾运动与经济发展规律等;旅游管理学的研究对象为旅游经济的组织与管理,在旅游学科的指导下,研究旅游经济主体的组织和管理行为等。因此,旅游学是旅游经济学的理论基础,而旅游管理学则是旅游经济学的延伸,同属于旅游专业的基础学科。

(三)旅游经济学是一门边缘性学科

旅游经济学是经济学理论在旅游行业的特殊体现,与各个行业之间都有着或多或少的联系,旅游经济学的综合性特征突出。旅游经济学的综合性使得其成为一门新兴的边缘学科。旅游经济学以经济学、旅游学的基础理论为指导,同时必须借助其他学科的理论和研究成果丰富旅游经济学科的理论。如运用管理学、资源学、地理学、统计学、市场学、营销学等相关学科的理论和方法体系综合考量旅游经济活动,加深和掌握对旅游经济学的规律认知。

三、旅游经济学与其他学科之间的关系

(一)旅游经济学与经济学的关系

经济学是旅游经济学的基础,旅游经济学的发展影响经济学。经济学是研究经济发展过程中的各种经济现象、经济关系及经济规律的学科,是从微观和宏观两个层面,将社会经济作为一个整体进行的总体性研究,包括微观的供给和需求、消费者行为、企业的生产与成本、市场结构、分配、微观经济政策和宏观的国民收入、宏观经济政策等揭示社会经济发展的一般规律。而旅游经济学是利用经济学原理分析旅游经济活动中的各种经济现象、经济关系和经济规律的学科,研究领域仅涉及经济学领域中的一部分。因此,经济学是旅游经济学研究的基础。

(二)旅游经济学与旅游学的关系

旅游学是旅游经济学的基础,旅游经济学是旅游学与经济学相互渗透的边缘性学科。旅游学是研究旅游活动的产生、发展及其变化规律的学科,旅游活动与消费者心理、社会政治、经济、文化、法律、自然等都有密切的联系,因此旅游学的研究范围广泛,是旅游研究的基础性学科。旅游经济学是从经济角度来研究旅游活动各组成要素之间关系的,侧重点在于旅游中的经济行为,因此,旅游学是旅游经济学的基础。

(三)旅游经济学与其他旅游学科的关系

旅游是综合性的社会经济现象,从不同的角度都可以反映和概括这种经济现象。其他旅游学科比如旅游心理学、旅游人类学、旅游市场学、旅游统计学、旅游美学、旅游地理学、旅行社经营管理学、旅游景区管理、旅游饭店管理等研究的都是旅游活动中的某一方面或某一层次,属于旅游学的分支学科。其中,有些与旅游学科是横向平行的关系,如旅游地理学、旅游社会学、旅游美学、旅游心理学等与旅游经济学一样,从不同的侧面探讨了与旅游相关的活动的特点和规律。有些学科与旅游学科则是纵向的关系,如旅行社经营与管理、旅游饭店管理、旅游景区管理、旅游市场营销学等都是以旅游经济学为基础和原理,从微观和宏观的角度出发研究旅游企业和旅游市场各种管理思想、原则、方法、技术等规律,因此是旅游经济学理论在不同领域及各个环节的延伸与应用。

第三节　旅游经济学的研究内容与方法

旅游经济学是运用经济学的基本理论和方法研究旅游经济活动中的各种经济现象、经济关系和经济规律的学科。旅游经济学研究的根本目的就是通过揭示这些规律为旅游经济的发展提供一定的支持和支撑。

一、旅游经济学的研究内容

为了实现旅游经济理论的实践指导作用,旅游经济学的研究内容包括:

(一)旅游经济微观内容

微观旅游经济研究主要指的是旅游经济单个主体的活动与行为,主要有:

1.旅游需求者主体的经济行为

旅游需求者主体即为旅游消费者,旅游消费者的经济行为研究主要有旅游需求活动概念、特征、旅游需求层次关系、旅游需求规律、旅游需求弹性等内容。旅游消费行为主要研究旅游消费的特点、类型、影响旅游消费的各种因素及旅游消费的效果和评价问题。

2.旅游供给主体的经济行为

旅游供给主体主要是微观的旅游经营者。旅游供给主体的研究有旅游供给研究,包括供给的基本概念、供给的类型、特征和影响因素、供给规律和旅游供给弹性等。结合旅游需求,研究旅游供给与旅游需求之间的矛盾特点、旅游供给和需求的均衡规律及其相应的调节措施。

旅游经营者行为研究主要是旅游企业的行为活动研究。旅游企业是旅游经营活动开展和经济效益产生的基础。旅游企业的行为包括旅游产品的开发、旅游投资与收益等。

3.旅游市场的研究

市场是微观旅游经济主体旅游产品交换的基础场所,也是影响旅游供给和旅游需求主体行为和决策的核心要素。旅游市场研究包括市场的基本概念、功能、特点、不同的市场结构特征等。

(二)旅游经济宏观活动

宏观旅游经济研究主要分析旅游经济的发展对国民经济发展的作用及其相应的旅游经济发展政策及其制定等。

1.旅游对经济的影响

旅游经济发展会对区域旅游发展产生影响,因此首先要研究旅游收入和分配的旅游经济影响,包括收入和分配的概念、旅游收入与分配的指标体系与衡量以及旅游收入与分配的具体方式;其次要研究旅游经济效益与评价,包括内涵、特点、影响效益与评价的因素、具体的评价内容和旅游经济效益的分类及方法等。

2.旅游经济发展的管理问题

市场不是万能的,市场有失灵的可能性,政府的干预可以补充和矫正市场不完善问题,因此旅游的管理体制是旅游经济研究的主要内容之一。旅游经济管理体制研究包括管理体制含义、特点,我国旅游管理体制的特征、管理主体以及管理的具体内容。

（三）其他内容

除了以上研究内容之外，旅游经济的研究还应该把握其发展的趋势，因此旅游经济发展的前沿问题就成为旅游经济研究的内容之一，与社会实践相结合，当前我国旅游经济的发展包括可持续旅游研究、智慧旅游研究、创意旅游研究、全域旅游研究等内容。

二、旅游学科的研究方法

要使旅游经济学的研究成果具有科学性，并能对实际工作具有指导意义，就必须选用科学的研究方法。

（一）坚持理论联系实际的方法

理论是实践的高度概括和总结，对实践又有指导意义，因此理论与实践方法的综合运用是我们认识旅游学科的最根本的方法之一。坚持理论与实践的结合，一方面，从旅游经济活动的客观实践出发，运用现代经济理论，分析各类旅游经济现象、经济关系和经济发展矛盾等，揭示旅游经济规律，并归纳为科学的理论，指导实践工作；另一方面，坚持"实践是检验理论的唯一标准"，将经过归纳和总结的旅游经济理论应用到实践中，反复检验，不断的修正、补充和完善，丰富旅游经济理论体系。

（二）坚持系统分析的方法

旅游经济学是综合性的学科，在分析旅游经济现象、经济关系和经济规律时必须结合其他学科的内容，全面系统地分析旅游经济理论和实践。系统分析首先要求以全面的眼光着眼于旅游经济活动的全局；其次要求坚持历史的观点和方法，从不同的历史时期分析旅游经济活动；第三坚持动态分析方法，运用纵向比较的运动观点分析旅游经济活动的变化规律。

（三）坚持定性分析与定量分析相结合的方法

任何经济现象和经济活动都包括质的规定性和量化内容。对质的分析即定性分析，量化内容分析即定量分析。定性分析是对事物的内涵、性质、特征、内在联系、因果关系等的分析，是对事物的本质认识；量化分析主要分析事物之间的数量关系，可以增强经济分析的准确度和可信度。在旅游经济学研究中，必须坚持定性分析和定量分析的结合，运用定性分析旅游经济的本质属性，为定量分析提供指导；运用定量分析揭示旅游现象之间的变动关系和发展趋势等，为定性分析提供科学的依据。

思考与练习

1. 简述旅游经济学的基本概念与特点。
2. 结合实践讨论旅游经济学的主要研究内容。
3. 结合旅游经济实践，说明旅游经济学的主要研究方法的具体应用。

第二章
旅游经济学的发展与理论综述

◎ 理解国外旅游经济学的产生与发展阶段；
◎ 理解国内旅游经济学的发展与演进。

　　旅游经济学是伴随旅游活动的商品化产生及发展而逐渐形成的一门新兴学科，是对旅游活动中各种经济现象、经济关系和经济规律进行理论概括而形成的学科。早在19世纪后半期，随着西方国家旅游业的持续发展，旅游经济问题研究逐渐出现。特别是二战以后随着西方国家经济的迅速发展，旅游业逐渐成为各个国家国民经济中的主要行业。旅游业对经济的带动作用逐渐明显，出现了旅游经济研究的专家和学者，他们在总结世界经济和本国旅游业发展的基础上，对旅游经济理论和方法进行了全面深入的研究，促进旅游经济学的完善。20世纪80年代以后，世界各国的旅游经济研究热潮出现，促进了现代旅游经济理论体系的不断发展和完善。

第一节　国外旅游经济学的产生与发展

　　纵观国外旅游经济学形成和发展的历史过程，可以大致划分为四个主要阶段。

一、旅游经济学的萌芽阶段(19世纪后期至20世纪20年代)

　　19世纪后半期，随着西方国家旅游业的发展，对旅游经济问题的研究开始兴起，最早出现于旅游活动发达的意大利，意大利学者对旅游经济研究贡献巨大。1899年意大利政府统计局的鲍德奥发表了题为《在意大利的外国人的移动及其消费的金钱》一文，最早开始研究旅游经济活动，揭开了现代旅游经济研究的序幕。

　　进入20世纪以后，意大利的尼切佛罗(A. Niceforo)和贝尼尼(R. Benini)分别于1923年、1926年发表论文《在意大利的外国人的移动》《关于游客的移动计算方法的改良》，为旅游经济研究进一步奠定基础。这一时期，研究者多进行旅游经济的探索性研究，较多停留在对旅游经济现象的认知，是旅游经济学的萌芽期。

二、旅游经济学的起步阶段(20世纪20年代末到20世纪40年代末期)

　　一战的结束使得欧洲经济日渐复苏，欧洲旅游市场随之发展，旅游活动也因此被视为一种经济活动，这种具有经济价值的活动的研究吸引越来越多的研究者为之驻足。1927年，意大利罗马大学的马里奥蒂出版了《旅游经济讲义》一书，该书被认为是第一次对旅游经济进行系统化研究的尝试,为后来的旅游经济学理论框架的形成打下了坚实的基础。

20世纪30年代,欧洲旅游研究步入高潮,影响旅游经济发展的研究成果不断出现,其中涉及旅游经济学研究的内容逐渐丰富完善。1931年,德国学者博尔曼(A. Bormann)发表著作《旅游论》,提出"旅游论的所属是经济学,它的根本问题不仅属于国民经济学及经营经济学的领域,而且不能不运用各种学科的成果"的观点。1935年,德国格里克恩斯发表了《一般经济论》,认为旅游现象的研究除经济以外还应从其他学科角度入手,旅游的社会地位和经济价值获得认可。1942年瑞士的克拉蒲(Krapf)出版了《一般旅游论概要》,旅游研究与社会学和经济学得到了有机结合。

与旅游经济学研究初期对旅游中的经济现象的认知活动的特征相比,这一阶段对于旅游经济的研究发生了质的变化,研究内容逐渐从表面延伸到内在本质上、从形式延伸到规律上,并且认识到旅游经济现象中的复杂性与综合性,初步认识到应用多学科联合研究的重要性。因此,这一阶段的研究为以后对旅游经济的结构、性质和形态的系统化研究奠定了一定的基础。

三、旅游经济学的发展阶段(20世纪50年代到20世纪末)

这一阶段,世界旅游发展日趋成熟,欧洲及北美的旅游热潮开始扩散到世界各地,旅游活动的大众化和全球化时代到来,现代旅游体系随之形成。

20世纪50年代,在经历过二次世界大战之后,世界经济、社会、文化、环境等变化巨大,世界旅游因此走出阴霾,旅游研究也逐步获得新的发展。旅游经济研究内容发生变化,旅游研究体系也在不断完善。从20世纪60年代以后,欧美地区对于旅游活动的研究整体呈现经济和非经济两类。国际旅游经济学的研究范围逐渐扩展到了旅游市场理论、旅游经济政策、旅游国际合作、发展中国家旅游经济学、旅游经济影响、旅游投资理论、旅游国际收支、旅游就业、旅游区域经济发展与地区协作、理论旅游经济学等多个方面,对于各个领域的研究重点各不相同,其中绝大多数的研究集中在旅游市场理论、旅游需求和支出、旅游经济影响及旅游投资理论上,特别集中在需求、预测以及旅游影响的乘数效应等问题上。20世纪70、80年代是旅游的非经济因素影响研究成果丰硕,学者提出"旅游社会科学"的设想,是将与旅游有关的学科如旅游经济学、旅游社会学、旅游人类学、旅游环境学等进行综合而成。20世纪80年代后期,旅游经济研究视野扩大,上升到旅游研究的宏观层面,其中包括对旅游经济效益和旅游代价等问题的研究。20世纪90年代,出现众多对旅游经济学研究成果系统化研究、总结的著作。

关于旅游经济学的学科体系的构建到目前为止还在继续,但这一时期的理论研究使得旅游经济学的研究内容及相关问题获得更进一步的明确,是旅游经济研究的重要时期。

四、旅游经济研究的新发展(21世纪以来)

进入21世纪以来,随着全球化趋势的快速发展,在旅游经济研究方面,研究者更关注对于旅游市场相关问题的研究,其中包括对旅游市场需求分析与预测、旅游目的地、旅游营销等的研究。

这一时期针对旅游需求模型的构建、旅游需求预测的研究层出不穷,对旅游需求的基本分析以及预测未来旅游需求的研究对于旅游经济研究十分重要,使得旅游经济研究进一步完善。与此同时,对于旅游目的地的研究同样备受重视,研究者们对与旅游目的地相关的管理、发展、定位、与当地居民的关系等尤为关注,为解决旅游目的地之间的激烈竞争这一问题提供对策。

与旅游需求研究相比,在旅游供给研究中,关于企业竞争力与外国直接投资引起的研究、旅游中小企业和企业行为的研究、旅游在宏观经济和微观经济层面上的影响研究、基于产业经济学理论的旅游产业研究、乘数分析和投入产出分析运用等问题的研究逐渐增多。更多新的研究工具被运用在旅游经济学的研究当中,其中包括可计算的总体均衡模型(Computable General Equilibrium(CGE)models)以及外部性理论等。

第二节　我国旅游经济学的演进与发展

旅游经济学在我国起步比较晚,从改革开放至今,我国旅游经济学研究不断深入,目前对旅游经济学科发展的阶段划分主要有以下两种观点:

(1)张辉(2002)认为我国旅游经济学科研究大体经历了三个阶段:第一个阶段是旅游经济学科的创立阶段(1980—1990年);第二阶段是20世纪90年代,旅游经济学科研究从点向面扩展;第三阶段是在21世纪,人们开始注意从总体的角度,运用多学科的研究方法和视角来研究旅游现象。

(2)陈肖静(2006)提出,我国的旅游经济学研究进程大致可以分为三个阶段:旅游经济学的认知性研究阶段(1980—1990年);旅游经济学的全面探索阶段(1991—1997年);旅游经济学的深入发展阶段(1998年至今)。

虽然我国旅游经济学研究的起步较晚,但我国旅游经济学研究仍是取得了相当数量的研究成果的。从时间上划分,我国旅游经济学研究大致有三个阶段。

一、中国旅游经济学研究的兴起阶段(20世纪70年代末—20世纪80年代)

1949—1978年,我国处于计划经济时期,入境旅游以一种外交活动的形式而存在。1978年之后,随着改革开放政策的实施,旅游市场的对外开放促使我国以入境旅游为特征的旅游活动和旅游经济在我国主要城市的迅速发展。1979年,全国经济科学规划会议将旅游经济学列入国家经济科学研究的重点项目序列。1980年,党的十一届三中全会之后,我国的旅游业有了长足的发展,促进了对旅游经济的研究。沈杰飞、吴志宏(1980)首次提出建立适合我国的旅游经济学科,这一阶段的旅游经济研究处于旅游经济学发展的起步期,主要对旅游业发展道路、旅游体制改革进行了研究。1982年,王立纲、刘世杰合著的《中国旅游经济学》,第一次较为系统地研究旅游经济,并深入探索了我国的旅游发展道路、旅游业的基本性质以及旅游资源开发等问题,并且提出了一些旅游经济的基本规范,初步构建了旅游经济研究体系。

这一时期,我国出现了一批学术性或准学术性的旅游刊物,例如《旅游学刊》《旅游管理》等,它们对旅游经济的研究产生了巨大的促进作用。同时,一些高校出版了《旅游经济学》教材,如黄辉实(1985)、林南枝(1986)等。1987年,著名经济学家孙尚清主持了《中国旅游发展战略研究》的课题,把中国旅游经济的研究从理论推向实践,提出中国旅游业要适度超前发展的战略。

二、中国旅游经济学的形成阶段(20世纪90年代)

中国旅游产业进入20世纪90年代后,国际旅游市场和国内旅游市场需求快速增长,中国旅游业以引人注目的速度开始进入发展期,中国的旅游经济学研究也进入新的阶段,呈现新的特征:旅游经济研究领域在经济学与管理学的基础上进一步扩大,涵盖了与旅游活动相关的社会学、历史学、市场学等多学科。旅游经济学的研究已不满足于对理论的研究,研究的视角转向了更高层次的战略研究、规划研究等,主要包括旅游的发展战略研究、旅游市场的供求规律研究、旅游企业管理研究等,不断形成多学科交叉融合的旅游经济研究体系。

1990年,冯宗苏首次对我国旅游经济研究进行了系统梳理和完整总结,主要从旅游发展战略、中国旅游发展模式、旅游业管理体制、旅游业的性质、国际旅游市场、国内旅游、旅游产业结构、旅游业经济效益等十个方面回顾了改革开放后十年间的旅游研究进展,并对各种旅游经济研究学术著作、刊物进行分析。随后,刘毅(1991)对1980年到1990年十年间的旅游经济观念与思潮进行了梳理。1999年马波首次提出了建立旅游产业经济学的设想并初步构建了其理论体系。中国旅游经济的研究随之进入高潮,对旅游经济学体系的探讨开始趋向于构建自身学科建设与发展,推动了旅游经济学这一学科的发展和成熟。

三、中国旅游经济学的发展阶段(21世纪初至今)

进入21世纪后,经济活动全球化促进旅游产业的融合与扩展随之日益深入,旅游产业规模的扩大、旅游需求的增强使得这一阶段的主要特点呈现为从现代产业经济学视角对旅游业的研究进入大规模发展期。利用西方经济学理论研究旅游经济现象和经济规律成为主流,旅游微观、中观和宏观层面的内容得到了深入探讨。

21世纪初期,众多专家学者们为旅游经济学学科体系的构建不断努力,唐留雄(2000)、谷冠鹏和王玉成(2001)、戴斌(2001)、喻湘存(2002)、杜江和张凌云(2004)等深入分析改革开放以来我国旅游经济学的发展脉络、其中的不足以及制约因素,提出旅游经济学的研究对象应该加以扩展,对旅游中的经济现象及非经济现象均进行系统化的研究。

在这个阶段,还出现了许多在旅游经济学的理论体系、研究角度等方面创新的研究成果,其中包括对旅游经济学研究视角的创新,以经济学的角度来研究旅游经济现象、活动和规律;也包括对旅游经济学中研究模型的建立方法的创新等内容。

总之,我国关于旅游经济学的研究在不断进步和完善,结合我国旅游发展特色、旅游经济、政治等发展环境的自身特征,借鉴国外先进经济理论及研究方法等不断创新,实现旅游经济学研究的目的及意义,完善旅游经济学研究体系和学科体系,从而促进我国旅游经济的发展。

思考与练习

1.国外旅游经济产生和发展对我国旅游经济实践的借鉴意义有哪些?

2.简述我国国内旅游经济实践的特点与发展趋势。

第三章
旅游需求与旅游供给

学习目标

◎ 掌握旅游需求和旅游供给的基本概念；

◎ 了解和掌握旅游需求和旅游供给的矛盾；

◎ 理解和掌握旅游供求均衡的条件及调节；

◎ 理解旅游供求弹性及其应用。

引导案例

旅游者的五种需求

旅游的过程就是一个求新、求异、求知、求美、求乐的过程。但仅就这样简单的讲讲还不够，实际上每一个字里边还包含了两个层次。第一个层次是旅游者的直接感受，第二个层次是旅游者的追求目的。

求新，首先是一个新鲜，再进一步是一个新奇。新鲜比较好达到，只要超越了他的日常生活，他就感觉新鲜。比如，平时我在城里，高楼大厦看惯了，就跑到农村，看见一条小溪流，就会感觉很新鲜；又比如，城里的孩子到农村看见老母鸡下蛋他都会感到很新鲜："哦，鸡蛋是这么出来的"；看见稻田也会很新鲜，原来以为大米结在树上，现在知道大米结在地上。所以要达到新鲜很容易，但是要达到新奇就不那么容易。新奇就要求相应的唯一性，这才能达到奇。反过来，要能达到新奇的，就一定能对他产生吸引力。

求异，也是这样，首先求的是一个差异，有差异才有吸引力，一个项目有差异才有市场的竞争力，但是更进一步讲就不是一个简单的差异，而是一个差序。"差序"是借用了社会学家费孝通先生的一个词，他认为中国社会发展是一个差序的格局，就是一个有次序差异。实际上，在旅游开发的过程当中，我们不但要讲差异，也要讲次序。

求美，美观是一种直接的感受，而美好却是一种更高层次的把握，或者说是一种综合性的把握。你只是看着漂亮这还不够，除了漂亮之外还应该具有更深层次的东西，文化性的东西，这才能形成一个美好。

求知，首先是一个感知的过程，我到哪儿看见了一个东西很新鲜，我之前不知道，现在看见了，这就是一个感知。而进一步是追求某种知识，只不过旅游者追求的不是成体系的知识。如果认为我们要不断地为旅游者灌输一些成体系的知识，我看也会把旅游者灌跑。学生在学校里接受成体系的知识教育还有人反对满堂灌，我想也许会把他们灌跑。当然，各有各的情况，比如很多景区的导游词，上来就是 ABC，然后徐徐道来，非得把这事情从头到尾说清楚不行，这样的导游词一般都会把旅游者说跑，如果增加一些趣味性的东西，旅游者听了感受就不同。当然有些东西也走到另一个极端，上来就是趣味而没有知识，这样的导游给人的感觉是含量不足。比如我们看溶洞，通常导游讲这里是猪八戒，那儿是孙悟空，那个是嫦娥，诸如此类，听来听去，没有意思。讲溶洞你首先要讲溶洞的形成过程，要讲地质，讲历史，讲地理，在这个基础上再讲故事，或者最好把它们穿插在里面一起讲，这样旅游者接受到一种知识，但不是一种满堂灌的知识，自然而然，就会觉得有意思。很多博物馆就是这样，尤其是很多爱国主义教育基地，有些东西是可以搞得非常好的，搞得非常有吸引力的。可现在呢，因为是爱国主义教育基地，所以这种满堂灌的东西更重。这在某种程度上就违背了旅游者的需求。这个问题在某种程度上也是一个到底是生产者导向还是消费者导向的问题。我们还是比较习惯于生产者导向，但这样的东西很难在市场上立得住。当然有些情况也不同，你比如说法国人，法国人喜欢文化，尤其喜欢追求系统性的文化，比如到了敦煌，看到哪个外国人手里拿了一本书，仔仔细细地看，看完之后再进洞，出来之后再看书，然后再进洞，这样的人一定是法国人，因为他们习惯于追求一套体系的东西，但是多数旅游者是达不到这种程度。所以既要有知识，又切记不要满堂灌这种方式灌输，旅游者也不追求成体系的这种知识，这就需要把握好一个度。

求乐，感受性的层次就是娱乐，但是旅游者真正追求的是欢乐。娱乐性的概念已经有了，但是如何真正让旅游者欢乐起来这个课题还需要好好思考。四川碧峰峡景区有一台篝火晚会，效果很好，能够调动旅游者自审到台上表演，非常之兴奋，旅游者完完全全融为一体。达到这种效果是很不容易的，因为我们中国人有一个特点就是都比较矜持，碰到公共场合总是往后退。形成一个氛围，或者说是一个场，使旅游者忘记平时的矜持，达到忘我地投入，就算是达到了一种欢乐的状态，这的确不容易。在中国搞一个这样的欢乐节，或者说狂欢节，算是一个突破性的东西。我们看国外的狂欢节，尤其是巴西的狂欢节，就能够真正感觉到那种民族个性如何表现得淋漓尽致。但对于我们中国人来说，有一些天然的制约，这是一个民族性的问题，不能说是好是坏，不能作为价值判断，但是说到底旅游者追求的最高目的就是欢乐。

每一个旅游者的需求，都形成了两个词组，前面一个是直接的感觉过程，后面一个序列的词组就是追求的最终目的，而且在这个新、异、美、知、乐也有一种相关关系，即层次递进的关系，也就是说旅游者追求的精神境界越来越高。

旅游需求和旅游供给是旅游产品生产和交换过程中的一对重要经济范畴。旅游需求是社会经济发展的产物，是旅游经济活动的前提；旅游供给则是旅游需求的伴生物，有需求必然有供给。本章把旅游需求与供给结合起来，着重阐述旅游需求与供给的概念、特征及影响因素，揭示了旅游需求与供给的内在规律及弹性，探讨了旅游供求的矛盾运动及平衡的调控方法。

第一节　旅游需求分析

一、旅游需求的概念

需求，是指人们在一定条件下对某种事物渴求满足的欲望，是产生人类一切行为的原动力。当人们产生对休闲、度假、游览、观光等旅游欲望时，则意味着人们将产生旅游需求。因此，从旅游经济的角度看，旅游需求就是指人们为了满足对旅游活动的欲望，在一定时间和价格条件下，具有一定支付能力可能购买的旅游产品的数量。简言之，旅游需求就是旅游者对旅游产品的需求。正确理解这一概念，必须掌握好以下几点：

（一）旅游需求表现为旅游者对旅游产品的购买欲望

旅游需求作为旅游者的一种主观愿望，其表现为旅游者对旅游活动渴求满足的一种欲望，即对旅游产品的购买欲望，是激发旅游者的旅游动机及行为的内在动因。但旅游需求并不是旅游者实际购买的旅游产品数量，它只表现为对旅游产品的购买欲望，而这种购买欲望能否实现则取决于旅游者的支付能力及旅游经营者提供旅游产品的数量。

（二）旅游需求表现为旅游者对旅游产品的购买能力

购买能力是指人们在其收入中用于旅游消费支出的能力，即旅游者的经济条件。旅游者的经济条件，通常是用个人可支配收入来衡量的。在其他条件不变的情况下，个人可支配收入越多，则人们对旅游产品的需求就越大。此外，一定的旅游产品价格也是影响旅游者购买能力的重要因素。因此，旅游者对旅游产品的购买能力，不仅表现为旅游者消费旅游产品的能力及水平，而且是旅游者的购买欲望转化为有效需求的重要前提条件。

（三）旅游需求表现为一种有效需求

在旅游市场中，有效的旅游需求是指既有购买欲望，又有支付能力的需求，它反映了旅游市场的现实需求状况，因而是分析旅游市场变化和预测旅游需求趋势的重要依据，也是旅游者制定经营计划和策略的出发点。凡是只有旅游欲望而无支付能力或者只有支付能力而无旅游欲望的需求均称为潜在需求。前一种潜在需求只能随社会生产力发展和人们收入水平提高，才能逐渐转换为有效需求。后一种潜在需求则是旅游经营者应开发的重点，即通过有效的市场营销策略，如广告、宣传、人员促销等，使其能够转换为有效的旅游需求。

二、旅游需求的产生

现代旅游需求的产生，既有主观因素，也有客观条件。从客观上讲，旅游需求是科学技术进步、生产力提高和社会经济发展的必然产物。其中，人们可支配收入的提高、闲暇时间的增多及交通运输条件的现代化是产生旅游需求的三要素。

（一）人们可支配收入的提高是产生旅游需求的前提条件

可支配收入，是指人们从事社会经济活动而得到的个人收入扣除所得税的余额，是人们可以任意决定其用途的收入。随着社会经济的发展，人们的收入增加，生活水平不断提高，消费层次和消费结构也发生很大的变化，导致对旅游需求也日益增加。一般讲，在人们可支配收入一定的条件下，人们用于衣、食、住、行及其他方面的支出比例基本不变。但是，随着人们可支配收入的增加，人们用于衣、食、住、行等方面的支出就会相对减少，而用于其他方面的支出则相对增加。因此，人们可支配收入的提高不仅是产生旅游需求的前提，而且对旅游的出行距离及内容等也具有决定性影响作用。

（二）人们闲暇时间的增多是产生旅游需求的必要条件

旅游活动必须花费一定的时间，没有时间就不能形成旅游行为，因而闲暇时间是构成旅游活动的必要条件。随着社会生产力发展和劳动生产率的提高，使人们用于工作的时间相对减少，而闲暇时间则不断增多。特别是许多国家和企业推行"每周五日工作制"和"带薪假日"，使人们的闲暇时间越来越多。有的国家和地区年休假日高达140天，占全年三分之一的时间。于是，人们不仅产生短期休闲旅游，以度过美好的周末；而且逐渐增加远程旅游及国际旅游，到世界各地游览、观光,到风景名胜区消闲度假。因此,闲暇时间的增加是产生旅游需求必不可少的条件。

(三)交通运输的现代化是旅游需求产生的"催化剂"

任何旅游活动都离不开一定的交通运输条件,特别是远程旅游及国际旅游,更要求交通运输条件的舒适和方便。现代科学技术的进步,为人类提供了便利的交通运输条件,从而促进了旅游需求的产生和旅游业的发展。现代航空运输业的发展,极大地缩短了旅游的空间距离;大型民航飞机、高速公路、空调客车、高速列车等交通运输的现代化,促使旅游者在旅游活动过程中的空间移动更加舒适、方便和安全。交通运输的现代化不仅有效地刺激了人们的旅游需求,"催化"人们的旅游行为,而且缩短了旅途时间,减少了途中的劳累及单调,又进一步加快了国际旅游业的发展,使旅游业进入一种全球化发展的新趋势。

从主观上讲,在上述客观条件的基础上,由于人们的兴趣爱好及所处环境的差异,也会使人们产生各种各样的旅游需求。美国心理学家马斯洛分析了人们的需求有五个层次,即生理需求、安全需求、社交需求、自尊需求和自我实现需求。随着低层次需求得到一定满足,人们就会追求高层次的需求,而为满足高层次社交、自尊及自我实现的需求,就会激发人们的旅游需求,例如探亲访友、考察学习、疗养度假、旅行观光、揽胜探奇等。总之,不论是主观因素还是客观条件,它们都是引起人们旅游需求的动因。因此,分析这些因素和条件,不仅知道旅游需求产生的内在必然性,还可以分析和预测旅游需求的发展及变化趋势。

三、旅游需求的影响因素

旅游需求除了受到收入水平、闲暇时间及交通条件的直接作用外,还是在政治、经济、文化、法律、自然、社会等各种因素的影响下而形成的一种复杂的社会经济现象。因此,要很好地了解旅游需求状况,把握其发展趋势,还必须对影响旅游需求的各种因素进行分析和研究。通常影响旅游需求的主要因素有人口因素、经济因素、社会文化因素、政治法律因素、旅游资源因素等。

(一)人口因素

人口是影响旅游需求的最基本因素之一,因为旅游本身就是人的一种行为。因此,人口的数量、素质、分布及构成对旅游需求产生着重要的影响,从而形成不同的旅游需求规模和结构。人口的数量、素质及其变化影响着旅游需求量的变化。通常一个国家人口数量大,参与旅游的人数则多,从而对旅游产品的需求量也相应增多。人口素质也同旅游需求密切相关。一般来讲,具有一定的文化知识且素养较高的人,能够产生更多的旅游需求。人口分布的城乡状况也对旅游需求产生影响。一般讲,城市居民要求旅游的数量要比农村多得多。首先,由于城市居民收入一般比乡村居民较高,具有产生旅游需求的经济基础;其次,城市便捷的交通、灵敏的信息及其他条件,也促使城市居民的旅游需求也高于农村。人口的年龄、性别及职业构成也影响着旅游需求的产生及发展。青少年精力充沛,渴望外出旅游,但由于受经济收入的限制,消费能力不足;中年人虽然具有稳定的工资收入及带薪假日,但又受家庭拖累;老年人既有经济收入,又无家庭拖累,但又常常受身体健康条件限制。从人口性别上看,一般男性旅游者人数比女性旅游者要多。从职业构成看,由于人们的工作性质不一样,从而人们的收入水平、闲暇时间及公务出访机会也不一样,从而产生不同的旅游需求。通常,公务员、企业家、商务人员及自由职业者出差的旅游机会较多,科技人员、教师及医务人员进行学术交流机会较多。

(二)经济因素

经济条件是产生一切需求的基础,没有丰富的物质基础和良好的经济条件,旅游需求便不可能产生。因此,国民经济发展水平、人们收入分配、旅游产品价格、外汇汇率等都直接和间接地影响着旅游需求的规模及结构。

国民生产总值(GNP),是指一个国家(或地区)在一定时期内所生产的最终产品和提供的劳务总量的货币表现,它反映了一个国家(或地区)在一定时期内整个社会物质财富的增加状况,是衡量经济发展水平的重要指标。从旅游经济角度看,如果旅游客源国的国民生产总值高,则旅游需求就会增加,旅游的规模和结构就相应提高;如果旅游接待国的国民生产总值高,则旅游设施及接待条件就相应较好,从而吸引旅游者及刺激旅游需求的能力就强。因此,不论是旅游客源国还是旅游接待国的国民生产总值的提高,都会刺激旅游需求不断增加。

在现实社会经济中,人们的收入水平及可支配收入状况也影响着旅游需求的变化。一方面,旅游需求随着人们的收入变化而呈正相关变化。当人们收入越多,则旅游需求就越多;当人们收入减少,则旅游需求也会下降。因而,收入水平是影响旅游需求的数量因素。另一方面,在总收入不变的前提下,人们可支配收入的多少不仅影响旅游需求的数量,而且会影响旅游需求的结构,即随着旅游者用于旅游消费支出的增加,对某些旅游产品内容的需求会增加,而对另一些旅游产品的需求会减少。

从价格和汇率方面看,旅游需求与价格具有负相关关系。当旅游产品价格上升,旅游需求量就下降;当旅游价格下跌,旅游需求量就会上升。另外,在国际旅游中,汇率变化对旅游需求的影响表现在:当旅游接待国的货币升值,则前往该国的旅游者或旅游停留时间就减少;反之,当旅游接待国的货币贬值,则促使前往该国的旅游需求增加。可见,汇率变化不一定会引起国际旅游总量增加或减少,但是会引起对货币升值的接待国家的旅游需求减少,而对货币贬值的接待国家的旅游需求增加。

(三)社会文化因素

世界上不同国家具有不同的文化背景,从而在价值观念、风俗习惯、语言文字、宗教信仰、美学和艺术等方面存在着差异,进而影响到对旅游产品的需求,使旅游活动的感受也有较大的差异。因此,在研究旅游需求时,就必须注意分析前来的旅游者所在不同国家或地区的社会文化差异性,以及对由于社会文化因素影响所形成的消费习惯和需求心理,尽可能适应旅游者的消费习惯和爱好,投其所好、避其所忌,才能促使旅游需求不断增加。

(四)政治法律因素

政治稳定性是激发旅游需求,促使旅游需求不断增加的重要因素。不稳定的政治环境,往往使旅游者要承担各种风险,从而造成旅游者的心理压力而使旅游需求下降。因此,旅游接待国的政局稳定,则对该国旅游产品的需求量就多;反之,则对该国旅游产品的需求量就少。有时,在一个旅游圈域内某一国家的政局不稳定,还会波及周围国家及整个旅游圈的旅游需求普遍下降。此外,旅游接待国的有关法律、法规及执行情况,也对旅游需求产生着直接和间接的影响。

(五)旅游资源因素

旅游资源是吸引旅游者的旅游对象物,是一个国家或地区的自然风貌和社会发展的象征,体现着该国家或地区自然、社会、历史、文化及民族的特色,从而对生活在其他国家或地区的人们产生着吸引力。因此,根据现代人类多样化需求而发掘形成的旅游资源,正成为影响世界经济社会发展的新型战略性资源。一方面,随着人们对资源认识和利用向深度及广度发展,各种各样的旅游资源正被认识和发掘,并刺激人们旅游需求的产生;另一方面,各种自然旅游资源及人文旅游资源能否直接或间接地转换为经济优势,并带来经济收入,则是在旅游进入现代生活之后才带来肯定的答复,并随着旅游业的发展而释放出巨大的经济能量。可见,旅游资源与旅游需求相辅相成,旅游资源刺激旅游需求产生;而旅游需求则促使旅游资源转换成经济优势,二者相互影响、相互作用和相互促进。

四、旅游需求规律

旅游需求的产生和变化受多种因素的制约和影响,但对旅游需求具有决定性影响的因素主要是旅游产品的价格、人们的收入状况及闲暇时间。

(一)旅游需求量与旅游产品的价格成反向变化

旅游产品价格是决定和影响旅游需求的基本因素。在影响旅游需求的其他因素不变情况下,旅游需求量总是随旅游产品价格的涨落而发生相应的变化。当旅游产品价格上涨时,旅游需求量就会下降;当旅游产品价格下跌时,旅游需求量就会上升。根据旅游需求量与价格的关系,可以在坐标图上绘出旅游需求价格曲线(见图 3-1)。

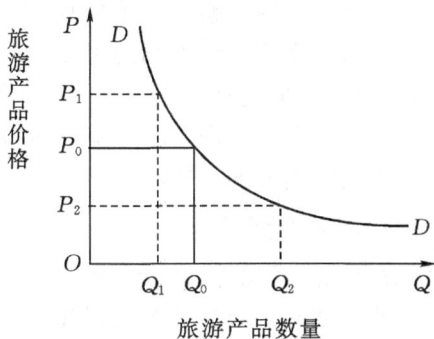

图 3-1　旅游需求价格曲线

在图 3-1 中,纵坐标代表旅游产品的价格,横坐标代表旅游产品的数量,于是,在坐标图中旅游产品价格的任一变动,都有一个与之相对应的旅游需求量,从而形成了旅游需求价格曲线(D—D)。该曲线表示:旅游需求量与旅游产品价格呈负相关变化的关系,即当旅游产品价格从 P_0 下降到 P_2 时,旅游需求量从 Q_0 上升到 Q_2,当旅游产品价格从 P_0 上涨到 P_1 时,旅游需求量从 Q_0 下降到 Q_1,因而旅游需求价格曲线是一条自左上向右下倾斜的曲线。

(二)旅游需求量与人们收入成同方向变化

人们的可支配收入与旅游需求也有着密切的联系。因为旅游需求是一种有效需求,而有效需求必须是具有支付能力的需求。如果人们仅有旅游欲望而无支付能力,是不可能形成有效需求的。通常,人们可支配收入越多,对旅游产品的需求就越大。因而人们可支配收入同旅游产品之间存在着正相关变化的关系,图 3-2 就是旅游需求收入曲线。

在图 3 - 2 中,纵坐标代表人们的可支配收入,横坐标代表旅游产品的数量。于是人们可支配收入的每一任意变化,都有一个与之相对应的旅游需求量,从而形成了旅游需求收入曲线 (D—D)。该曲线表示:旅游需求量与人们可支配收入成同方向变化。当可支配收入由 I_0 上升到 I_1 时,旅游需求由 Q_0 上升到 Q_1,反之,当 I_0 下降到 I_2 时,旅游需求由 Q_0 下降到 Q_2,因而旅游需求收入曲线是一条自左下方向右上方倾斜的曲线。

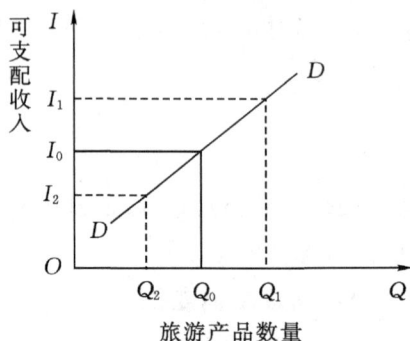

图 3 - 2　旅游需求收入曲线

(三)旅游需求量与人们的闲暇时间成同方向变化

旅游产品的消费是一种特殊的消费,必须占用一定的时间。尽管人们的闲暇时间并不属于经济的范畴,但它同旅游需求也具有密切的联系。闲暇时间不仅对旅游需求的产生具有决定性作用,而且直接影响着旅游需求量的变化。当人们的闲暇时间增多时,旅游需求量就相应增加;当人们的闲暇时间减少时,旅游需求量就相应减少。因而旅游需求同闲暇时间的关系就像旅游需求同可支配收入的关系一样,也呈同方向变化。如果在坐标图中绘出旅游需求闲暇时间曲线,则其是同旅游需求收入曲线相类似的曲线。

(四)旅游需求水平受其他影响因素而变动

旅游需求除了与旅游产品价格呈反向变化外,还受其他各种因素影响而变化。在旅游产品价格既定条件下,由于其他因素的变动而引起的旅游需求变化,称为旅游需求水平的变化。例如,在图 3 - 3 中,当人们可支配收入增加时,在旅游产品价格 P_0 不变情况下,就会增加旅游需求,从而引起旅游需求曲线 D—D 右移到 D_1—D_1,并使旅游需求量由 Q_0 增加到 Q_1;反之,

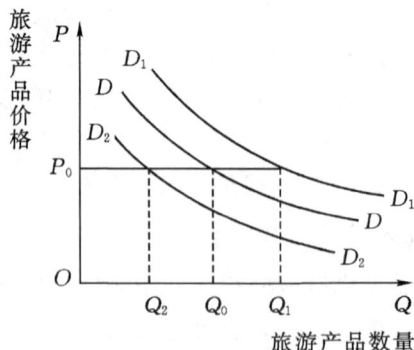

图 3 - 3　旅游需求曲线的变动

当人们可支配收入减少时,在旅游产品价格 P_0 不变情况下,就会减少旅游需求,从而引起旅游需求曲线 $D—D$ 左移到 $D_2—D_2$,并使旅游需求量由 Q_0 下降到 Q_2,这种变化就表现为旅游需求水平的变化。

第二节 旅游供给分析

一、旅游供给的概念

供给是指厂商在一定条件下愿意并且能够提供某种产品的数量。从旅游经济的角度看,旅游供给是指在一定时期和一定价格水平下,旅游经营者愿意并且能够向旅游市场提供的旅游产品数量。正确认识和理解旅游供给的概念,必须掌握好以下几点:

(一)旅游供给是以旅游需求为前提条件

旅游需求是旅游供给的基本前提条件,旅游生产经营单位和部门,必须以旅游者的需求层次和需求内容为客观要求,建立起一整套适应旅游活动需要的旅游供给体系,保证提供旅游活动需要的全部内容。一方面,人类的需求总是以一定的物质作为基础的,旅游供给的资源和设施就是旅游需求的物质基础;另一方面,旅游又是一种社会生产活动,旅游供给要以旅游需求作为立足点和依据。在提供旅游产品的时候,要对旅游需求的动向、内容和层次进行必要的调查研究和预测,结合制约旅游供给的其他条件下制定计划,组织旅游产品生产,达到实现旅游供给的目的。

(二)旅游供给必须是愿意并有可供出售的旅游产品

虽然旅游需求决定了旅游供给的方向、数量和质量,这仅仅是一种前提条件。要真正体现旅游供给,必须同时具备旅游经营者愿意出售并有可供出售的旅游产品。这种旅游供给同旅游需求一样,是相对于旅游产品的价格而言,即在特定的价格下,总有特定的旅游产品供给量与之相对应,并随着价格的变动而相应变动。同时,旅游产品的供给还不仅仅是单个旅游产品数量的累加,而是综合地反映了旅游产品的数量多少、质量高低。因此,要提高旅游供给,不能只抓旅游产品的数量,更重要的是提高旅游产品的质量,要在独特的自然与人文旅游资源的基础上,注重提高服务质量和旅游设施水平,才能增加有效供给,更好地满足市场的需求。

(三)旅游供给包括基本旅游与辅助旅游供给两大类

基本旅游供给,是指一切直接与旅游者发生联系,使旅游者在旅游过程中亲身接触和感受的旅游产品,它包括旅游资源、旅游设施、旅游服务和旅游购物等,是旅游供给的主要内容,也是旅游业的基本内容。辅助旅游供给,是指为基本旅游供给体系服务的其他设施,也称旅游基础设施,包括供水、供电、供气、污水处理、供热、电信和医疗系统,以及旅游区地上和地下建筑,如机场、码头、道路、桥梁、铁路、航线等各种配套工程。其特点是,它除了为旅游者提供服务外,还为非旅游者提供服务。基本旅游供给与辅助旅游供给的划分具有约定俗成的相对性。例如,旅游区内的交通常常划入基本旅游供给范围,而旅游区以外,且到达旅游区必需经过的交通则划归于辅助旅游供给。

二、旅游供给的特点

旅游供给是一种特殊的产品供给,具有其自身的特殊性。这种特殊性是由旅游产品的特

性所决定的,主要表现在以下几方面:

(一)旅游供给的不可累加性

旅游产品的综合性特点表明,旅游供给是由多种资源、设施与服务要素构成的,并且这些多种构成要素具有异质性的特点,因而旅游供给不能用旅游产品数量的累加来测度,只能用旅游者数量来表征,并反映旅游供给的数量及生产能力水平(容量)。至于怎样通过旅游产品的构成来测度旅游供给,则是一个需要进一步研究的课题。

(二)旅游供给的产地消费性

一般物质商品的生产是通过流通环节流出生产地,而旅游产品则是通过流通环节将旅游者请到生产地进行消费。因此,在深山老林兴建钢厂规划交通运输时,需要考虑返运物资与运出钢材的平衡。而在一般情况下,进出旅游景点的人数是相等的,不必考虑运输的平衡。重点是考虑旅游景点、景区的环境容量及接待能力,其直接影响着旅游供给的数量和水平。

(三)旅游供给的持续性

通常,一般物质产品的供给可通过再生产而持续不断的供给,但是若再生产停止,则物质产品的生产与供给也就停止。但旅游产品的生产供给则不一样,无论是景点、景区建设,还是宾馆、饭店,一旦建成就能在较长一段时间内持续供给,有的甚至可以永续利用;但是旅游产品一旦遭受破坏,则较一般物质产品要严重得多。因为一般物质产品生产工厂的破坏可通过另建新厂来恢复供给,而旅游景点的破坏可以使该种旅游供给能力永久丧失。

(四)旅游供给的非储存性

旅游供给的非储存性是由于旅游产品生产与消费的同一性所决定。一般物质产品可把产品储存作为调节供需矛盾的手段,对旅游产品来讲,由于旅游产品生产、交换与消费的同一性,旅游产品不能储存,因而产品储存对调节旅游供需矛盾已失去意义,实际操作中有意义的只是旅游供给能力的储备,而并非旅游产品供给的储备。

(五)旅游供给的个体性

因为旅游产品的使用价值在于满足人的心理和精神的需要,这种需要千差万别,所以旅游供给具有个别供给的特点,即使采用组团旅游的方式来提高规模效益,也要注意满足团队中个别旅游者的特殊需求。因此,旅游供给的多样性较之于物质产品供给更为重要。

三、旅游供给的影响因素

在旅游经济中,凡是使旅游供给增加或减少的因素都视为旅游供给的影响因素。在一定时间内,旅游供给可以不发生变化,但并不能说明影响因素没起作用,而常常是影响旅游供给增加和减少的因素作用刚好抵消。影响因素表现的形式十分广泛,有系统内的,也有环境的;有直接的,也有间接的;有可控的,也有不可控的;有确定的,也有随机的;有单一的,也有综合的;有自然的,也有社会的……而且还可根据系统的层次逐一细分。要全面分析众多的影响因素是不可能的,在实际工作中,旅游供给的影响因素主要有以下几方面:

(一)旅游资源及环境容量

旅游供给的基本要素是旅游资源,而旅游资源是在特定的自然和社会条件下所形成的,是旅游经营者不能任意改变的。旅游经营者只能把旅游资源优势作为旅游供给和旅游经济增长的依托点,以市场为导向,通过对旅游资源的合理开发,向旅游市场提供具有特色的旅游对象物,实现旅游资源优势向经济优势转换。因此,旅游资源不仅决定着旅游产品的开发方向和特色,而且影响着旅游供给的数量和质量。

此外,旅游目的地的环境容量也在很大程度上决定和影响着旅游供给的规模和数量,因为任何旅游目的地容纳的旅游者的数量总是有限度的。如果旅游者超过了旅游目的地的容量,不仅会造成对自然环境的破坏和污染,而且会引起当地居民的不满,甚至产生一系列社会问题,这样又会直接影响旅游产品对旅游市场的吸引力。因此,旅游资源状况及环境容量是直接影响旅游供给的重要因素之一。

(二)旅游产品和相关产品的价格

旅游供给直接受旅游产品价格的影响。当旅游产品价格提高,则旅游经营者在同样的成本投入中可获得更多的利润,因而会刺激旅游经营者增加旅游供给量;反之,当旅游产品价格下降,则会导致旅游经营者的利润减少,从而会减少旅游产品的供给量。因此,旅游供给的规模和数量直接受到旅游产品价格变化的影响,并与旅游价格呈相同方向变化。

旅游产品的供给量除了受自身价格变化的影响外,还会间接地受其他相关产品价格变化的影响。例如,如果飞机票涨价,而旅游目的地的旅游价格不变,则意味着旅游产品的相对价格降低了,从而相对利润也随之减少,于是必然引起社会要素资源的重新配置,进而影响到旅游产品供给量的变化。

(三)旅游生产要素的价格

生产要素价格的高低直接关系旅游产品的成本高低。尤其旅游产品是一个包含食、住、行、游、购、娱多种要素在内的综合性产品,各种要素价格的变化必然影响到旅游产品供给的变化。在旅游产品价格不变的情况下,若各种要素价格提高了,则必然使旅游产品的成本增加而利润减少,于是引起旅游产品供给量也随之减少。反之,若各种要素价格降低,则使旅游产品成本降低而利润增加,于是刺激旅游产品供给量随之增加。因此,旅游生产要素价格也直接对旅游供给产生着重要的影响作用。

(四)社会经济发展水平

旅游业不仅是一项综合性经济产业,也是一项依赖性很强的产业。因为旅游业的健康发展离不开社会生产力的发展,它需要在社会现有的经济发展基础上为旅游业提供必需的物质条件,才能形成旅游的综合接待能力,才能提供一定数量和质量的旅游产品。如果社会经济发展水平低,就不能保证旅游供给所需的各种物质条件。因此,社会经济发展的状况和水平不仅为旅游供给提供各种物质基础的保证,而且在一定程度上决定着旅游产品的供给数量和质量。

(五)科学技术发展水平

科学技术是第一生产力,是推动社会经济发展的强大动力,也是影响旅游供给的重要因素之一。科学技术进步为旅游资源的有效开发提供科学的手段,为形成具有特色的旅游产品提供科学方法,为保护旅游资源、实现旅游资源的永续利用提供科学依据,并为旅游者提供具有现代化水平的完善的接待服务设施,为旅游经济发展提供科学的管理工具和手段。从而增加有效的旅游供给,加速旅游资金的周转,降低旅游产品成本,提高旅游经济效益。

(六)旅游经济发展的方针和政策

旅游目的地国家或地区有关旅游经济发展的方针和政策,也是影响旅游供给的重要因素之一。特别是有关旅游经济发展的战略与规划,扶持和鼓励旅游经济发展的各种税收政策、投资政策、信贷政策、价格政策、社会文化政策等,不仅对旅游经济发展具有重要的影响作用,而且直接影响到旅游供给的规模、数量、品种和质量。因此,旅游方针、政策是决定旅游供给的重要因素,是不断提高旅游综合接待能力的生命线,也是促进旅游经济发展的重要力量。

四、旅游供给规律

从以上分析可以看出,旅游供给的变化受多种因素的影响和制约,不同的因素对旅游供给的变化具有不同的影响,并形成一定的规律性,概括起来主要有以下几方面:

(一)旅游供给量与旅游产品价格呈同方向变化

旅游产品价格不仅是决定旅游需求的基本因素,也是决定旅游供给的基本因素。在其他因素不变情况下,当旅游产品价格上涨,必然引起旅游供给量增加;当旅游产品价格下跌,必然引起旅游供给量减少。根据这种规律性,设纵坐标代表旅游产品价格,横坐标代表旅游产品数量,S—S代表旅游供给曲线,则在坐标图3－4中旅游产品价格的任一变动,都有一个与之相对应的旅游供给量,并形成旅游供给曲线S—S,该曲线反映了旅游供给量与旅游产品价格同方向变化的客观规律性。即当旅游产品价格为P_0时,有相对应的旅游供给量Q_0;当旅游产品价格从P_0上涨到P_1时,旅游供给量由Q_0上升到Q_1;当旅游价格从P_0下跌到P_2时,旅游供给量由Q_0下降到Q_2。因此,旅游供给曲线是一条自左下向右上倾斜的曲线。

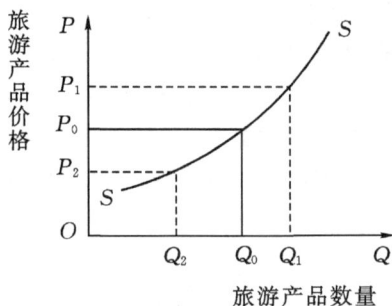

图3－4　旅游供给价格曲线

(二)旅游供给能力在一定条件下的相对稳定性

旅游供给量与旅游产品价格的同方向变化并非是无限制的,事实上由于旅游供给的特点及有关影响因素的作用,使旅游供给能力在一定条件下是既定的,从而决定了旅游供给量的变动是有限的。所谓旅游供给能力,就是在一定条件下(包括时间和空间等),旅游经营者能提供旅游产品的最大数量。由于旅游供给的不可累加性及环境容量的限制,决定了旅游供给在一定时间、一定空间条件下,其供给量必然受到旅游供给能力的制约。一旦达到旅游供给能力,即使旅游产品价格再高,旅游供给量也是既定不变的。如图3－5中,当旅游供给小于Q_c时,旅游供给量将随旅游产品价格变化而同方向变化;当旅游供给达到Q_c,即达到旅游供给能力时,无论价格如何变化,即价格从P_1提高到P_2,旅游供给量都不会发生变化。

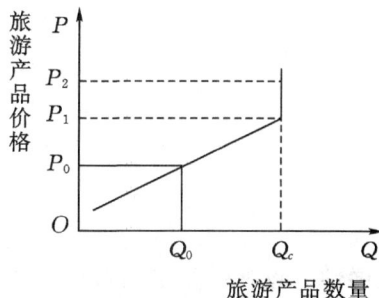

图 3-5　受旅游供给能力限定的旅游供给价格曲线

(三)旅游供给水平受其他影响因素而变动

旅游供给变化不仅受旅游产品价格变动影响,也受其他各种因素的影响。在旅游产品价格既定条件下,由于其他因素的变动而引起的旅游供给变动,称为旅游供给水平的变动。例如,在图 3-6 中,当生产要素价格下降,必然引起旅游产品成本下降,从而在既定生产条件下会增加旅游供给,并引起旅游供给曲线由 S—S 右移到 S_1—S_1;反之,当生产要素价格上升,必然引起旅游产品成本提高,而导致旅游供给下降,使供给曲线由 S—S 左移到 S_2—S_2。这时,尽管旅游产品价格保持不变为 P_0,但旅游供给量已发生变化,分别由 Q_0 上升到 Q_1 或下降到 Q_2。

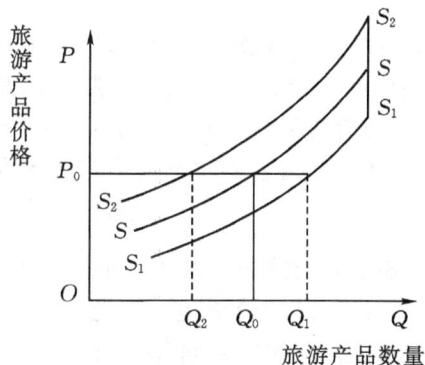

图 3-6　旅游供给曲线的变动

第三节　旅游供求弹性

一、弹性的一般概念

在经济学中,弹性主要用来表明两个经济变量变化的关系。具体讲,当两个经济变量之间存在函数关系时,作为自变量的经济变量 x 的任何变化,都必然引起作为因变量的经济变量 y 的变化。因此,所谓弹性就是指作为因变量的经济变量 y 的相对变化对于作为自变量的经济变量 x 的相对变化的反映程度。用公式表示如下:

$$E = \frac{\Delta y / y}{\Delta x / x}$$

式中　E——弹性；

　　　y——因变量；

　　　x——自变量；

　　　Δy——因变量增量；

　　　Δx——自变量增量。

　　弹性一般可分为点弹性和弧弹性。点弹性是指当自变量变化很小时（即在某一点上）而引起的因变量的相对变化。如上述公式实际上就是点弹性的计算公式。而弧弹性是指自变量变化较大时，取其平均数对因变量的相对变化量。其计算公式如下：

$$E_a = \frac{y_1 - y_0}{(y_1 + y_0)/2} \div \frac{x_1 - x_0}{(x_1 + x_0)/2}$$

式中　E_a——弧弹性；

　　　x_0, x_1——变化前后的自变量；

　　　y_0, y_1——变化前后的因变量。

　　点弹性与弧弹性的重要区别就在于：点弹性是指因变量相对于自变量某一点上的变化程度；而弧弹性则是指因变量相对于自变量某一区间上的变化程度。

二、旅游需求弹性

　　旅游需求弹性是指旅游需求对影响因素变化的敏感性，即旅游需求量随其影响因素的变化而相应变化的状况。由于旅游产品的价格和人们可支配收入是影响旅游需求的最基本因素，因此旅游需求弹性可具体划分为旅游需求价格弹性和旅游需求收入弹性。前者反映旅游需求量对价格变动的敏感程度，后者反映旅游需求量变动对收入变动的敏感程度。

（一）旅游需求价格弹性

　　旅游需求价格弹性是指旅游需求量对旅游产品价格的反应及变化关系。根据旅游需求规律，在其他条件不变情况下，不论旅游产品的价格是上涨还是下落，旅游需求量都会出现相应的减少或增加。为了测量旅游需求量随旅游产品价格的变化而相应变化的程度，就必须正确计算旅游需求价格弹性系数。所谓旅游需求价格弹性系数，主要是指旅游产品价格变化的百分数与旅游需求量变化的百分数的比值。其计算公式如下：

　　点弹性：

$$ED_P = \frac{(Q_1 - Q_0)/Q_0}{(P_1 - P_0)/P_0}$$

　　弧弹性：

$$ED_P = \frac{Q_1 - Q_0}{(Q_1 + Q_0)/2} \div \frac{P_1 - P_0}{(P_1 + P_0)/2}$$

式中　ED_P——旅游需求价格弹性系数；

　　　P_0, P_1——变化前后的旅游产品价格；

　　　Q_0, Q_1——变化前后的旅游需求量。

　　由于价格与需求量成反向关系，因而旅游需求价格弹性系数为负值，于是根据旅游需求价

格弹性系数 ED_p 的绝对值大小,通常可区分为以下三种情况:

(1)当 $|ED_p|>1$ 时,表明旅游需求量变动的百分比大于旅游产品价格变动的百分比,这时称旅游需求富于弹性。如果旅游需求是富于弹性的,其需求曲线上的斜率较大。在实际中则表明旅游产品价格提高,旅游产品需求量将减少,但减少的百分比大于价格提高的百分比,从而使旅游总收益减少;相反,如果价格下降,则需求量增加,但增加的百分比大于价格下降的百分比,从而使旅游总收益增加。

(2)当 $|ED_p|<1$ 时,表明旅游需求量变动的百分比小于旅游产品价格变动的百分比,因此称旅游需求弹性不足。如果旅游需求是弹性不足的,则其需求曲线上的斜率就较小。在实际中则表明旅游产品价格提高,需求量将减少,但减少的百分比小于价格提高的百分比,从而使旅游总收益增加;相反,如果价格下降,需求量将增加,但增加的百分比小于价格下降的百分比,从而使旅游总收益减少。

(3)当 $|ED_p|=1$ 时,表明旅游需求变动的百分比与旅游产品价格变动的百分比相等,因此称这种旅游需求价格弹性为单位弹性。如果旅游产品的需求价格弹性属于单位弹性,则旅游需求价格的变化对旅游经营者的收益影响不大。

(二)旅游需求收入弹性

旅游需求不仅对旅游价格的变化具有敏感性,而且对人们的可支配收入变化也有灵敏反映。旅游需求收入弹性,就是指旅游需求量与人们可支配收入之间的反应及变化关系,而旅游需求收入弹性系数,则是指人们可支配收入变化的百分比与旅游需求量变化百分比的比值。用计算公式表示如下:

$$ED_1 = \frac{(Q_1 - Q_0)/Q_0}{(I_1 - I_0)/I_0}$$

式中　ED_1——旅游需求收入弹性系数;

Q_0, Q_1——为变化前后的旅游需求量;

I_0, I_1——为变化前后的可支配收入量。

由于旅游需求量随人们可支配收入的增减而相应增减,因而旅游需求收入弹性系数始终为正值,这一正值表明:当收入上升百分之一时引起需求量所增加的百分比;或者,当收入下降百分之一时引起需求量下降的百分比,并且也可以区分为以下三种情况:

(1)当 $ED_1>1$ 时,表示旅游需求量变动的百分比大于人们可支配收入变动的百分比,说明旅游需求对收入变化的敏感性大,因此人们可支配收入发生一定的增减变化,会引起旅游需求量发生较大程度的增减变化。

(2)当 $ED_1<1$ 时,表示旅游需求量变动的百分比小于人们可支配收入变动的百分比,说明旅游需求对收入变化的敏感性小,因而人们可支配收入发生一定的增减变化,只能引起旅游需求量发生较小程度的增减变化。

(3)当 $ED_1=1$ 时,表示旅游需求量变动的百分比与人们可支配收入变动的百分比相等,因此旅游需求收入弹性为单位弹性,即旅游需求量与人们可支配收入按相同比例变化。

通常高级消费品的需求收入弹性都较大,因为随着社会生产力的发展及人们收入水平的提高,人们用于低级的生活必需品的支出比重将逐渐下降,而用于高级生活消费品的支出比重将逐渐上升。旅游活动正是满足人们高层次生活的需求,并逐渐成为人们必不可少的生活消费品,所以旅游需求收入弹性一般都比较大。根据国际有关组织的研究表明:旅游需求收入弹性系数一般都在 1.3～2.5 之间,有的国家甚至高达 3.0 以上。

(三)旅游需求的交叉弹性

旅游产品是一种由食、住、行、游、购、娱所组成的综合性产品,它既表现为一个整体的产品,又表现为由若干产品组成的系列,即每一种要素都能构成独立的旅游产品。因此,从旅游需求的角度看,旅游产品既有替代性,又有互补性。

所谓旅游产品的替代性,就是指相同性质而不同类型的旅游产品在满足旅游消费需求之间具有相互替代的关系,例如宾馆、度假村、招待所、公寓、临时帐篷等都是向旅游者提供住宿需求的满足,而各种不同类型的住宿设施随着价格变化可以互相替代。

所谓旅游产品的互补性,就是指旅游产品各部分的构成中,是互相补充和互相促进的,即某一部分的存在和发展必须以其他部分的存在和发展为前提,或者某一部分旅游产品作用的有效发挥,必须以其他部分的存在及配合为条件。例如,航运公司的旅客增加,必然使旅游饭店和旅游餐饮的人数也相应增加;但如果旅游饭店仅有住宿而没有餐饮,则旅游饭店的服务功能就不能有效地发挥。

正是由于旅游产品具有替代性和互补性的特点,因而某种旅游产品的需求量不仅对其自身的价格变化有反应,而且对其他旅游产品的价格变化也有反应。所以,旅游需求的交叉弹性就是指某一种旅游产品的需求量对其他旅游产品价格变化反应的敏感性,其计算公式如下:

$$ED_C = \frac{(Q_{x1} - Q_{x0})/Q_{x0}}{(P_{y1} - P_{y0})/P_{y0}}$$

式中　ED_c——旅游需求交叉弹性系数;

　　　Q_{x0}, Q_{x1}——变化前后 x 旅游产品的需求量;

　　　P_{y0}, Q_{y1}——变化前后 y 旅游产品的价格。

根据旅游产品的替代性和互补性特点,计算出来的旅游需求交叉弹性系数有两种情况。

(1)如果旅游产品 y 对旅游产品 x 具有替代性,那么旅游产品 y 价格下降必将引起对旅游产品 x 的需求量减少;反之,旅游产品 y 价格上涨则引起对旅游产品 x 的需求量增加。因此,对于具有替代性的旅游产品而言,其旅游需求的交叉弹性系数 ED_c 必然是正值。

(2)如果旅游产品 y 对旅游产品 x 具有互补性,那么旅游产品 y 价格下降必然引起对旅游产品 x 的需求量增加;反之,旅游产品 y 价格上涨则引起对旅游产品 x 的需求量减少。因此,对于具有互补性的旅游产品而言,其旅游需求的交叉弹性系数 ED_c 必然是负值。

从实际看,旅游产品的替代性与互补性并不是绝对的。在一定条件下,两者之间可能出现互相转化,即原来是相互替代的旅游产品转化为互补;原来是相互补足的旅游产品转化为替代。例如,航空、铁路、公路运输本是替代的,但为了开拓国内外旅游市场而把几者有机配套起来,于是就从替代关系转化为互补关系;同理,旅游汽车公司与宾馆原来提供服务是互补的,但如果宾馆建立相应的附属车队,以扩大服务内容,则旅游汽车公司与宾馆车队就由互补关系转化为替代关系。因此,旅游产品的替代性及互补性,不仅对旅游需求产生一定的影响,同时也是旅游经营者拓宽经营范围,实行资源优化配置,提高经济效益的重要途径。

三、旅游供给弹性

旅游供给弹性是指旅游供给对各种影响因素变化作出的反应。由于旅游供给不仅受旅游产品价格的直接影响,还受到生产规模变化、生产成本和旅游环境容量等多种因素的影响,因而旅游供给弹性包括供给的价格弹性、供给的交叉弹性、供给的价格预期弹性等,下面着重分析旅游供给的价格弹性和价格预期弹性。

(一)旅游供给的价格弹性

旅游供给的价格弹性,是指旅游供给量对旅游价格的反应及变化关系。根据旅游供给规律,在其他影响旅游供给的因素不变情况下,旅游供给是随旅游产品价格的变化而同方向变化。为了测定两者之间的变化程度,即旅游供给对价格的敏感性,就必须计算旅游供给的价格弹性系数。所谓旅游供给的价格弹性系数,是指旅游供给量变化的百分数与旅游产品价格变化的百分数之比。其计算公式如下:

点弹性:

$$ES_P = \frac{(Q_1 - Q_0)/Q_0}{(P_1 - P_0)/P_0}$$

弧弹性:

$$ES_P = \frac{Q_1 - Q_0}{(Q_1 + Q_0)/2} \div \frac{P_1 - P_0}{(P_1 + P_0)/2}$$

式中　ES_p——旅游供给价格弹性系数;

P_0, P_1——变化前后的旅游产品价格;

Q_0, Q_1——变化前后的旅游供给量。

由于旅游供给量与旅游产品价格同方向变化,因而其弹性系数为正值。根据旅游供给的价格弹性系数 ES_p 值的大小,可以区分为以下几种情况:

(1)当 $ES_p > 1$ 时,则表明旅游供给量变动百分比大于旅游产品价格变动百分比,即旅游供给是富有价格弹性的,如图 3-7 中 AB 弧上即表明这一特点。若旅游供给是富于弹性的,则说明旅游产品价格的微小变化将引起旅游供给量的大幅度变化。

(2)当 $ES_p = 1$ 时,则表明旅游供给量变动百分比同旅游产品价格变动百分比是相等的,即旅游供给具有单位弹性,图 3-7 中 B 点的供给价格弹性系数就是单位弹性。

(3)当 $ES_p < 1$ 时,则表明旅游供给量变动百分比小于旅游产品价格变动的百分比,因而旅游供给弹性不足,图 3-7 中 BC 弧上的旅游供给弹性就表现为不足,其实质上说明旅游产品价格的大幅度上涨或下跌,对旅游供给量变化的作用不强。

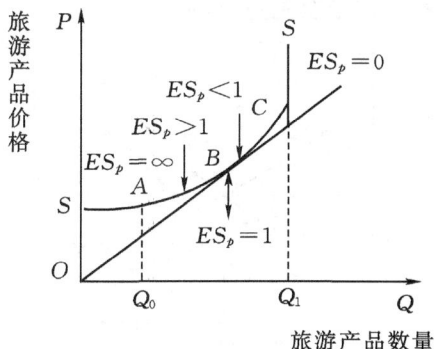

图 3-7　旅游供给价格弹性变化

除了以上三种情况外,尚有两种特殊情况。当 $ES_p=0$ 时,称旅游供给完全缺乏价格弹性。因而在图 3-7 中的旅游供给曲线是一条垂直于横轴的直线,表明无论旅游产品价格怎样变动,旅游供给是基本保持不变。当 $ES_p=\infty$ 时,则称旅游供给是完全富有弹性的,或称旅游供给具有无限价格弹性,因而在图 3-7 中的旅游供给曲线是一条平行于横轴的直线,表明在既定的旅游产品条件下旅游供给量可任意变化。

(二)旅游价格的预期弹性

价格预期弹性,是指未来价格的相对变动与当前价格相对变动之比。价格预期弹性无论对于旅游者还是旅游经营者来讲,都是一个重要的影响系数。其计算公式如下:

$$E_F=\frac{\Delta F/F}{\Delta C/C}$$

式中 E_F——价格预期弹性系数;

F——未来价格;

ΔF——未来价格的变动水平;

C——现行价格;

ΔC——现行价格的变动水平。

对于旅游者而言,当 $E_F>1$,则表明旅游者预期未来价格的相对变动将大于现行价格的相对变动,于是现期旅游需求增加;反之,当 $E_F<1$,则表明旅游者预期未来价格的相对变动将小于现行价格的相对变动,于是旅游者会持币待购从而引起现期旅游需求减少。但由于旅游需求同时受闲暇时间因素的影响,因而价格预期对于旅游需求的影响相对较小,即旅游需求价格预期弹性系数一般较小。

但是,对于旅游经营者来讲,旅游供给价格预期弹性的作用则相对较大。当 $E_F>1$ 时,表明旅游经营者预期未来价格的相对变动将大于现行价格的相对变动,于是为了保持经营的稳定性,旅游经营者就会减少现期的旅游供给,从而引起旅游供给曲线从 S_0 向 S_1 移动(即旅游供给减少),而与此同时旅游需求曲线会从 D_0 向 D_1 移动(即旅游需求增加),于是会造成旅游产品价格的暴涨(见图 3-8),即均衡价格从 P_0 上升到 P_1。反之,当 $E_F<1$ 时,表明旅游经营者预期未来价格的相对变动将小于现行价格的相对变动,即旅游市场价格稳定,于是旅游经营者就会增加现期的旅游供给,从而引起旅游供给曲线的右移(即旅游供给增加),与此同时旅游需求曲线将会左移(即旅游需求减少),从而引起旅游产品价格的下跌。因此,把握好旅游价格的预期弹性变化,对于旅游经营者来讲是至关重要的。

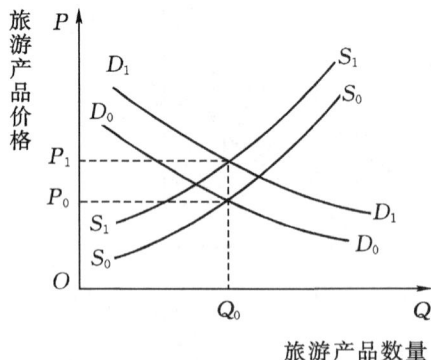

图 3-8 旅游供给的价格预期弹性

第四节　旅游供求平衡

一、旅游供给与需求的矛盾运动

旅游供给与旅游需求既互相依存又互相矛盾,它们通过旅游产品价格这一中介有机地结合起来,从而形成了旅游供给与旅游需求相互依存和相互矛盾的运动规律。

从旅游供给与旅游需求的相互依存关系看,一方面旅游供给虽然受许许多多的影响因素制约,但归根结底最基本的影响来自旅游需求。旅游供给的规划和发展都要以旅游需求为前提,离开旅游需求所制定的供给,发展必然是盲目的。此外,自然和社会等各种因素对旅游供给的影响,往往也就是对需求的影响,或者是通过抑制旅游需求来限制旅游供给的发展。另一方面,旅游供给又是旅游需求实现的保证,它提供旅游需求以具体的活动内容。如果没有旅游供给的不断发展,旅游需求将永远停留在旅游的自然风光观赏水平上。从总体上看,旅游供给源于旅游需求,但在旅游业发展到一定程度之后,旅游供给又能激发旅游需求,产生旅游需求,促使人的旅游需求内容不断扩大以及水平不断提高,从而改善人们的生活质量。

从旅游供给与旅游需求的矛盾关系看,其主要表现在质量、数量、时间、空间和结构等方面的矛盾冲突。

(一)旅游供给与需求质量方面的矛盾

由于旅游供给的发展是以旅游需求为前提,所以供给的发展滞后于需求。在一定历史发展阶段的生产力水平上,与旅游资源相关联的设施、服务形成之后,它们的水平也就确定了,而人的需求内容、水平却在不断变化。旅游供给要跟上旅游需求内容、水平的变化,就需要一定的资金投入和建设时间;此外,受社会价值准则和道德规范的限制,有的旅游需求,不能提供相应的供给。加之旅游供给也有自己的生命周期,随着设施的磨损和老化,即使不断地局部更新,也难以阻止设施在整体上的衰老,这就使旅游供给的质量下降;反之,旅游供给的规划与建设不以旅游需求为前提,超需求水平发展,会使旅游供给在近期内的效益降低,而远期因设施陈旧老化也达不到预期的效益目标。这些都是旅游供给与需求在质量方面的冲突表现。

(二)旅游供给与需求数量方面的矛盾

旅游供给与需求在数量方面的矛盾主要表现为供给能力与实际旅游者人数之间的矛盾。旅游目的地国家或地区,根据自己的社会经济条件,适应国内外旅游者的旅游需求,通过有计划有步骤地建设而形成的旅游供给能力,在一定的时间内是有限的,并具有相对的稳定性。旅游需求则随着人们收入水平的提高,消费水平与消费结构的变化而不断上升;同时,受社会政治经济状况和社会环境的制约,气候季节交替的影响,旅游需求也会相应地改变。简言之,旅游需求量具有不稳定性和随机性的特点。因此,在一定时间内,必然出现旅游供给总量与旅游需求总量之间的不平衡,形成供不应求或供过于求的状况。

(三)旅游供给与需求时间方面的矛盾

有些时间因素直接影响旅游供给能力的发挥,有些时间因素则不影响旅游供给能力,而是抑制旅游需求,造成旅游供给与需求的冲突。例如春意盎然、秋高气爽的季节,能引发人们到各风景区旅游观光;而隆冬季节,冰灯冰雕、滑雪冬泳则成为人们旅游需求的项目;至于炎热夏天,避暑胜地又供不应求了。又如节假日使旅游区比其他时间迎来更多的游客。而构成旅游产品的旅游设施和旅游服务,一旦相互配套,形成一定的供给能力,具有常年同一性。因此,旅游供给的常年同一性与服务的季节性是旅游供给与需求在时间方面冲突的表现。

（四）旅游供给与需求空间方面的矛盾

旅游供给与需求在空间方面的冲突表现为旅游资源在位置上的固定性和场地的有限性与旅游需求变动性的矛盾。特别是那些在国内、国际上久负胜名的旅游点,在旅游旺季,游客如云、摩肩接踵,景观因之而减色;而有的风景区因客运能力不配套,进得去、出不来,旅游者望而却步,游人寥寥无几。近年来,模拟景观旅游应运而生,如深圳的锦绣中华,北京的世界公园,只在很小程度上缓解了"热点"的空间压力。因此,积极开发各种自然景观,建设高品位的景区、景点,是缓解旅游供给与需求空间方面矛盾的重要途径和手段。

（五）旅游供给与需求结构方面的矛盾

由于旅游者的组成不同,旅游活动中的兴趣爱好各异,民族习惯、宗教信仰、支付能力的消费水准千差万别,这就形成了旅游需求的复杂多样、灵活多变的特点。而一个地区,甚至一个国家的旅游供给,不管怎样周全规划和配备,总不可能做到面面俱到、一应俱全。旅游供给的稳定性、固定性与旅游需求的复杂性、多样性之间的鲜明反差,就形成了旅游供给与需求在结构上的冲突。

以上五个方面的冲突是相互联系和相互影响的,它们共同反映了旅游供给与旅游需求矛盾不同于其他物质产品的供需矛盾的特殊性。

二、旅游供给与需求的均衡

旅游供给与需求的矛盾是绝对的,均衡则是相对的、有条件的。下面着重讨论在价格条件和季节条件下旅游供给与需求的均衡。

（一）在价格条件下的均衡

以 Q 表示旅游供给量或需求量,并作为横坐标,以价格 P 作为纵坐标,在平面直角坐标系中描绘出需求曲线 D 和供给曲线 S(见图 3-9)。设需求曲线 D 与供给曲线 S 相交于均衡点

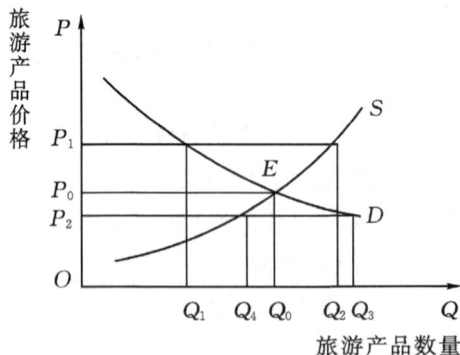

图 3-9　旅游供给和旅游需求的均衡

E。在 E 点，供给量与需求量相等，称为供求均衡，这时的价格 P_0 称为均衡价格，Q_0 称为均衡产量。

如果旅游产品价格高于 P_0 而为 P_1，这时需求量减少到 Q_1，而供给量增加至 Q_2，旅游市场上出现超供给量 Q_2-Q_1，即供过于求。如果市场价格降到 P_2 而低于 P_0，则需求量增加至 Q_3，而供给量减少至 Q_4，这时的旅游市场上出现欠供给量 Q_3-Q_4，即供不应求。在实际中，总是希望通过采取措施，使 Q_2-Q_1 或 Q_3-Q_4 尽可能接近于零。

旅游供给与需求的均衡是动态的均衡。由于旅游供给一旦形成之后，使用周期较长，因为价格变动使供给下降，除了劳务部分比较容易转产外，物质设施在短期内很难拆除，因此适宜采用供给曲线与需求曲线的移动来研究供给与需求的动态均衡。为简单起见，我们假定供给曲线与需求曲线在移动时形态不变，但在实际中，曲线移动时往往伴随形态的改变。

（1）社会性物价上扬，而引起供给曲线与需求曲线均上移，则均衡点由 E 上升到 E'，在均衡供给量 Q_0 不变的条件下，均衡价格 P_0 上升到 P_1（见图 3-10(a)）。

（2）社会生活结构调整，工作日数减少，休假日增加，引起需求曲线右移，均衡点右移到 E'，则带动供给量增加，均衡价格也相应由 P_0 上升到 P_2，均衡产量由 Q_0 增加到 Q_2（见图 3-10(b)）。

（3）社会生产结构调整，如第一、二产业因生产率的提高，冗余人员转入第三产业，这时出现价格不变的条件下社会能提供更多的旅游供给；或者地区性的旅游业迅速发展，使供给曲线右移，均衡点右移到 E'，并引起均衡量由 Q_0 增加到 Q_3，而均衡价格由 P_0 下降到 P_3（见图 3-10(c)）。

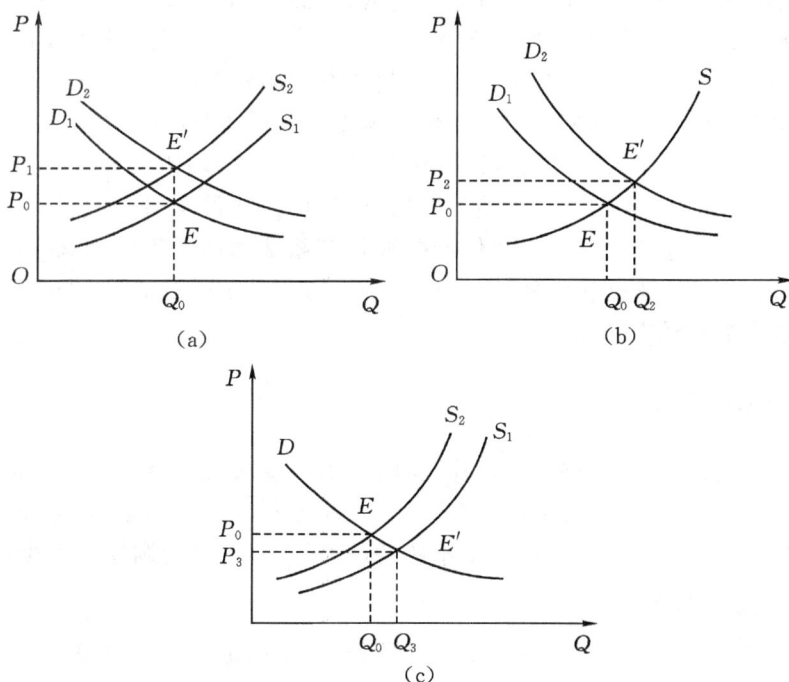

图 3-10　旅游供给和需求的均衡变动图

(二)在季节条件下的均衡

如果以横坐标 Q 表示旅游供给量或需求量,纵坐标表示月份 t,建立平面直角坐标系并绘出旅游需求曲线与供给曲线(见图 3-11)。需求曲线根据历年来的实际数据并作适当简化,以方便计算。供给曲线实际上是曲线,为简化讨论,这里简单地看成一条直线。纯量地计算,供给曲线的设置应使供给过剩与供给不足两部分正好相等,即图 3-11 中,直线 S_0 左边的阴影部分与直线 S_0 右边的阴影部分面积相等,故 S_0 称为纯量均衡供给曲线。

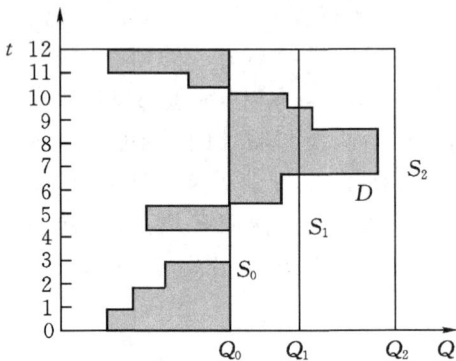

图 3-11 旅游供求的季节均衡变动

在实际中,旅游供给曲线的设置总是考虑放在曲线 S_0 的右边,减少供给不足,如图 3-11 中的 S_1;甚至超过需求量峰值,如图 3-11 中的 S_2。其原因主要有以下两点:一是经营策略的需要。由于旅游供给有"旺季"与"淡季"的区别,采取图 3-11 中供给曲线 S_1,使供给在淡季的富余偏多,并酌情提高旺季的供给价格,以抑制旺季的部分需求,盈余填补淡季减少的收入。在制定旺季供给价格时,要考虑相应的需求价格承受力。通过"以旺补淡",实现旅游供求的季节均衡。二是由于旅游需求发展的需要。旅游需求量的增长,表现为图 3-11 中需求曲线 D 向右移动,在投资及其回收条件均能满足的前提下,尽可能在设置供给曲线时使之右移,如图 3-11 中供给曲线 S_2。这样设置的旅游供给曲线具有超前动态平衡的意义,即考虑到旅游供给的相对稳定性和旅游需求变化性的特点,使旅游供给相对超过旅游需求的水平,从而保证在一段时间内旅游供需的动态均衡。

三、旅游供求均衡的调控

实现旅游供求均衡,除了价格机制的作用外,其他一些因素也会产生一定的影响。应该在全面分析的基础上,采取多种综合措施,有效地调节旅游供给和旅游需求,从而达到旅游供求平衡。常见的调控措施和手段主要有技术手段的调控、经济手段的调控和法律手段的调控。

(一)技术手段的调控

对旅游供求进行调控的技术手段主要包括两种:一是制定科学的旅游规划;二是进行有针对性的旅游促销。

旅游规划是一种通过调节旅游供给来实现供求均衡的调控方式,是一种前馈控制。其内容包括旅游市场调查、旅游需求预测、旅游资源开发、旅游设施布局、供给规模确定、旅游区建设、相关旅游基础设施发展计划、人员培训与行业规范管理等方面。旅游规划是一种长期性的调节手段，对旅游供给的发展规模和发展速度具有较强的控制作用。

旅游促销是一种通过影响旅游需求来实现供求均衡的调控手段。由于旅游供给弹性一般较小，因而即使发生供给过剩的情况，旅游目的地也难以迅速减小其旅游供给量。面对需求不足和旅游设施的闲置，旅游目的地往往采取加强旅游促销的措施去影响旅游需求，争取更多的旅游者。作为解决供大于求这一矛盾的手段，旅游促销的特点在于其生效较快。只要促销措施得力，短期内便会得到需求市场的反应。正因为如此，它广为各旅游目的地所重视，因而也是运用最多而且最为直观最为有效的调节手段。

（二）经济手段的调控

经济手段是国家用于调节旅游经济活动的各种与价值形式有关的经济杠杆，主要有财政、税收、价格、信贷、利率等，其中较为重要的是税收政策和价格政策。调节旅游供求的税收政策涉及几个方面：一是直接面向旅游企业的税收政策，二是面向旅游者的税收政策，三是面向具体的旅游地区。在第一种情况中，如果旅游供给不足，旅游地政府可以通过对旅游企业减免征税的办法，刺激对旅游业的投资，扩大旅游供给；反之，则提高课税，控制旅游供给继续增长。在第二种情况中，如果旅游地需求过剩，人满为患，那么直接向来访旅游者征税可以有效减少旅游需求。第三种情况是指国家政府对旅游热点和冷点地区实行不同的税收政策，缓解这些地区因先天或后天因素所形成的"级差"问题。

旅游价格政策主要是指旅游目的地政府对价值规律和旅游供求规律的自觉运用，突出表现在其旅游价格政策上。通过不同的价格政策，达到对旅游供求均衡进行调控的目的。政府可以通过各种价格策略，或者迫使旅游产品价格下降，减少旅游供给；或者促使旅游产品价格上涨，扩大旅游供给，以便提高旅游供给随旅游需求而动态均衡的主动性。常见的价格策略主要有地区差价、季节差价、质量差价、优惠价、上下限价等。另外，在经济手段中，国家通过财政拨款、建立旅游发展基金、信贷、利率等经济杠杆，也可以调节旅游供给的规模和结构，促进旅游业在各地区间的均衡发展。

（三）法律手段的调控

国家的法律手段对旅游业的发展、旅游供求的平衡有宏观的影响作用。法律手段是通过国家立法从法律上来规范旅游市场，保护旅游者和旅游经营者的合法权益，保障旅游市场的正常运行和旅游活动的顺畅开展，为旅游供给与需求解决自身的矛盾问题提供良好的市场环境。法律手段是其他各种手段和措施得以发挥其供求均衡调控作用的基础。旅游目的地的旅游发展规划和发展战略要落到实处，各种旅游经济政策、经济措施、经济合同要能够贯彻执行，都离不开法律手段的支持，它对旅游供给与旅游需求的彼此适应具有间接的影响作用。

法律手段中的一些相关的法规和条例对稳定旅游供给有积极的促进作用，如《中华人民共和国文物保护法》《中华人民共和国风景名胜区管理暂行条例》《中华人民共和国森林法》《中华人民共和国食品卫生法》《中华人民共和国旅游法》等。这些法律法规的出台有利于保护旅游资源，逐步扩大旅游供给，有利于旅游业的可持续发展。法律手段中一些相关的法律法规对稳定和刺激旅游需求增长，也有明显地促进作用，如《中华人民共和国公民出境入境管理法》《中华人民共和国消费者权益保护法》《中华人民共和国旅游法》等。它们通过立法的形式，规定了旅游需求行为主体所享有的各项权利，并对旅游供给过程中的各种侵权行为予以制裁，使旅游需求主体能够放心消费,这在一定程度上也有助于调节旅游市场上的供求关系。各种法律手段还打击了假冒伪劣产品,使旅游产品走俏,价格上扬,这样资金就可能由其他行业流入旅游业中,从而使旅游供给扩大。

思考与练习

1.什么是旅游需求？影响旅游者旅游需求的因素有哪些？

2.旅游供给有哪些特点？结合实践举例说明影响旅游供给的因素有哪些？

3.旅游目的地旅游资源的供给弹性属于哪种类型？

4.旅游者的旅游需求与旅游供给之间有哪些矛盾？如何调节这些矛盾,以达到旅游供求的均衡？

第四章
旅游消费与评价

学习目标

◎ 掌握旅游消费的基本概念；

◎ 掌握旅游消费的主要特点；

◎ 理解影响旅游消费的主要因素；

◎ 理解和应用旅游消费效果及评价。

引导案例

清明节山东旅游消费创新高

"梨花风起正清明"，2016年4月2日至4日的清明节小长假，山东省各地虽时有降温和大风天气，但对游客的出游热情影响甚微。据调查测算，"清明"假期全省共接待游客2721.6万人次，同比增长13.5%；实现旅游消费199.7亿元，同比增长15.1%。节日期间，不少景区开展红色旅游活动，以各种形式缅怀革命先烈。清明节当天，济宁市铁道游击队纪念园、羊山烈士陵园开展祭扫革命烈士墓、参观陈列展示、墓前宣誓等群众性纪念活动缅怀革命先烈。东营市红色刘集景区、市历史博物馆、渤海垦区革命纪念馆等景区点迎来了不少中小学生，缅怀革命先烈，接受爱国主义教育，红色游出现小高潮。莱芜战役纪念馆假日3天共接待参观游客5万余人。临沂孟良崮景区举办了"孟良崮缅怀英雄，纪念碑前敬献鲜花"活动，景区免费向游客提供鲜花，缅怀先烈。莒南八路军115师司令部旧址暨山东省政府成立纪念地景区、沂南沂蒙红色影视基地及红嫂家乡等旅游区举办了各种纪念活动，成为省内假日期间修学旅游、接受传统教育、弘扬沂蒙精神的重要目的地。威海刘公岛景区推出"环岛徒步＋线上手游＋网络祭祀"活动，假日期间共接待游客1.34万人次，门票收入134.13万元，分别同比增长37.66%和36.49%，实现了经济利益和社会利益的双丰收。

第一节 旅游消费概述

在了解什么是旅游消费之前，我们先对消费这一概念进行初步的认知。"消费(consumption)"一词在经济学上，是社会再生产过程中的一个重要环节，也是最终环节。它是指利用社会产品来满足人们各种需要的过程。消费又分为生产消费和个人消费。前者指物质资料生产过程中的生产资料和生活劳动的使用和消耗。后者是指人们把生产出来的物质资料和精神产品用于满足个人生活需要的行为和过程，是"生产过程以外执行生活职能"。它是恢复人们劳动力和劳动力再生产必不可少的条件[①]。可见,消费是一个复杂的系统内容,旅游消费的出现和形成都是社会发展的产物。

旅游消费是社会总消费的重要组成部分,也是现代旅游经济活动中重要的经济范畴之一。在发达国家,旅游消费是社会普遍的消费行为,是完全市场化的消费行为。我国从 20 世纪 70 年代末改革开放至今,旅游消费也已经逐步成为我国消费热点和新的经济增长点。

一、旅游消费的概念理解

关于旅游消费基本概念的理解,学术界长期以来都莫衷一是。具有代表性的定义有以下几个:

世界旅游组织(WTO)认为:旅游消费是指"由旅游单位(游客)使用或为他们而生产的产品和服务的价值"。

罗明义(1998)认为:旅游消费是指人们在旅行游览过程中,为了满足其自身发展和享受的需要而消费的各种物质资料和精神资料的总和。

林南枝、陶汉军(2000)认为:旅游消费是指人们在游览过程中,通过购买旅游产品来满足个人享受和发展需要的行为和活动。

邹树梅(2001)认为:旅游消费是人们在旅行游览过程中,为了满足个人发展和享受需要而对各种产品、劳务使用和消耗的行为与过程。

谢彦君(2004)认为:旅游消费实际上等价于旅游者对核心旅游产品的消费,核心利益产品是旅游产品的原始形式,具有满足旅游者审美需要和愉悦需要的效用和价值。

从以上经典的概念解析中,不难看出,旅游消费首先是一种过程消费,其次是为了满足需要产生的,这种需要既可以是物质需要也可以是精神需要。

综上所述,本书认为旅游消费是指人们在旅行游览过程中,通过购买旅游产品来获得精神、物质享受的过程。值得注意的是,旅游消费是一种高层次的精神消费,是个体消费行为。

材料延伸

2015 年中国旅游业亮点盘点:旅游人次和旅游消费均为世界第一

随着经济社会发展和人们休闲意识的提高,旅游业日益成为国民经济的重要产业。国家旅游局 12 月 25 日发布的数据,2015 年共有 41.2 亿人次国内或出境游,相当于全国人口一年旅游近 3 次。旅游,不仅是"闲"出来的大产业,也已成为中国人生活的关键词。

世界旅游业理事会测算:中国旅游产业对 GDP 综合贡献 10.1%,超过教育、银行、汽车产业。国家旅游数据中心测算:中国旅游就业人数占总就业人数 10.2%。

统计显示,2015 年,中国国内旅游突破 40 亿人次,旅游收入过 4 万亿元人民币,出境旅游1.2 亿人次。中国国内旅游、出境旅游人次和国内旅游消费、境外旅游消费均列世界第一。

"中国游客"在世界的"分量"越来越重。在《日本经济新闻》的报道中,中国游客"爆买"一词获日本流行语年度大奖。"中国旅游市场"不仅成为拉动国内投资、消费的主力军之一,也吸引了世界的目光。2015 年 7 月,国务院常务会议审议并通过《关于进一步促进旅游投资和消

① N. 格里高利·曼昆. 宏观经济学[M]. 7 版. 北京:中国人民大学出版社,2011.

费的若干意见》,首次明确提出实施旅游投资促进计划。2016 年,我国与联合国旅游组织将共同主办首届世界旅游发展大会。

正如国家旅游局局长李金早所说:"世界从未像今天这样关注中国、在意中国、审视中国。中国也从未像今天这样关注世界、融入世界、影响世界。"

二、旅游消费的特点

(一)旅游消费是综合性的消费

旅游消费是一个持续的不间断的动态过程,它贯穿于整个旅游活动之中,因而综合性的特点较为突出。第一,从旅游消费的对象看,旅游消费的是旅游产品,而旅游产品本身是一个综合体,它是由旅游资源、旅游基础设施、旅游服务、旅游辅助设施等多种要素构成的。其中,既包含物质的因素,也包含精神的成分;既有实物产品,又有以活劳动表现出来的服务;既有劳动产品,又有非劳动的自然创造物等。第二,从旅游消费的内容看,旅游消费具有较强的综合性。旅游者必须购买媒介产品从而实现旅游客源地与旅游目的地的空间位移;必须购买住宿和餐饮产品以满足基本的生理需要;必须购买游览、娱乐产品,以实现旅游的目的。可见,旅游活动是集吃、住、行、游、购、娱为一体的综合性消费活动。第三,从旅游消费的效果看,旅游者最终所获得的是一种经历和感受。旅游消费不仅满足了旅游者的精神发展及享受的需要,同时,由于旅游者离开了原来的生活环境,在旅游过程中也有诸如吃、住等基本生存需要,旅游消费也满足了旅游者的这种较低层次的需要。

(二)旅游消费是一种以服务为主的消费

服务是以活劳动形式存在的。在旅行游览过程中,旅游者首先必须满足基本的生理需要,因而必然要消费一定量的实物形态的产品。但从总体上看,服务消费占主导地位。旅游服务消费,不仅在量上占绝对优势,而且贯穿于旅游者整个旅游活动过程的始终。旅游服务消费主要包括住宿服务、翻译服务、交通服务、导游服务、代办服务、文化娱乐服务、购物服务、餐饮服务等。另外,旅游从业人员的服务态度、服务效率、服务质量将直接影响旅游产品的质量,影响旅游企业的形象。

(三)旅游消费与旅游产品的生产、交换的同一性

在一般物质产品的生产和再生产过程中,生产、交换、消费是三个相对独立的环节,先有生产,然后才有交换和消费。而以服务为核心的旅游产品则不同,旅游服务是不可转移的,旅游者必须离开常住地前往旅游目的地进行消费,必须有空间的移动。旅游者的实际购买、消费旅游产品的过程,就是旅游产品的生产过程与销售过程。旅游产品的生产、交换和消费在时间和空间上都是统一的,它们同时产生,同时终止,具有不可分割性。

(四)旅游消费具有不可重复性

旅游消费的不可重复性一方面表现在同一时段旅游者只能且仅能购买一次旅游活动,从而只能消费一个单位的旅游产品,而不像物质产品那样,消费者可以同时购买多个或多种产品。另一方面,旅游产品的使用价值对旅游产品的购买者来说在时间上具有暂时性。这就是说,某个旅游者只在他购买该次旅游活动的时间范围内,他才对该旅游产品具有使用权,而不像其他物质产品,消费者在购买后即对其拥有所有权,可以重复使用,还可以随意转借他人使

用。一旦旅游活动结束,该旅游者对旅游产品的使用权随即结束,旅游者消费活动亦随之终止。对于旅游产品中服务的部分而言,时间性则更为强烈。旅游活动结束,旅游者离去,旅游消费终止,旅游服务也即告终止。可见,旅游产品的不可转移性和不可储蓄性的特点,决定了旅游者对旅游产品的消费是不可重复的。

(五)旅游消费是弹性较大的消费

旅游消费是在人们的基本生存需要得到满足后而产生的一种较高层次的消费需要。一般来说,满足人们生存需要的产品,需求弹性较小,而满足人们发展和享受需要的产品需求弹性较大。旅游消费属于需求弹性较大的消费。除旅游产品的质量、价格、旅游者的收入水平外,国内国际政治经济形势、旅游者的个性特征如年龄、职业、性别、受教育程度、宗教信仰等因素,以及旅游地的旅游供给因素和客源地社会经济发展水平、风俗习惯等都直接或间接地影响着旅游消费的数量和质量。根据零点研究咨询集团 2008 年 12 月中旬完成的一项城市居民 2009 年消费信心和消费预期的调查结果,金融危机让近 4 成的城市居民改变旅游计划,削减旅游支出。

(六)旅游消费具有多样性

由于人们的旅游动机不同,选择旅游活动的形式也必定千差万别,不同形式的旅游活动必定有不同形式的消费水平、消费范围和消费结构。每种旅游活动消费的物质产品和服务也大相径庭。因此,旅游消费具有多样性的显著特点。

(七)旅游消费具有互补性和替代性

旅游消费的互补性是指一项旅游消费的实现必然伴随着其他项目旅游消费的产生。如旅游者到某地旅游,除了要支付景观游览费外,还要支付住宿费、餐饮费等。旅游消费的互补性特点要求有关部门及企业互相配合、加强合作,才能提高综合经济效益。旅游消费的替代性是指旅游消费对象的各个构成部分之间具有相互替代的性质,旅游产品的多样性会引发竞争,这种同类同质的产品对旅游者而言是可以相互替代的。

三、旅游消费的类型

旅游消费的划分标准是多元化的,不同的划分标准划分的结果是不同的。本书按照旅游消费需要层次、旅游消费形态、旅游消费内容、旅游消费资料四个标准分别阐述旅游消费的类型。

(一)按旅游消费需要层次分类

旅游消费按照满足旅游者的需要层次可以分为生存消费、享受消费和发展消费。旅游消费在旅游过程中的消费具体又可以分为餐饮、娱乐、游览、住宿、交通等方面的消费,其中食、住、行是满足旅游者在游览中生理需求的消费,而观赏、娱乐、学习等消费则是满足旅游消费精神享受和智力发展的需要。这两种消费相互交错,在旅游活动中很难划分它们之间的界限。在满足旅游者生存需要过程中必须满足其享受和发展的需要,而在满足旅游者享受与发展的需要过程中又掺杂着生存需要的满足。例如,很多游客在消费饭店产品时既要得到基本生理需要的满足,同时也要求获得精神上的满足。探险游客或考察游客在满足自身享受与发展的需要中也掺杂着生存需要的满足。

（二）按旅游消费形态分类

按旅游者在旅游活动中的消费形态可把旅游消费划分为物质消费和精神消费。物质消费是指旅游过程中所消耗的物质产品，如客房用品、食物、饮料和购买的纪念品、日用品等实物资料。精神消费是指旅游者观赏、娱乐的山水名胜、文物古迹、古今文化、民俗文化等精神产品，还包括在旅游活动的各环节中所享受到的一切服务性的精神产品。这一分类也具有相对性，物质消费如果促使旅游者达到了满足，旅游者在精神上会感到愉悦；精神消费主要是满足旅游者的精神需要，但其中不少是以物质形态存在的。

（三）按旅游消费内容分类

根据旅游消费的内容，一般可分为基本旅游消费和非基本旅游消费。基本旅游消费是指进行一次旅游消费所必需的而又稳定的消费，如旅游住宿、饮食、交通、游览等方面的消费；非基本旅游费是指并非每次旅游活动都需要的、具有较大弹性的消费，如旅游购物、医疗、通信消费等。

（四）按旅游消费资料分类

按旅游消费资料的使用价值和旅游者消费的具体形式，可以划分为食、住、行、游、购、娱等旅游消费。旅游者在其旅游消费过程中，因为个人的旅游目的、兴趣爱好、可自由支配收入、闲暇时间等因素的影响和制约，在上述旅游消费中表现出不同比例的饮食支出、客房支出、交通支出、游览支出、购物支出、娱乐支出等。

四、旅游消费的作用

旅游经济的运行过程，就是旅游产品的生产、交换、消费诸环节周而复始的不断进行的过程，也即旅游产品的购买与旅游产品生产销售得以继续的过程。

（一）旅游消费是拉动旅游经济增长的根本动力和主要源泉

从经济运行的周期来看，消费是生产的目的，而生产决定交换和分配，所以说消费是国民经济运行的拉动力。刺激旅游消费，拉动国内旅游需求，还有利于旅游产业结构优化。

通过2016年春节全国各省区市旅游收入统计情况来看，在已经公布数字的13个省区市中，四川省以282.27亿元列旅游总收入排行榜第一名，同时也是接待游客总数最多的省份，达5793.22万人次。根据排行榜中的数据显示，四川省、山东省、陕西省、湖南省和福建省5省旅游总收入均超过100亿元。各省旅游"成绩单"折射出，无论是旅游进账还是游客总数在增速上都在追赶超越。

（二）旅游消费是有效配置各种资源的客观依据

市场经济是资源有效配置的游戏方式。一般来说，在市场配置起基础性作用的前提条件下，政府通过一定的产业政策，调整生产布局，可以有效地利用稀缺资源，提高资源配置的整体效益。例如陕西省"十三五"旅游规划中明确加快构建丝绸之路起点风情体验旅游走廊、大秦岭人文生态旅游度假圈、黄河旅游带，实施项目带动战略，落实"1325"项目建设计划，力争到2020年，建设1000个以上旅游项目，其中建设300个投资超2亿元的全省重点旅游项目，建设200个投资超5亿元的全省重大旅游项目，建设50个投资超20亿元的全省特大旅游项目，总投资超过5000亿元，奠定全省旅游发展新格局。

(三)旅游消费是推动地区间经济、文化协调发展的有效载体

旅游活动的内容之一就是通过旅游了解非居住地的风土民情、社会风貌。旅游消费的综合性不仅能扩大社会交往,传播异国、异地文化,增加民族团结和国际友谊,而且能大大促进落后地区、贫困地区经济文化的发展。我国提出的旅游扶贫计划,对那些地理位置偏僻但具有优越旅游资源的偏远山区、少数民族聚集区,通过发展旅游事业,会带来经济、文化的迅速发展,摆脱经济落后的面貌。

知识链接

益普索《2015年度中国公民出境(城市)旅游消费调查报告》摘要

中国游客出境旅游热门目的地城市

2014至2015年期间,中国出境游客的足迹遍布世界各个角落。亚洲城市依然是中国出境游客选择最多的旅游目的地(77.67%),其次为欧洲城市(32.07%)和美洲城市(20.29%)。亚洲城市以韩国、日本城市为主,其次是东南亚各国城市。欧洲城市以法国、英国和意大利城市为主,美洲城市以美国城市为主。调查显示,凡可直航的旅游城市,选择的中国出境游客均较多;同时也与在中国的知名度有直接的关系。

"口碑"传播对出境旅游决策的影响

"口碑"在中国出境游客选择境外旅游城市过程中起着十分重要的作用。中国游客在境外旅游前,74.64%的会加入相关微信群、QQ群和论坛获取相关旅游信息,44.12%的会向亲朋好友咨询。"口碑"传播已成为中国出境游客结束境外旅游后的常态行为,随着互联网,特别是移动互联网在中国出境游客中的极大普及(分别有90.52%和84.40%的游客通过电脑、移动设备使用互联网),传播形式也愈加多样。微信、微博等移动互联网媒体已成为中国游客传播旅游信息的最主要途径,其次为向他人的"口头推荐"。游记和博客也是推荐、传播旅游目的地必不可少的方式。

中国游客境外旅游信息的查询与获取

超过一半的中国出境游客在出发前会查询与境外旅游城市相关的景点、餐饮、住宿和购物信息。在查询时,多以城市名称和景点名称为搜索关键词。

中国出境游客对旅游保险的选择与偏好

调查显示,接近三分之一(32.36%)的中国出境游客担心在境外遇到人身财产安全问题,其次为生病医疗救助(19.17%)。

中国出境游客对旅行社的选择与偏好

2014至2015年期间,86.10%的中国游客在出境旅游时会选择旅行社提供的参团游、自由行等各类产品。旅行社官网是中国游客选择最多的旅行团预订渠道,其次为营业部门市。超过85%的中国游客未来出境旅游时,仍会选择旅行社提供的各类旅游产品。其中,自由行(含半自由行)类产品需求最大,其次为参团游产品。在旅行社的选择上,中国国际旅行社和国旅在线、中青旅和遨游网、中国旅行社、凯撒旅游、众信旅游、春秋旅游、广之旅、携程网等中国前十家旅游集团,中国出境游客选择最多。对于旅行社,中国出境游客的关注点依次为旅行社信誉、当地导游质量和水平、日程的合理安排和游览节目的品质。

资料来源:益普索《2015年度中国公民出境(城市)旅游消费调查报告》[EB/OL]. http://mt.sohu.com/20160309/n439834264.shtml.

第二节　旅游消费影响因素

根据科特莱文对消费者者购买行为的分析,消费者的购买行为受消费个人特点、社会影响因素和环境因素的影响。在此基础上,本书从心理因素、社会文化因素、经济因素、个性因素和其他因素等方面进行剖析。

一、影响旅游消费的心理因素

(一)旅游动机

动机是人们行为的内在心理动力,也是人们的行为千差万别的本质原因。旅游动机的不同,直接或间接地表现在旅游消费的不同形态上。例如疗养为动机的旅游者在选择旅游产品时过多地关注健康类的产品形式上,而以娱乐为动机的旅游者会选择更多的娱乐、休闲产品。

(二)旅游知觉过程

感觉和直觉是人们认识解释世界的开始。旅游者将分散的感觉进行组织并进行解释,从而赋予其一定的含义时就形成对外界旅游事物的整体反映过程。例如,旅游者对外部信息的选择会因为个体的背景、经验、动机和兴趣爱好所决定。例如,在峨眉山金顶,佛教徒会关注金殿、银殿的佛教活动,摄影爱好者可能关注峨眉山的风景。

二、影响旅游消费的经济因素

(一)经济发展水平

经济发展程度决定旅游消费水平。由于经济发展提高了国民收入水平和人均收入水平,势必引发消费欲望,提高了旅游消费的支付能力,使旅游消费成为普遍消费。

改革开放以来我国经济的发展给旅游消费带来了机遇。进入 20 世纪 80 年代,旅游从政治接待活动转变为经济产业,旅游业成为由行、游、住、食、购、娱六个要素组成的综合性的相对独立的新兴产业。产业结构升级换代的加快使旅游消费日趋扩大。由于产业结构的升级换代,第三产业规模越来越大,分工越来越细,直接把人们从繁重的工作、生产和生活劳务中解放出来,因此使人们具有旅游消费的条件和成为旅游消费者的可能。同时使各种服务配套发展,推动了旅游这一综合交叉经济门类的大发展,为旅游消费创造了物质基础条件,使人们实现旅游消费成为可能而且消费规模越来越大。

(二)人均国民生产总值

一般来说,在旅游行业里,人均国民生产总值达到 300 美元就可以产出国内旅游需求,人均国民生产总值达到 1000 美元以上,国内旅游需求比较旺盛,而人均国民生产总值达到 3000 美元以上,出境游就会快速发展。而 2015 年中国居民人均国民生产总值达到 8280 美元,人们的消费品质有了很大提升,旅游消费已经成为居民生活的重要需求。

(三)宏观经济形势和消费信心

经济发展运行总会有一定的周期。一般来说,经济景气指数越高,消费者对未来的收入预期越乐观,就会表现出越强的消费信心和消费意愿;反之亦然。2009年2月零点研究咨询集团和搜狐新闻中心对北上广的1024名居民进行调查,在金融危机和商品价格的影响下,居民在首选压缩开支项目中包括旅游消费开支。由此可见,旅游消费作为非必需品,其消费受宏观经济形势预测与消费预期的影响。

(四)汇率变化

货币的汇率变化反映了不同国家之间货币之间的比价,很大程度上影响着出境游的成本。例如,人民币对美元汇率的变化自2005年7月21日到2015年12月31日,交易价格从1美元兑8.11元人民币到1美元兑换6.56人民币,人民币的升值使人民币的购买力相对提高,使更多的中国公民愿意选择出国旅游购物。因此,人民币的汇率变动会对出境游产生刺激或抑制作用。

三、影响旅游消费的社会文化因素

(一)文化与亚文化

文化作为一个国家或地区共有的价值观和习惯化的行为方式,对大多数人的消费行为都会产生约束。每个国家、每个地区中的文化都包含了一些较小群体所具有的独特文化,即亚文化或次文化,它流行于不同国籍团体、宗教群体、种族群众和地理区域中。不同的文化因子直接影响了旅游者消费的决策。例如,零点调查公司曾研究过北上广三地的消费文化特性,发现北京的消费是大气的,上海的消费是精致而精明的,广州的消费是务实的。

(二)社会阶层

由于职业、受教育程度、可自由支配收入和价值观等因素的差异,每个人在社会中有不同的形象和社会地位。不同的阶层有不同的消费能力,例如,极少数的较高阶层的人群有能力购买豪华游艇、度假别墅,有自己独享的旅游顾问;中高阶层在旅行时可以选择豪华型住宿设施;中低阶层则会选择经济型住宿。不同的阶层有不同的产品偏好,直接导致了其消费偏好的不同。

知识链接

中国十大阶层在休闲时间上安排差异

在现代社会,人们的工作时间大大缩短,休闲娱乐时间相对延长。消费社会发展了各种形式的娱乐活动,它们成为人们日常消费的一个重要方面。如何度过休闲时间,或者休闲时间做什么事,体现出人们的消费模式和生活方式。不同的社会阶层,由于不同的经济条件和精神文化需求,对休闲时间的安排也有所不同,这也是消费分层的一个方面。这说明,绝大多数中国人——不论其社会经济条件和阶层地位——仍维持传统的休闲生活方式。尽管如此,某些阶层还是表现出休闲娱乐消费的特殊偏好,最为典型的是私营企业主。他们选择"桑拿""卡拉OK"的比例是最高的。很显然,这一阶层所偏好的娱乐场所带有某种情色和世俗风格,这与私营企业主的其他炫耀及纵欲消费行为相一致。总体而言,在10个阶层中,私营企业主的休闲娱乐生活最丰富,他们前往休闲娱乐场所的频率最高。经理人员一般工作节奏较快,市场竞争压力较大,他们想在休闲时间缓解心理和生理压力,因而对身体保健性休闲活动较感兴趣,如

"足浴"。另外,经理人员选择"咖啡厅"的比例也最高,专业技术人员选择"咖啡厅"的比例仅次于经理人员。"咖啡厅"是具有某种文化品位的休闲社交消费场所,它在某种程度上是西方现代生活方式的象征。

办事人员的休闲娱乐消费界于典型的白领消费模式与蓝领消费模式之间,或者说,界于文化品位与世俗风情之间。办事人员选择常去"酒吧""影剧院"的比例是最高的。同时,他们常去"卡拉OK"和"咖啡厅"的比例也比较高。总体而言,办事人员阶层是比较热衷于各类休闲娱乐消费的,他们的休闲娱乐生活相对比较丰富。个体工商户最喜欢去"卡拉OK",同时,他们选择"影剧院""酒吧"和"足浴"的比例也较高。个体工商户的休闲娱乐方式通常是追随和模仿私营企业主的消费潮流。在10个阶层中,光顾各类娱乐场所比例最低的是国家与社会管理者与产业工人,从某种程度上来说,这两个阶层的成员基本上没有休闲娱乐消费生活。国家与社会管理者几乎不去"歌舞厅"和"酒吧",常去"咖啡厅""游乐场""卡拉OK"和"桑拿"的比例不到3%。实际上,许多领导干部的休闲娱乐时间很少,他们的休闲娱乐通常是公务性的休闲娱乐,是利用工作之便(如开会、考查、巡视、工作联络及接待安排等),花费公款所安排的休闲娱乐。产业工人的休闲娱乐受制于其经济条件,他们不太可能常去需要花钱的娱乐场所。

资料来源:中国当代十大社会阶层需求差异改编.

(三)参照群体

参照群体,又叫相关群体,指能够直接或间接影响消费者购买行为的个人或集体。相关群体有三种形式,即主要团体、次要团体和期望群体。一是主要团体,包括家庭成员、亲朋好友和同窗同事。主要团体对消费者的购买行为发生直接和主要的影响。二是次要团体,即消费者所参加的工会、职业协会等社会团体和业余组织。这些团体对消费者购买行为发生间接的影响。三是期望群体,消费者虽不属于这一群体,但这一群体成员的态度,行为对消费者有着很大影响。例如,刘若英与黄磊共同主演的电视剧《似水年华》在乌镇取景后,二者的影迷受电视剧人物的影响纷纷去乌镇体会两位演员在剧中的生活,带动了乌镇旅游的发展。

(四)生活方式

目前我国经济正处于接近于经济高速增长,由温饱型向萌发享受型的消费发展。现代经济发展逐渐改变着人们的生活方式,突出表现在消费社会化、享受时尚化、追求文化化、家庭小型化等方面。

人们的生活消费凭借社会服务,从繁重家务中解脱出来。由此便增多了人们的休闲时间,滋生了旅游消费的主观愿望。旅游活动的诸要素(包括吃、住、行、游、购、娱等)是人们消费社会化的集中表现形式。实践证明,生活社会化程度越高,旅游就越发展。

当家庭小型化、个性化出现以后,单位家庭人口下降,就业比例增加,年均收入、可支出收入和消费性支出增加。其中在消费性支出中,各种类型家庭的交通通讯支出和娱乐文化支出都有上升。这是旅游作为享受型和发展型消费活动的最基本条件之一。

知识链接

中国居民休闲生活方式调查

表 4-1 休闲方式分类一览表

消遣娱乐类	文化娱乐	歌、舞、影、视、听广播、上网、电脑游戏
	吧式消费	酒吧、陶吧、书吧、水吧、氧吧、咖啡吧、茶馆等
	闲逛闲聊	散步、逛街、逛商场、当面闲聊、短信闲聊、电话闲聊等
怡情养生类	养花草宠物	花、草、书、虫、鱼、鸟、兽及其他宠物等
	业余爱好	琴、棋、书、画、茶、酒、牌、摄影、收藏、写作、设计、发明等
体育健身类	一般健身	太极、游泳、溜冰、桌球、保龄球、高尔夫以及各种需要健身器材的健身运动等
	时尚刺激	跳伞、蹦极、攀岩、漂流、潜水、滑草、航模、动力伞、水中狩猎、探险等
旅游观光类	远足旅游	欣赏和体会异地自然风光、名胜古迹、历史文化遗产、民族风情等
	近郊度假	城市绿地、公园、广场、动物园、植物园、度假村、农家乐、野炊、田野游玩等
社会活动类	私人社交	私人聚会、婚礼、生日、毕业、开业、升职、乔迁、获奖等
	公共节庆	民族传统的各种节日、纪念日庆典、旅游节、特色文化节、宗教活动等
	社会公益	社会工作、公益活动、志愿者服务等
教育发展类	参观访问	博物馆、纪念馆、科技馆、名人故居、烈士陵园、宗教场所、特色街道等
	休闲教育	学习乐器、声乐、舞蹈、书法、绘画、插花等
消极堕落类	危害性	破坏公共财物、赌博、吸毒、偷盗、嫖娼

资料来源：中国居民休闲方式调查摘选.

四、影响旅游消费的个性因素

旅游者的性别、年龄、职业、受教育程度都会对其旅游消费行为产生巨大的影响。在男女性别差异上对旅游消费的调查表明，男性在旅游过程中偏好住宿设施质量，而女性偏好住宿安全；年龄不同其消费内容也不同，年轻人一般对新奇、刺激的旅游消费活动内容感兴趣，以娱乐性消费为主，老年人则因为生理原因，偏好安静、疗养的旅游消费活动内容，而对耗费体力和刺激冒险的内容不感兴趣；职业不同，旅游消费的内容也大不相同，如教师对导游讲解中的科学性要求较高，要求讲解内容专业深刻，而工人则要求讲解内容生动接地气。

五、影响旅游消费的其他因素

(一)旅游产品的性质

旅游产品的价格、质量、服务水平直接影响旅游消费水平。旅游产品包含了"吃住行游购娱"六要素，这些产品内部结构搭配是否协调都会影响到旅游消费结构比例，游客会自动选择那些他们认为好的服务项目。同时，旅游消费属于弹性大的消费类型，旅游产品价格的起伏严重影响人们出游规模和出游数量。旅游产品的质量是旅游产品和旅游服务的外在表现形式，旅游产品质量高，旅游者就愿意消费，消费水平就偏高，反之亦然。

(二)旅游产业发展水平

一个国家或地区的旅游产业发展水平是否发达直接关系到旅游产品结构和消费结构。如果旅游产品单一、质量低，必然导致旅游消费水平低，不能满足旅游者的精神文化需求，那么选择的游客自然相对较少。

第三节　旅游消费效果及评价

一、旅游消费效果

旅游消费效果指在旅游者的消费过程中，投入与产出、消耗与成果、消费支出与达到消费目的之间的对比关系。所谓的旅游消费投入就是旅游者在旅游过程中消耗一定量的物质产品和服务，旅游消费产出就是旅游者通过旅游消费从而使自己在物质、精神上得到满足。

二、旅游消费效果分类

(一)按照消费研究对象分为：宏观旅游消费效果和微观旅游消费效果

宏观旅游消费效果，是把所有旅游消费作为一个整体，从社会角度研究旅游消费品的价值和使用价值，分析旅游消费品的利用状况、旅游者的满足程度、旅游消费对社会生产力及再生产的影响，以及对社会经济发展所起的促进作用等。微观旅游消费效果，是从旅游消费个体消费的角度出发，分析旅游者通过旅游产品消费，在物质上和精神上得到满足的程度，如旅游消费是否达到及在多大程度上达到旅游者的预期目标，是否及在多大程度上实现旅游者需求的最大满足等。

(二)按照旅游消费的关联程度分为：直接旅游消费效果和间接旅游消费效果

直接旅游消费效果是指一定的旅游消费"投入"直接取得的消费效果，如旅游者花钱吃饭解决了温饱问题，花费一定的时间和金钱而获得观光游览的满足等。间接旅游消费效果是指不能直接反映但可以潜在地表现出来的旅游消费的"投入产出"关系，如一次美餐可以给人以良好的视觉和味觉享受，旅游消费也可以增进人们的知识、陶冶人们的情操，可以带动旅游目的地的经济发展和社会进步。

(三)按照旅游消费的实效分为：当前旅游消费效果和长远旅游消费效果

当前旅游消费效果，是指旅游消费给旅游者生理、心理和精神上所带来的现阶段的满足程度，以及给旅游经营者和旅游目的地带来的现实经济利益等。长远旅游消费效果，是指现期旅游消费对旅游者、旅游经营者及旅游目的地产生的长期的潜在效果，如通过旅游消费可以提高人们素质、提高旅游目的地的吸引力和声誉，但这些不会立即反映出来，而只能在以后一个较长时间内才能反映出来。

三、旅游消费效果衡量

衡量旅游消费效果,包括两方面:一是旅游产品供给面的衡量,特别是现在我们强调的旅游供给侧改革,强调旅游者到旅游目的地旅游后带来的旅游收入;二是旅游产品需求方的衡量,即旅游者的满意度。

(一)旅游目的地消费效果衡量

通常意义上,我们认为旅游者在旅游目的地的消费越多,旅游收入越多。因此,可以通过分析旅游者的消费支出内容来衡量旅游目的地的旅游消费效果,常用的指标主要包括:

1.旅游消费总额

旅游消费总额是指一定时期内,所有旅游者在旅游目的地进行旅游活动过程中所支出的货币总额。它从价值形态上反映了旅游者整体在旅游目的地消费的旅游产品的总量。旅游消费作为社会消费总额的重要组成部分,也是构成了社会总需求的重要部分,它可以用来判断旅游目的地的旅游经济规模、资源利用状况,尤其是劳动资源的利用状况等。据国家旅游局发布的统计数据显示,2015年上半年国内旅游人数20.24亿人次,同比增长9.9%;国内旅游消费1.65万亿元,增长14.5%,比社会消费品零售总额增速高4.1个百分点。其中,旅游景区接待人数同比增长8.7%,旅游收入同比增长12.4%,其中门票收入增长8.3%。值得注意的是,星级饭店经营出现回暖趋势,客房收入和平均房价增幅约1%。旅行社接待国内游人数增长7.8%,组织出境游人数增长35.2%。

2.人均旅游消费总额

人均旅游消费额是指一定时期内,平均每个旅游者在旅游目的地的旅游消费支出的货币金额。它反映了旅游者在某旅游目的地的旅游消费水平,这为旅游经营者开拓旅游市场和开发产品提供了依据。根据前瞻产业研究院发布的《2016—2021年中国旅游行业市场前瞻与投资战略规划分析报告》数据显示,最近五年,国内出境游人数的年复合增长率更是达到了20%,到2014年我国出境游人数首次突破1个亿;人均出境消费增长率达到7%,2014年时我国人均出境游消费达到8700元人民币左右。

3.旅游消费构成

旅游消费构成是指旅游者在旅游活动过程中,对于食、住、行、游、购、娱等的消费的比例关系。旅游消费构成不仅反映了旅游者消费的状况和特点,而且为旅游目的地国家和地区合理配置旅游资源、开发旅游产品提供了科学的依据。据不完全统计,我国旅游者用于游览娱乐方面的精神消费仅占总消费额的11%左右。以我国城镇居民旅游消费为例,交通费用比例较高,而购物、娱乐方面的消费支出最少,这就告诉相关部门和旅游企业应该适时调整产品结构,设计和开发符合旅游者需求的娱乐项目,旅游者才会乐意消费,进而才能提高人均消费额。

4.旅游消费率

旅游消费率是指一定时期内,一个国家和地区的旅游者的消费支出与该国家和地区个人消费支出总额的比例,它反映了一个国家和地区在一定时期内旅游者对旅游消费的强度和水平。随着社会经济水平的发展,人们闲暇时间的增多,旅游也逐步成为人们生活的一部分,我国居民的旅游消费率逐步上升。

(二)旅游者消费效果衡量

例如,假设某消费者总的消费预算为3000元,购买一个单位的生活用品需要50元,而去某地旅游平均每天需要花费 150 元,他既想购买一定数量的生活用品,又想旅游一次,旅游消费与其他产品消费之间如何搭配,才能让该旅游者感到最大满足?

从微观层次看,旅游消费效果作为一个主观的心理评价,可用旅游者通过旅游消费获得的满足或效用来说明。旅游消费效用是指旅游者在消费旅游产品时所得到的满足程度,是对旅游消费的心理感受和主观评价。经济学关注的是,满足程度或效用如何度量,以及如何才能获得最大效用。根据序数效用理论(依据基数效用理论可以推导出同样的结果),一个理性的旅游者会在他既有的收入约束下对其所面临的旅游消费产品组合进行选择,以便获得最大效用。假定旅游者在旅游活动中仅消费两种旅游产品 x(价格为 P_x)和 y(价格为 P_y),x、y 可以任意组合,每一个数量组合都会带给旅游者一定的效用,并且每一个组合都对应于 xy 坐标平面上的某一点,而所有效用水平相同的点的轨迹就形成一条无差异曲线(无差异曲线有无数条,它布满了整个 xy 坐标平面)。此外,旅游者一定的收入(设为 I)用于购买 x 和 y 两种产品,则旅游者所能够买的产品组合构成一条向右下方倾斜的直线,通常称之为旅游者的预算线。现在,我们就可以用无差异曲线和旅游者的预算线来分析旅游者的最大化效用。

(1)设效用函数为 $U=f(x,y)$,而与某一无差异曲线相对应的效用函数为:$U=f(x,y)=U_0$。

(2)设预算线为 $I=P_x X+P_y Y$。

式中 I——旅游者用于旅游消费的预算支出;

　　P_x,P_y——旅游产品 x 和 y 的价格;

　　x,y——旅游者对两种旅游产品的购买量。

(3)分析旅游者的消费均衡。根据消费者效用最大化均衡条件有:

$$MRS_{xy}=-\frac{\Delta x}{\Delta y}=\frac{P_x}{P_y}$$

式中 MRS_{xy}——旅游产品 x 对 y 的边际替代率,即旅游者在保持其总效用水平不变前提下,为增加一单位的 x 而必须放弃的 y 的数量。

因此,MRS_{xy} 实际上也是无差异曲线的斜率的绝对值,即 $MRS_{xy}=-\frac{\Delta x}{\Delta y}$ 等。该等式的含义是,旅游者在一定的收入约束下,他所选择的旅游产品组合应当使两种产品的边际替代率等于两种产品的价格之比。这样,他便能获得最大效用。

这一推导过程可以用一个简单的图形来说明(见图 4-1)。

图 4-1 中,U_0,U_1,U_2 分别代表某旅游者的三条效用水平不同的无差异曲线,其中,$U_2<U_0<U_1$。旅游者的全部收入 I,所能购买的 x 产品的量为 A 所代表的量 x_2,而他全部收入,所能购买的 y 产品的量为 B 所代的的量 y_2,线段 AB 就是该旅游者的预算线,因而他所能购买的产品组合只能是 OAB 这一面积范围内的产品组合。

那么,该旅游者在何处获得最大效用呢?答案是在线段 AB 和无差异曲线 U_0 的切点 C 处获得最大效用。因为在线段 AB 之内(如 E 点),旅游者尚有多余的收入,因而增加对旅游产品的消费可以提高效用;而在 AB 之外(如 F 点),旅游者目前的收入水平又不能达到;同时,在线段 AB 之上的点也不一定满足条件(如 D 点处于线段 AB 之上,但这一收入水平完全可以用来购买效用水平处于 U_2 和 U_0 之间的任何产品组合);因而只有 C 点的产品组合才是旅游者在现有旅游消费支出水平下能获得最大效用的旅游产品组合。

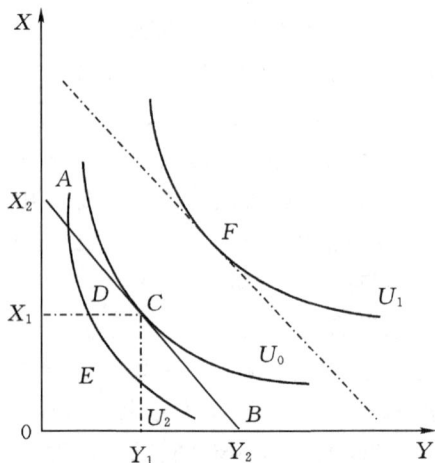

图 4-1　旅游者最大效用均衡

四、旅游消费效果评价

我们在评价旅游消费效果时,应遵循以下原则:

(一)旅游产品价值和使用价值的一致性

旅游产品进入消费领域满足人们的消费需要,不仅要求在使用价值上具有某种功能,从而能够使旅游者得到物质与精神满足,而且在价值上要符合社会必要劳动时间的客观要求。对于国际旅游者来说,旅游产品的价值还要符合国际社会必要劳动时间的要求,使旅游产品的价格能正确反映它的国际价值,这样才能通过人与人之间的产品交换关系实现旅游产品价值和使用价值的一致性。此外,旅游产品价值和使用价值的一致性还要求,旅游者应获得与其所支付的货币量相对应的物质产品和精神产品方面的满足程度,这样才能实现旅游者消费的最大满足。这一原则要求我们,应努力提高旅游产品的质量和旅游服务的水平,这样才能在更好地满足游客需要的同时实现更高的交换价值。

(二)微观与宏观旅游消费效果的一致性

通常,宏观旅游消费效果是以微观旅游消费效果为基础的,而微观旅游消费效果则以宏观旅游消费效果为依据,两者之间既相互联系,又相互影响。由于旅游者的个性特征(年龄、性别、职业、习俗、文化程度、性格爱好和宗教信仰等)不同,所反映的主观评价也会有一定的差别,从而微观旅游消费效果也不相同。而要提升微观旅游消费效果,就应根据旅游者不同消费要求,提供相应的旅游产品。值得注意的是,二者也存在着矛盾,例如,出境游中我们提倡文明出游,个别游客大声喧哗、随地吐痰、乱爬乱画,这些个人行为让其感觉方便,但从旅游目的地角度来说,对旅游目的地环境造成了破坏,影响了旅游目的地的可持续发展。

(三)旅游消费效果与经济社会效果的一致性

首先,旅游消费是一种重要的经济活动,因而考察旅游消费效果就应当考察它的经济效果,特别是结合旅游产品的生产过程来考察。如有些地区开发的旅游产品,可能满足了旅游者的旅游消费效果,但对旅游目的地的生产方面的经济效果却很差,这就不符合宏观旅游消费效果的评价要求。因此,我们既要重视旅游者的旅游消费效果,又要重视旅游目的地的经济效果。其次,旅游消费活动不仅是满足人们物质和精神需要的经济行为,同时也是一种社会行为。这就要求我们在评价旅游消费效果时,还要注意对旅游消费的社会效果进行评价,如旅游活动中有些旅游项目虽然对旅游者消费效果或旅游目的地的经济效果是好的,但由于其消费不利于人们的身心健康,不利于旅游目的地的社会进步,甚至会造成有害的社会影响,这样的旅游消费就应坚决停止。

材料延伸

近年来,中国人在境外旅游和消费不断增长。据国家外汇管理局、国家旅游局等相关部门的统计数据显示,2014年出境旅游的中国游客数量达到了1.09亿人次,旅游消费达到了1648亿美元,而2015年游客数量达到了1.2亿人次,旅游消费达到了2495亿美元,比2014年增长了50%之多。境外旅游和消费数量的快速增长,反映出随着中国经济发展和普通百姓收入增长,中国人境外旅游热情高涨。

中国旅客境外消费特别是购物消费金额和占比十分惊人。据一些调查报告显示,2015年中国消费者全球奢侈品消费达到1168亿美元,其中将近78%的消费发生在境外,达到910亿美元,中国人自由行境外消费中购物消费占比达到55.8%,超过境外所有消费的一半。中国旅客在海外抢购商品的新闻报道更是比比皆是。

中国游客喜欢到境外消费,特别是购买服装、奢侈品,除了与经济生活水平提高、境外旅游人数增长有关,一个很重要的原因就是这些商品进口关税高,国内零售价格也很高,再加上外国还给予中国游客免税优惠,中国消费者自然会选择在境外购买。

近年来,国家一直在致力于发展境内的免税商店或免税区的建设,这样做肯定能够更好地促进国内消费,推动经济发展。但要真正将国内消费者从境外购物消费中拉回来,笔者认为还要采取以下两个举措:

一是建议通过像中免集团这类一直在经营免税商品的企业,授权其为唯一向国外厂商采购商品的采购商,形成谈判优势,提高与国外品牌厂商的议价能力,这样能够争取到更低的出厂价格。一般来说,无论是国内还国外,服装或者奢侈品的零售价为其出厂价的三到四倍,而如果国内企业能够以出厂价采购到产品,并以比出厂价高一倍的价格进行零售,就可以比国外零售价格便宜一半,能形成价格上的优势,消费者肯定愿意在国内购买,这样也能够增加国家的税收。

二是建议采取便利的方式促进国内消费者在国内购买免税国外商品。这一点,我认为可以参考全球免税购物第一市场——韩国——的做法。据了解,目前韩国对其国内消费者购买免税商品实施了一个比较方便的措施,他们在市中心就有免税商店,其国内消费者如果出境旅游,可以先凭机票在国内免税商店选好免税商品,回国再凭有出关记录的登机牌付款提货。这样不仅方便了国内消费者,还可以让消费者有机会比较国内外免税商品的价格,如果国内价格便宜,他们自然会回国购买。如果我国实施相同或类似的政策,让中国消费者也能够在出境前到免税商店选择商品,出国回来凭登机牌等有效证明在一定期限内付款提货,并且放开购买限额(目前5000元的标准太低),相信肯定会有效促进境外消费的回流。

资料来源:国家旅游局:2015年中国旅游消费达2495亿美元[EB/OL]. http://travel.ce.cn/gdtj/201603/03/t20160303_3536277.shtml.

思考与练习

1.请举例说明旅游消费的特点。

2.请结合实例,说明影响旅游消费的因素都有哪些?

3.在现代旅游经济中,旅游者和旅游企业应该如何正确认识旅游消费效果及其评价?

4.请以 5 人为一小组的形式,调查某景区旅游者的旅游消费情况,指出旅游消费存在的问题,并提出建设性意见。

第五章

旅游产品及开发

学习目标

◎ 掌握旅游产品的整体概念；

◎ 掌握旅游新产品的形式；

◎ 理解旅游产品的开发程序。

引导案例

方特旅游

深圳华强文化科技集团股份有限公司是国内知名的大型文化科技集团，专业从事文化科技产业，总资产 145 亿元，下辖 30 多家专业子公司，拥有员工上万人，连续六年获评"中国文化企业 30 强"。

华强文化以文化为核心，以科技为依托，打造"创、研、产、销"一体化的文化科技产业链，提出规模化、多元化、国际化的发展战略，业务分为文化内容产品及服务和文化科技主题公园两大类，其中文化内容产品及服务包括特种电影、动漫产品、主题演艺、影视出品、文化衍生品，文化科技主题公园包括创意设计和文化科技主题公园旅游，形成了优势互补的全产业链，拥有大量自主知识产权，已在国内国际市场上建立强势的中国文化科技品牌。

华强文化是国内唯一一个从主题公园创意设计、研究开发、内容制作、施工建设到市场运营全产业链运营的企业，也是唯一一个具有成套设计、制造、出口大型文化科技主题公园的企业，拥有"方特欢乐世界""方特梦幻王国""方特东方神画"三个完全自主知识产权的主题公园品牌，已在芜湖、泰安、株洲、青岛、沈阳、郑州、厦门等地投资建成十余个主题公园，成为文化旅游支柱和特色品牌；并将文化科技主题公园输出到伊朗、乌克兰等国家，开创了中国文化科技主题公园"走出去"的先河。

一、文化内容产品及服务

1. 特种电影

华强文化拥有目前国内规模最大、种类最多、设备最齐全、产量最高、技术最全面的特种电影专业公司和机构；技术水平国际领先，已成功研发环幕 4D 电影、悬挂式球幕电影、巨幕 4D 电影等十多类特种电影，自主研发的环幕 4D 电影系统输出美国、加拿大、意大利、科威特等 40 多个国家和地区，每年配套出口 20 余部影片。

2. 数字动漫

华强动漫获评国家重点动漫企业、中国十大优秀原创动画企业，代表作品有《熊出没》《生肖传奇》《小鸡不好惹》系列等 20 余部。动漫作品先后登陆央视少儿等 200 多家国内电视台，创造多个电视台的收视纪录，多次央视收视排名第一，连续多届名列"中国动漫指数"榜首；并且累计出口 20 万分钟,覆盖至美国、俄罗斯、意大利等 100 多个国家和地区,进入 Nickelode-on、Disney 等全球知名主流媒体。

3. 影视出品

华强文化借助自有影视拍摄基地、高科技技术和设备、影视特技团队等优势,开展国际化合作。已投拍由两届奥斯卡影帝凯文·史派西主演的《形影不离》并进行全球发行;承担美国电影《火影人》《缩微记》等影片的影视后期制作工作;还投拍制作《百万巨鳄》《未来警察》等多部影视作品。《百万巨鳄》以独特精湛的特效设计赶超国际水平,荣获第十五届上海国际电影节"中国新片电影频道传媒大奖最佳导演奖"。

4. 主题演艺

华强文化借助在自动控制、人工智能、机械设备、影视特技等方面的优势,切入演艺行业,打造国际顶级的主题演艺项目。目前已在公园内提供了"欢乐家园""猴王"和"魔球"三个主题演艺项目,集合现代音乐、舞蹈、杂技、武术、戏剧、多媒体等多种艺术要素于一体,呈现美轮美奂的舞台效果。2015 年 11 月,大型程控矩阵真人舞台表演项目《孟姜女》荣获 2015 IAAPA "铜环奖"特别颁发的"最震撼人心奖"。2014 年 11 月,大型演艺项目《猴王》摘得 2014 IAAPA "铜环奖""最佳现场演出奖"桂冠。演艺剧目《在马戏团的日子》获得第八届中国舞蹈"荷花奖"当代舞表演银奖。

5. 文化衍生品

华强文化整合特种电影、数字动漫、主题演艺、文化科技主题公园等领域所拥有的故事、形象等知识产权,广泛开展文化衍生品的创意、设计与规模化生产。目前开发文化衍生品主要涉及旅游商品、动漫影视衍生品、出版发行等板块,有两万余种产品。

二、文化科技主题公园

华强文化是目前国内唯一具有成套设计、制造、出口大型文化科技主题公园的企业,国内已建成并投入运营的"方特欢乐世界""方特梦幻王国""方特东方神画"主题公园共十余个。

1. 方特欢乐世界

"方特欢乐世界"主题公园是华强自主设计、研发、建设、运营的第一个文化科技主题公园品牌。以科技和幻想为主题,融入现代计算机、自动控制、数字模拟与仿真、数字影视、声光电等高科技手段。

目前已经建成"方特欢乐世界"并投入运营的城市包括安徽芜湖、辽宁沈阳、山东泰安、河南郑州、湖南株洲、甘肃嘉峪关、天津等城市。除此之外,华强方特还为乌克兰克里木半岛、尼日利亚提供主题公园的总体设计,将自主知识产权的主题公园成套输出到伊朗。华强伊朗伊斯法罕"方特欢乐世界"已于 2014 年 8 月开业。

"方特欢乐世界"核心项目如下:

悬挂式球幕电影项目《飞越极限》:该项目将巨型球幕和悬挂式观看方式相结合,在直径达 23 米的巨型球幕上播放恢宏逼真的清晰画面,座椅平台将观众送到空中,体验凌空飞行的感受。

跟踪式立体电影项目《恐龙危机》:该项目将立体画面和实景布置巧妙结合,融入大量机械、灯光、动感平台等特技,营造出恐龙出逃使城市陷入混乱与恐慌的真实景象,游客采用骑乘游览方式体验生死逃亡的感受。

环境 4D 电影项目《海螺湾》:该项目将实景环境装饰、机器人表演和 4D 电影紧密结合,多屏立体影像和环境融为一体,光电环境特效、动感座椅等手段将影片中五彩斑斓的海底世界逼真呈现。

2.方特梦幻王国

"方特梦幻王国"主题公园是华强自主设计、研发、建设、运营的第二个文化科技主题公园品牌,属于第四代主题公园,采用高科技演绎特色主题,将动漫卡通、电影特技、动感仿真等国际时尚娱乐元素和中国传统文化符号相融合。

"方特梦幻王国"核心项目如下:

多屏水幕电影项目《水漫金山》:该项目采用多屏同步技术将垂直落下的多屏水幕拼接成巨型银幕,影视效果配合真人表演、舞台布景及喷火、喷水等舞台特技,再现白娘子金山寺斗法海的"水漫金山"场面。

巨幕立体电影项目《生命之光》:该项目采用高清晰图像编码技术,软件自动控制,保证多屏视频同步播放。通过多屏拼接获得 25×23 的超大画面,讲述地球生命不断演化的宏伟历程。

幻影成像电影项目《聊斋》:该项目以聊斋故事为题材,将真人表演和光影特技结合,在灯光、光影特效、多重布景、投影视频的共同作用下,真人演员和视频画面共同演绎脍炙人口的聊斋故事。

3.方特水上乐园

方特水上乐园拥有众多主题区域,如儿童区、造浪区、大喇叭区、合家欢区、超级互动水寨区、疾速滑道区、巨蟒区、竞赛滑道区等。各区域内又含有多个国际主流精品项目,如儿童区内的古树探险、小喇叭、海盗船、熊熊乐园;造浪区内的飓风湾、爱琴湾、懒人河、炮筒滑梯、雪橇滑梯;大喇叭区内的大喇叭;合家欢区内的一飞冲天;超级互动水寨区内的熊出没水寨、冰河漂流;疾速滑道区内的风驰极限;巨蟒区内的天旋地转;竞赛滑道区内的彩虹滑道,其中多项获得国际行业旅游协会最佳水上设备奖。

4.方特东方神画(华夏历史文明传承主题园)

方特东方神画讲述了华夏文明从诞生到1840年这段璀璨的历史岁月,以华夏历史文明传承为主题,以"儒、释、道"文化为核心,内容覆盖了中华传统文化的方方面面,是华夏文明的一曲气势恢宏的大合唱。

"方特东方神画"核心项目如下:

巨幕立体电影项目《九州神韵》:该项目通过无缝拼接技术实现完美的3D效果,通过深度合成技术、矫正技术达到8K高清画面,840平方米超级银幕带给观众非同一般的视觉体验;全剧以中华文化历史为核心,讲述了从涿鹿之战开始直至当代中国的五千年宏伟历程,大气、恢弘地展现中国文化的独特魅力和气魄。

360度环幕立体电影项目《梨园游记》:该项目分为戏曲之城区和国粹京剧区两部分。戏曲之城区,观看以实景景观、各种高科技模拟戏曲环境和名角唱法相结合的戏曲表演;国粹京剧区,采用360°立体影像和全方位声效、场景相结合的手段重现武戏经典片段,改变了戏剧有史以来传统的舞台表现方式,用高科技赋予戏剧全新的魅力。

大型DARKRIDE综合性表演项目《女娲传奇》:该项目充分利用现场实景特效、立体电影、机械特技、动感平台等技术,综合了巨幕、环幕4D电影、多自由度动感游览车等多项高科技游乐设施,将古老而神秘的传说故事以全新的姿态呈现。

5.复兴之路爱国主义教育基地

以1840年鸦片战争到21世纪初这170多年的史实为背景,表现中华民族在苦难中奋起抗争,多方求索民族和国家出路,最终,在中国共产党的领导下,全国各族人民争取民族独立、人民解放,走上国家富强、人民生活幸福、中华儿女得以共圆民族伟大复兴之梦的正确道路。

目前,"复兴之路爱国主义教育基地"已经落户郑州、宁波和芜湖等地。

6.明日中国主题园

以展现中国未来发展美好景象为主题的全新园区,以中国未来科技发展为主线,展现我国在环境保护、能源科技、智能技术、航空航天、海洋科学、交通运输、网络通讯、生物技术等多个科技领域所取得的辉煌成就。

资料来源:方特旅游网[EB/OL]. http://www.fangte.com/help/particular.aspx? id=190.

第一节 认识旅游产品

一、旅游产品

从需求者即旅游者的角度,旅游产品是指旅游者支付一定的金钱、时间和精力所获得满足其旅游欲望的经历。旅游者通过对旅游产品的购买和消费,获得心理上和精神上的满足。旅游者眼中的旅游产品,不单单是其在旅游过程中所购买的饭店的一个舒适的床位,飞机或火车的一个座位,或是一个旅游景点的参观一次游览、一次接送和陪同服务等,而是旅游者对所有这些方面的总体感受,是一次经历、一种经验。

从供给者即旅游产品的提供者角度,旅游产品是指旅游经营者凭借一定的旅游资源和旅游设施,向旅游者提供的满足其在旅游过程中综合需求的全体服务的总称。通过旅游产品的生产与销售,旅游经营者获取利润。这里需要特别指出的是,旅游产品最终表现为活劳动的消耗,即旅游服务的提供。

从旅游市场角度,旅游产品是指旅游者和旅游经营者在市场上交换的、主要用于旅游活动过程消费的各种物质产品与服务。它不仅涵盖了吃住行游购娱等要素消费,还包括了安全保险、医疗卫生等其他方面的非要素消费。

通过以上综述,本书认为旅游产品是旅游六要素的串联,可以满足旅游消费的基本内容。

二、旅游产品的主要特征

旅游产品首先是一种商品,它同样具有价值和使用价值两重性质。它的价值构成不仅包含人们过去的物化劳动,而且包含人们的实时劳动。其使用价值体现在满足人们的旅游及相伴产生的其他需求上。旅游产品除了具有一般商品的基本属性,但它又有自身的特殊性。这种特殊性主要体现在以下几个方面:

(一)综合性

从旅游者角度看,一个旅游目的地的旅游产品乃是一种总体性产品,是各有关旅游企业为满足旅游者的各种需求而提供设施和服务的总和。大多数旅游者前往某一目的地旅游作出购买决定时,都不仅仅考虑一项服务或产品,而是将多项服务或产品结合起来进行考虑。例如,一个旅游者在选择旅游目的地的时候,除了考虑旅游景点的选择外,还要考虑旅游目的地的住宿、交通、餐饮、个人喜好等相关服务和设施的情况。因此我们说,旅游产品是一种综合性的群体产品或集合产品。

旅游产品的涉及面比任何经济部门都要广。任何一个部门(即一个环节)出现失误,都会导致整个产品的滞销。例如,旅行社组团服务质量很好,旅游目的地风景优美,住宿条件也很好,可就是遇上航班晚点,这就成为这条旅游线路(旅游产品)的缺憾。

前面提到旅游产品是个集合产品,然而也必须看到,从旅游产业的角度看,各直接旅游企业分别提供的设施和服务也是不同的旅游产品。这些产品可以以单项的形式出售给旅游者,也可以以不同的多项组合形式出售给旅游者,例如航空公司的舱位。虽然饭店的客房和航空公司的舱位,以及旅行社的导游服务都是旅游产品,但严格讲,它们只是一个旅游目的地的总体旅游产品的构成部分。

(二)无形性

旅游产品突出地表现为一种服务性或劳务性产品。旅游者在一次旅游结束后获取了一次经历,这些经历、感受都是无形的,也是因人而异的。同时,只有当旅游者接受并消费了各种旅游服务时,旅游产品的价值形式才能得以体现。并且,旅游者在选择购买旅游产品时,此时的旅游产品是看不见、摸不着的,只能通过信息渠道获取。消费者购买了实物产品不满意可以退换货,但是购买的服务性产品是难以退换货服务的。

知识链接

国际金钥匙服务:乐于助人的香格里拉金钥匙

香格里拉酒店集团一直致力于发自内心的待客之道,为客人创造难以忘怀的经历。而每家香格里拉酒店都有一位身着独一无二制服的人,或绅士或淑女,他们的衣领上挂着两把交叉的金钥匙,他们就是香格里拉酒店的首席礼宾司,有时彬彬有礼地站在大堂微笑着面对来往的客人,有时你一下车他们就出现在旁边帮你打开车门,哪里有需要,他们就出现在哪里。

天津香格里拉大酒店坐落在美丽的海河河畔,2016 年 3 月 19 日他们迎来了一位新的长住客 Mr. Bisharah 及他的家人。入住几个小时后,Mr. Bisharah 突然着急地来到礼宾部寻求帮助,原来他在整理时发现少了一个黑色的旅行箱,经过回忆,当时一面照顾孩子一面着急赶车的他在忙乱中将旅行箱落在了首都机场。Mr. Bisharah 在回忆整个经过的时候表现得非常懊悔、着急,因为箱子里面装有他妻子的钻石戒指以及孩子的全部用品,他明确地记得自己在看到行李出来后第一时间将旅行箱从传送带上拿了下来,不过当时手忙脚乱的他却忘记了将箱子放在行李车上。现在奔波了一天的家人终于可以休息了,却发现箱子不见了,孩子的全部物品都在里面。当值的礼宾部主管立即安抚客人并告知他会尽最大努力帮忙寻找,随后立即联系了首都机场的失物招领处,查询无果后将此事汇报给当天休班的首席礼宾司 Summer 马宏。

Summer 在得知此事后,同样作为父亲的他非常理解 Mr. Bishiarah 现在的心情,并且深知在旅途中缺少孩子的物品是多么的麻烦,同样他也挂心孩子是否在长途奔波后能休息好。尽管深夜,Summer 还是决定试一试,于是他联系了阿联酋航空的失物招领,航空公司表示已经离开传送带的行李遗失,他们无能为力。Summer 又再次联系了首都机场的失物招领,详细地描述了行李的外观,并拜托自己在北京的朋友帮忙去机场寻找。

在首都机场的配合下,第二天得到回复,行李终于在失物招领处的仓库内被找到。Summer 立即将这个好消息告知了 Mr. Bisharah,他和家人在听到这个消息后显得非常高兴,他的小儿子更是十分兴奋。为了尽快拿到行李,Summer 亲自驱车赶往北京机场,只用了短短几个小时就将行李带回了酒店。Mr. Bisharah 在拿到行李并确认里面物品没有遗失后感激之情溢于言表,而 Summer 只是指着自己领子上闪闪的金钥匙说:这是金钥匙应该做的,也是香格里拉员工应该做的。

一个优秀的酒店员工能为客人提供满意的服务,而一个金钥匙能为客人提供满意加惊喜的服务。Summer 秉承着香格里拉无私奉献、乐于助人、温良谦恭的核心价值观,为集团多留住了一位忠诚的客人。

资料来源:国际金钥匙服务中国区网站摘编.

(三)固定性

旅游产品所依托的旅游资源和设施设备一般都是固定不变的,旅游者只能通过空间的位移才能实现旅游活动的开展。同时,旅游者交付了一定的时间和金钱后也只能暂时拥有使用权,无法获取其所有权,这也是旅游产品的权属固定性的体现。

(四)时间性

旅游者购买旅游产品后,旅游企业只是在规定的时间内交付有关产品的使用权。一旦购买者未能按时使用,便须重新购买并承担因不能按时使用而给卖方带来的损失。对旅游企业来讲,旅游产品的效用是不能累积起来待日后出售的,今天没有卖出的客房不能通过明天的销售来弥补,所以旅游产品的效用和价值不仅固定在地点上,而且固定在时间上。无论是航空公司的舱位还是饭店的床位,只要有闲置,所造成的损失其他任何时间将永远无法弥补回来。因此,旅游产品表现出较强的时间性特点。

(五)生产与消费的同步性

旅游产品一般都是在旅游者来到生产地点时,才予以生产并交付其使用权的。服务活动的完成需要由生产者和消费者双方共同参与。在这个意义上,旅游产品的生产和消费是同时发生的,并在同地发生的,在同一时间内,旅游者消费旅游产品的过程,也就是旅游企业生产和交付旅游产品的过程。这种生产和消费的同步性或不可分割性是旅游产品市场营销中一个至关重要的特点。需要注意的是,旅游产品的消费购买是可以分离的,例如,包价旅游中,大多数的旅游产品都是提前预定的。

(六)需求弹性大与替代性强

由于受各种因素的影响,旅游市场对旅游产品的需求弹性很大。比如,欧美国家的夏季是全国性的休假时间,凡是就业人员,至少有 25 天休假,时间长者多达 2~3 个月。届时,许多城市静悄悄的,70%的商店关门[①]。冬季圣诞节期间,旅游产品的需求量虽不及夏季,但也成倍于平时。因此,在旅游市场中存在着平季、淡季和旺季之别,导致旅游产品的需求具有很大的弹性。

---

① 石斌. 旅游经济学[M]. 北京:清华大学出版社,2013.

很多地区旅游形象定位和宣传上也就有明显的"季节性特色"。如贵州六盘水定位为"凉都",给人的感觉就是夏天游玩的旅游胜地,其他时间去的人自然就会减少。青岛也一直宣传"避暑疗养胜地"的旅游形象。像北戴河、青岛、大连等海滨旅游胜地因为其特殊的海滨旅游资源,具有明显的季节性。这种人为设定的因素也会影响到旅游需求。

旅游产品很强的替代性有两层意思:一是旅游虽然是人们生活中的一种需要,但不像食物、衣服等生活必需品,而是一种高层次的消费。在我国,目前旅游仍是一种"奢侈品",要想去旅游,就得放弃另一种需求。第二层意思是旅游者可以选择旅游线路、目的地、饭店和交通工具。

(七)脆弱性

旅游产品的脆弱性主要表现在旅游资源的脆弱性和旅游环境的脆弱性。旅游资源或者旅游环境一旦遭到破坏,很难恢复到原貌。例如,阿富汗的巴米扬大佛在战争中被损毁,是世界文化遗产的损失。另外,政治外交、国际局势、自然灾害、流行疾病等都会引起旅游产品需求波动,从而对旅游产品的生产和销售产生严重影响。

知识链接

韩国中东呼吸综合征

据韩国保健福祉部通报,截至2015年5月22日上午,韩国新增2例中东呼吸综合征死亡病例,死亡总人数达27名,致死率上升至15.7%。作为对比,韩国疫情暴发之初死亡率不到10%。

韩国旅游业协会22日发布数据显示,预购2016年7—8月韩国旅游产品的外国游客约20.26万人,比2014年同期减少82.1%。6月1日到18日,因疫情取消来韩旅游的外国游客累计达到12.34万人,其中中国游客最多,达6.48万人;其次为日本游客,达2.38万人。

三、旅游产品的构成

(一)旅游产品的一般构成

现代市场营销理论认为,任何产品都包括核心产品、形式产品和延伸产品三个层次结构。所谓的核心产品是指能够满足消费需求的基本效用,例如食物基本效用是饱腹;所谓的形式产品是构成产品实物形态和外观形式的部分,如包装、商标等,食物的外包装是否精美,商标是否清晰属于形式层;所谓延伸产品是指随着产品的销售和使用给消费者带来的附加利益,如免费配送、定期维修、生日特权等。产品的三个层次关系如图5-1所示。

1.旅游产品的核心层

旅游产品的核心产品,向旅游者提供基本的、直接的使用价值以满足其旅游需求。如旅游饭店提供的床位、旅行社提供的旅游线路、旅游交通部门提供的车次航班、旅游景区提供的旅游资源等。旅游产品的核心产品是旅游者进行旅游活动的主要对象和具体内容。

2.旅游产品的形式层

旅游产品的形式产品,主要与旅游产品的载体、质量、特点、品牌、包装等方面有关。如一家招待所经过重新的装修、设计变成了四星级酒店,旅行社在互联网时代推出的自助线路组合等。

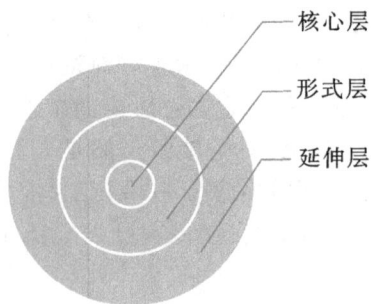

核心层

形式层

延伸层

图 5-1 产品的三个层次关系

3. 旅游产品的延伸层

旅游产品的延伸产品,提供给旅游者在购买之前、之中和之后所得到的附加服务和利益,即各种优惠条件、付款条件及旅游产品的推销方式等。如团队旅游者获取的价格折扣、学生证半价等。尽管延伸产品不是旅游产品的主要内容,但是在消费者个性化需求越来越精细化的时代,细小的服务、贴心的行程等内容也往往成为消费者做出购买决策的重要促成因素。所以,旅游企业可以利用这里附加利益和附加服务来提高旅游者的满意度,培养顾客忠诚度。

(二)旅游产品的构成要素

一般而言,旅游产品的构成要素主要包括旅游资源、旅游服务、旅游设施、旅游交通可达性、旅游商品五个方面。

1. 旅游资源

旅游资源是构成旅游产品的基本要素,离开了旅游资源,旅游业就不存在。与其他资源相比较,旅游资源最显著的特征是具有吸引功能,这种吸引力能够刺激旅游者的内在动机,能够满足旅游者观光、探亲、访友、休闲、探险、科考等多方面的需求。

2. 旅游服务

旅游服务的内容极其广泛,既包括传统的"吃住行游购娱",又包括非商业性旅游服务。旅游服务的最终目的是要使旅游消费需求得到最大限度满足,从而获得良好的社会效益和经济效益。值得注意的是,旅游服务是面对旅游者直接进行的,一定程度上反映了目的地居民和旅游目的地的态度。

3. 旅游设施

旅游设施是指为满足游客旅游活动的正常进行而由旅游目的地提供的、使旅游服务得以顺利开展的各种设备和设施的总称。旅游设施既反映了旅游目的地的接待服务能力,也体现了一个国家或地区的旅游产业发展水平。旅游设施是直接或间接向旅游者提供服务所依托的物质条件,一般有旅游基础设施,如邮电通信、道路交通、环境卫生等,还有旅游专门设施,如住宿、餐饮、游览设施、旅游交通等。

4. 旅游交通可达性

旅游交通的可达性是指旅游者往返旅游目的地以及在旅游目的地各景区之间往返的通畅程度。旅游可达性要考虑:是否有完善的交通网络;是否有方便通畅的通信条件;是否有快捷高效的出入境手续。

5.旅游商品①

旅游商品,即旅游购物品,是指旅游者在旅游活动中购买的各种实物形态的商品。旅游商品能够使旅游者更好地了解旅游目的地的传统文化,并留下美好回忆。旅游商品主要包括:工艺美术品、文物及仿制品、风味土特产、旅游纪念品、旅游日用品、有地方特色的轻工业产品、其他旅游商品。

知识链接

南锣鼓巷全域旅游的试金石

(作者:曾博伟,北京联合大学旅游学院副教授、中国社会科学院旅游研究中心特约研究员)

由于旅游人数严重超出景区承载能力,北京市东城区旅游发展委员会近日宣布,暂停北京南锣鼓巷接待旅游团队。然而,据媒体报道,五一假期第一天,仍有不少旅游团的游客进入南锣鼓巷,限制令实施一周,整个景区游人未减少。

北京南锣鼓巷再次成为舆论关注的焦点,有媒体甚至对南锣鼓巷暂停接待旅游团队的效果表示质疑。北京南锣鼓巷是城市开放型景区的代表,由于不收门票,尤其受旅行社的青睐,如何协调各方利益关系,成了一个共性问题。笔者认为,2016 年以来,我国旅游业开始实施全域旅游战略。从全域旅游的角度,看待南锣鼓巷引发的争议,倒是可以辟出一新的视角。

严格而言,旅游不可能覆盖到某个行政区域的所有角落。故此,全域旅游之"全域",主要是对封闭景区景点的超越。此种超越,不是要让神州大地的每一寸土地都有旅游,而是要让旅游活动突破景区景点限制,在更广阔的空间中得到实现与满足。就此而言,如果仅仅将发展旅游业停留在打造一两个景区上,全域旅游就很难说得上成功。

以北京为例,如果广大游客还仅仅停留在参观故宫、长城、颐和园等知名景区上,北京旅游业的转型升级就很难说得上成功,也很难说全域旅游发展理念在北京得到了很好落实。正因为如此,北京才大有必要让一些非传统的旅游吸引物火起来,如在 798 感受一下现代艺术设计的魅力,在中关村了解高科技的发展,或者在各大戏院看一场演出,住在四合院里体会一下老北京的生活。有了这些体验,才能使北京旅游的内容丰富起来,北京的全域旅游也才有更加充分的支撑。同样,作为北京胡同文化代表的南锣鼓巷能够吸引大量游客,恰恰说明北京旅游业正在从景点旅游走向全域旅游。

应该说,全域旅游发展观是一种与时俱进的旅游发展理念,同样,因地制宜推进全域旅游的发展既是旅游业自身发展的需要,也是旅游目的地整体发展的需要。大体来看,全域旅游发展会出现一些新的情况:一是居民生活空间和旅游消费空间的重叠。积极的方面是,这意味着城市旅游的吸引要素更加多元,旅游者对城市文化的体验更加深入。但负面的问题是,这会在一定程度上对居民的正常生活造成影响和干扰。二是城市本地居民日常休闲活动和外地游客旅游活动的重叠。其好处是旅游与休闲各得其所,其乐融融,但是也会因为客流的交织,产生一些新的问题。三是居民公共服务和旅游公共服务的重叠。在全域旅游时代,城市在公共空间提供的大多数公共服务,很难区别出哪些是针对居民,哪些是针对游客的。如何统筹协调二者之间的公共服务需求,是需要解决的大问题。四是城市管理和旅游管理的重叠。过去城市

---

① 本书所指旅游商品是狭义上的定义。

的管理者主要将居民的生产生活服务好即可,但是全域旅游意味着在城市的各个空间会持续接待大量的游客,这些游客在为城市带来大量经济收益的同时,也必然会增加城市管理者的工作难度。回过头看南锣鼓巷出现的这些问题,很大程度也是由这"四个重叠"引起的。

小平同志说,"发展是硬道理",但是小平同志还说,"发展起来以后的问题不比不发展时少"。为什么会出现这样的情况? 很重要的原因就是越发展,涉及的利益主体可能就会越多,利益的协调就会变得更复杂。早在以旅游景区为主的发展时代,因旅游业发展引发的利益之争就时有发生;而随着旅游业向全域旅游迈进,引发的利益问题只会更多,不会更少。其实有问题不可怕,出现利益的纷争也不可怕。更为重要的是,面对这样的纷争,我们应该采取什么样的态度。是为了避免麻烦,将旅游活动限制在少数几个封闭的景区之内,甚至是干脆不搞旅游业? 还是以一种解放的思想、积极的态度,顺应旅游业发展的趋势,主动应对,乘势而上? 答案其实是不言自明的。其实不独旅游业,人类社会的发展何尝不是如此。

按照这样的思维,对南锣鼓巷引发的争议就比较容易理解。这就是南锣鼓巷尽管存在过分商业化、文化肤浅化、人流密集化等诸多问题,但这些大都是"成长过程中的烦恼"。因此,我们不是要倒退回去,而是要去研究全域旅游时代发展的新规律和新特征,并努力化解旅游发展中出现的新矛盾和新问题。经过这样螺旋式的发展,必将推动旅游业迈上一个新的台阶。

资料来源:中国旅游报摘编.

第二节 旅游新产品及其开发

一、旅游新产品

首先对旅游新产品的"新"重新认识,这里的"新"不仅仅是首次出现。旅游新产品是指由旅游生产者初次设计生产,或者在原产品基础上做出重大改进,使其在内容、服务方式、结构、设备性能等方面更为科学合理的产品。这种新产品更加符合旅游经营者的意图,且与原产品存在着显著的差异。旅游新产品包括创新型新产品、换代型新产品、改进型新产品和仿制型新产品。

(一)创新型新产品

创新型新产品是指由旅游生产者初次设计生产,或者在原产品基础上做出重大改进,使其在内容、服务方式、结构、设备性能等方面更为科学合理的产品。这种新产品更加符合旅游经营者的意图,且与原产品存在着显著的差异。如深圳华侨城项目、目前流行的极地探险旅游,都属于创新型旅游产品。由于创新型旅游产品设计周期长、投资力度大、技术要求高,往往具有一定的难度。

(二)换代型新产品

换代型新产品是指对现有旅游产品进行较大的改造之后形成的旅游产品,如 2014 年中国旅游年的主题是"美丽中国之旅——2014 智慧旅游年",2015 年中国旅游年的主题是"美丽中国之旅——2015 智慧旅游年"。

(三)改进型新产品

改进型新产品是指在原有旅游产品的基础上,进行局部形式上改进的旅游产品,以此来增加旅游活动的内容,提高旅游产品吸引力,巩固和拓展旅游市场。例如,在饭店中增加服务项目,如泰式踩背,景区景点增设新的旅游项目等。

(四)仿制型新产品

仿制型新产品是指模仿市场上已有的旅游产品的基本原理和结构,设计开发出来的具有较大雷同性的各种旅游产品形态,例如人造景观、微缩景观。

二、旅游新产品开发原则及程序

(一)旅游新产品开发的原则

1.市场观念原则

旅游产品的开发必须从资源导向转换到市场导向,牢固树立市场观念,以旅游市场需求作为旅游产品开发的出发点。没有市场需求的旅游产品开发,不仅不能形成有吸引力的旅游目的地和旅游产品,更谈不上创造经济效益了,而且还会造成对旅游资源的浪费和生态环境的破坏。

2.效益观念原则

旅游业作为一项经济产业,在其开发利用过程中必须始终把提高经济效益作为主要目标之一;同时,旅游业又是一项文化事业,因而在讲求经济效益的同时,还必须兼顾社会效益和环境效益。也就是要从整个开发的总体水平考虑,谋求综合效益的提高。

树立效益观念,一是要讲求经济效益,无论是旅游地的开发,还是某条旅游路线的组合,或是某个旅游项目的投入,都必须先进行项目可行性研究,认真进行投资效益分析,不断提高旅游目的地和旅游路线投资开发的经济效益,但经济效益不是唯一指标。二是讲求社会效益,在旅游地开发规划和旅游路线产品设计中,要考虑当地社会经济发展水平,要考虑政治、文化及地方习惯,要考虑目的地居民的心理承受能力,形成健康文明的旅游活动,并促进旅游目的地综合文明的发展。三是要讲求生态环境效益,按照旅游产品开发的规律和自然环境的可承载力,以开发促进环境保护,以环境保护提高开发的综合效益,从而形成"保护—开发—保护"的良性循环,创造出和谐的生存环境,实现可持续发展的目标。

(二)旅游新产品开发的程序

旅游新产品的开发要经历一个漫长的过程,我们可以把从产生创意到试制成功、投放市场整个过程可分为七个步骤:

1.产生创意

旅游企业可围绕企业长期的发展战略和市场定位,来确定新产品开发的重点,确定旅游新产品的创意和构思。旅游企业要建立激励机制,鼓励创新,把从顾客、员工、竞争者等方面搜集的有用的信息进行加工。

2.创意筛选

收集到若干旅游新产品的创意后,应根据企业自身的战略发展目标和拥有的资源条件对新产品进行评审和选择。

3.旅游产品概念的发展与测试

将经过筛选后的构思转变为具体的旅游产品概念。如果构思是提供了产品开发的一个思路,那么产品概念则是这种思路的具体化。游客购买的不是产品构思,而是具体的旅游产品概念,因此我们需要用游客所能理解的具体项目将构思作进一步具体描述,就形成了具体的旅游产品概念。例如,旅游宣传口号作为旅游营销的"画龙点睛之笔",不仅是旅游宣传工作不可或缺的重点,也反映着当地旅游业的发展步伐。河南省制作了以"心灵故乡 老家河南"为主题的河南旅游形象宣传片,诠释了河南作为"黄河文明的摇篮、炎黄子孙的记忆、华夏儿女的梦乡"所拥有的独特魅力,打造河南旅游整体形象品牌。

4.商业分析

在拟定出旅游新产品的概念和营销策略方案后,需要企业对此项目进行商业分析。商业分析可以说是经济的可行性分析,商业分析可以从以下几个方面进行:

(1)投资分析。对新产品所需的投资总额进行测算,规划资金的来源,是企业独家投资,合资开发,还是引进新的战略投资者,以及投资的回收方式和投资回收年限。

(2)进行销售量的预测。需要确定新产品的旅游目的地,各旅游目的地最乐观的销售量和最悲观的销售量,同时还需进行新产品的生命周期各阶段的预测,尤其是导入期所需的时间。对于一个从业多年的旅游企业,可以将类似旅游产品销售额的历史资料作为参考。

(3)进行新产品的量本利分析。在预测出旅游产品各时间段的销售额的基础上,进一步测算新产品的成本和价格,并据此计算出新产品的损益平衡点,以及实现损益平衡的大致时间,预测在各阶段的盈亏情况。

在确保旅游新产品经济上的可行性以后,才能进入具体开发阶段。

5.产品开发

产品开发阶段是旅游新产品开发计划的实施阶段,大量的资金投入从实质性开发阶段开始,包括旅游产品具体项目设施的建设、基础设施的建设、员工的招聘和培训、与原有旅游项目的利用和整合。

6.旅游产品的试销

当旅游新产品的开发已初具规模,具备一定的接待能力时,不必完全落成,就可以利用已有的服务项目,组建成一定的旅游产品组合,选择一些典型的目标客源市场进行试销。为减少不完善的负面影响,可以邀请一些专家和业内人士提前试用,从其使用中,收集亲历的感受,整理其意见和建议,适当对旅游新产品进行完善后,再小范围、小规模地向普通游客试销产品,以进行改进。

7.正式投放市场

通过旅游新产品的试销,企业可以获得新产品上市的试点经验,以帮助进行上市的决策。在新产品正式上市之前,企业需要对旅游新产品上市的时间、上市的地点、预期旅游客源地和目标游客以及导入市场的策略进行决策。

旅游新产品正式进入市场后,还应该关注旅游者态度,根据旅游者的实际要求对旅游新产品不断的改进完善。

三、旅游产品的开发新趋势

(一)创意旅游

创意旅游作为学术概念由新西兰学者格雷·理查德(Grev Richard)和克里斯宾·雷蒙德(Crispin Raymond)在 2000 年旅游及休闲教育协会的一次学术交流中提出,认为创意旅游是

"旅游者在游览过程中通过积极参与目的地的文化或技巧学习,激发自身创意潜能,进一步体验旅游目的地文化氛围的旅游形式"。

首先,创意旅游是以文化为前提的;其次,创意旅游产品形式是多样的;再者,严格意义的创意旅游必须有游客参与创意生产;还有,创意旅游的实施目的在于增加旅游附加值,提升发展水平。国内的创意旅游实践也开展了不少,例如最具影响力的"印象·刘三姐""印象·丽江""印象·西湖"等"印象系列"旅游项目,还有一些城市出现了创意产业园区和创意旅游综合体。

创意旅游有以下几个特点:第一,强调对各类资源的多维化整合。特别是对传统旅游资源(自然山水、文物古迹)之外的各类社会资源的整合和转化,将这些有形和无形的资源通过创意的手法转化为市场认同的旅游产品,跨越边界实现旅游产业的融合渗透是创意旅游的基本特征。第二,强调对未来文化遗产的创造。从创意产业的视角来看,旅游产品是展示人类创意活动的吸引物,对于缺乏自然旅游资源禀赋的区域,其着力点应向创造人类的未来文化遗产倾斜,因此,着眼于未来,创造旅游吸引物是创意旅游的基本立足点。第三,强调对旅游消费潮流的引领和塑造①。创意旅游是旅游产业发展的新导向,注重对潜在旅游需求的激发和市场消费潮流的引领,缔造"市场跟着创意走"的产业发展格局,是一种高附加值的"酷"旅游产业模式,因此,创造新型旅游市场、培育旅游消费群体是创意旅游发展的基本导向。第四,强调旅游产业链的拓展和延伸以及区域整体价值的提升。创意旅游的发展思路是充分发挥旅游产业的关联带动效应,以旅游活动和旅游吸引物为核心,拓展旅游产业链条,主动与一产、二产等产业融合,构建跨越各个产业部门的多层次旅游产业链,构筑旅游产业价值体系,促进区域整体功能提升与转型。延伸和拓展价值链,实现价值体系的整体增值是创意旅游发展的基本策略。

(二)主题旅游方兴未艾

旅游主题化是指在确定旅游主题的前提下,围绕主题展开相关建设,进而形成体现主题思想的项目群或旅游产品集群的旅游开发过程。这是一种旅游开发理念,具体体现于一系列主题旅游产品的出现。简单来说,主题旅游就是在既定主题下,围绕该主题展开的一系列旅游活动。为了满足旅游者的个性化需求,旅游企业要在主题特色上下足工夫。

国家旅游局确定2016年继续以"丝绸之路旅游年"为年度旅游宣传主题,中文宣传口号为"漫漫丝绸路,悠悠中国行""游丝绸之路,品美丽中国""神奇丝绸路,美丽中国梦"。各地正围绕这一主题,针对国际旅游消费的新特点和新趋势,挖掘新资源、运用新科技、开发新产品、丰富新内涵,并积极利用"旅游+"的综合效应,全面提升丝绸之路旅游品牌的国际知名度和影响力。

(三)定制旅游

随着旅游业的发展,旅游者旅游自主性提高,更加注重旅游精神价值,追求个性化和体验化旅游。于是,能够满足游客个性化心理需求的定制旅游应运而生。这种模式在业界的特点就是弱化了或者去除了中间商,能够给旅游者带来最个性化的服务。

中国旅游研究院院长戴斌认为,随着旅游市场不断发展,消费者的需求也在发生变化,"对于我国旅游市场来说,消费者正从原来的简单观光游向更高层次需求发展,包括对文化、旅游

---

① 杨力民.创意旅游[M].北京:中国旅游出版社,2009.

服务等方面提出更高的要求"。

定制旅游的特点:第一,从消费者出发提供个性化服务。旅行社是从产品出发,消费者只能被动地在有限范围内选择。个性化定制旅游回到消费者本身,从消费者本身的需求出发,制定出消费者的专属旅行。这种定制旅行的最大特色是定制消费者最想体验的细节,它卖给消费者的不是产品,而是一种体验,能够给予消费者最大的自由度而不是管理,而自由自在才是旅游最本然的追求。第二,单一团强调私密性。个性化定制游的亮点在于一单一团,最少2人也可以成团,行程自由、私密。这有利于在景点、住宿、餐饮等方面突破大团队旅游的局限,做个性化安排,行程可以走得更深度、更精致。第三,旅游消费更加透明化。传统旅游中,旅行社只提供给消费者一个打包价,游客并不清楚具体的各项费用。而定制游中游客可以查看订机票、酒店、项目门票、车费的订单,清楚每一项的支出费用,或者直接根据旅行时间、爱好需求、旅游预算自由组合旅游产品。比如针对喜欢冒险的游客,设计出007新邦德角色真实体验之旅;针对单身出行的男女,设计出推莎翁式英伦浪漫交友之旅;针对全家出行的群体,设计出爸爸去哪儿之英国站的亲子行程①。

材料延伸

融入创意,让景观种植成为打开乡村旅游市场的最好敲门砖

在国内,最能突显景观种植对于乡村旅游带动力效果的就是江西婺源。

尽管婺源本身就有着丰富的旅游休闲资源,有着历史文化遗产的明清古村落,有着"书乡"之称的徽派文化底蕴,以及"茶乡"之称的生态环境,但让其真正实现全国闻名的却是油菜花田。

婺源借助油菜花田的这次腾飞,让国内众多希望发展旅游的乡村看到了希望,成为乡村发展的一种模式。

除了油菜花,还有向日葵、薰衣草田的运用。

向日葵因其突出的景观效果也成为乡村景观种植的热门选择,在北京房山、郑州北郊、广州番禺等,都出现了主题种植的葵园,有效带动了当地乡村休闲经济的发展。

而紫色的薰衣草近年来也成为乡村景观种植的大爱。原产自地中海的薰衣草在欧美早已广为流传,浪漫的紫色成就了法国的普罗旺斯(Provence)、美国的西奎姆(Sequim)等国外的乡村。越来越多的乡村依靠成规模的景观种植获得了较大的关注,似乎景观种植成为发展乡村旅游一招制胜的法宝。

但是随着它的好处被更多乡村所发现,后起之秀不断涌现,这个法宝所发挥的效益则越来越有限。

在一定地域范围内,大多数乡村适宜播种的植物都是较为雷同的,在国内无非就是油菜花、向日葵、薰衣草、波斯菊等常见品种。

在多次的审美之后,难免有疲劳之感。而这种单纯依靠种植吸引观光游客的做法,对于乡村整体的带动作用也越来越有限。

一、种植只是敲门砖,乡村旅游比拼的应该是多变

单纯依靠规模化的种植,无法让乡村旅游形成独特的吸引力,无法对人构成多次吸引。因

---

① 旅游消费不断升级"私人定制"正在火起来[EB/OL]. www.people.com.cn.

此,在种植中融入创意,靠比拼多变,才能让景观种植成为独一无二的旅游吸引物。这种多变可以通过不同种植物的拼接来形成。多种植物插种,形成拼布感,让拼色之美的震撼效应和可变效应构成强大的吸引力。

在日本北海道的美瑛就形成了这样一条"拼布之路",游走在由各种农作物所呈现出的多彩田园景致中,让人宛如置身于彩色拼布之中。不断变化的色彩组合,再配合缓慢的地形变化,大大降低了单一植物所带来的疲惫感。

二、这种多变更可以通过大地构图来实现

在日本青森县的田舍馆村,就是通过在稻田中绘制图案,从一个原本面临破产、财政困难的窘境村庄,而成为小有名气的旅游目的地。尽管这种方式十分廉价,每年租赁、种植、维护稻田的成本,只需 3.5 万美元,但效果极佳。

正是这种多变的大地构图,让原本常见的稻田作物俨然成为了作图材料,普通绿色的水稻是背景,紫稻、白稻分别充当黑白色。

每一年这里的村民都会发挥集体的智慧讨论出种植的图案,这个图案可能是当地传统的民间人物,可能是当地知名的景点,也可能是某一幅景点画作的复制。

比如 2001 年的图案是《岩木山》,推出的是青森县最高的山;2004 年推出《释迦的弟子罗睺罗和山神妃》,取材于青森出身的著名画家栋方志功之画;而 2011 年推出的《竹取物语》,描绘的是出自日本古代物语文学。这一幅幅神奇的、多变的大地构图,有着浓厚的本地特色,每一年都是独一无二的。

而依靠这些不断变化的大地景观构图,这个原本毫无吸引力的普通乡村,如今每一年都能吸引来如潮水般的游客。

三、种植只是敲门砖,乡村旅游比拼的应该是特色观景服务

美丽的乡村种植景观完成之后,其最重要的是通过更多特色观景服务,想方设法让游客感受到种植景观所带来的魅力。

因此,需要给游人提供视野更广一点的欣赏方式,让人能够能全面、生动地欣赏景观,才能将美景进行传播、获得认同。

这种观景视野的扩展可以往高处走,通过不一样的高度发现大地景观的美;也可以深入到景观植物之中,通过不一样的地点挖掘不同细处的美。

高度往往可以借助天然的地形优势,如山头。在婺源江岭的梯田观看,其观景台的选址就位于视野开阔、位置突出的山头,因此有地形变化的地方更适合种植景观植物。

四、种植只是敲门砖,乡村旅游比拼的是游客的可体验程度

目前大多数乡村的景观种植仅仅只局限于简单的参与,就是摄影,而且主要是婚纱摄影。在花田中,设置的各种简易的构筑物,如铁艺钢琴、自行车、小风车等,就成了婚纱摄影很好的取景点。

五、种植只是敲门砖,乡村旅游比拼的更应该是产业链

在美国的西奎姆(Sequim),之所以能通过薰衣草种植成了北美薰衣草首都,成为小镇重要的产业支柱,其核心就在于不仅将薰衣草作为装点美丽小镇的手法,更成为其内涵挖掘的核心资源。

这种内涵的挖掘,其一是相关商品的开发,各种围绕薰衣草的可吃、可用、可玩的产品被纷纷开发出来,薰衣草精油、薰衣草冰激凌、薰衣草咖啡、薰衣草香槟等,让人在观看美丽的薰衣草田后,也有着更多可以体验薰衣草魅力的产品。

其二是统一的活动设计和营销推广。西奎姆通过举办薰衣草节,统一营销小镇,慢慢建立起北美薰衣草首都的对外形象,不断吸引游客前往。

每年一度的薰衣草节,节庆期间,主要通过农场参观和街道集市两大主题,同时融合大量本地乡村活动,从而成为极富吸引力的旅游休闲项目。

在西奎姆,薰衣草已经延展成一个从种植→采摘观赏→加工销售→旅游度假等完整的产业链。而这个产业推动地区知名度的提升,增强了地区经济实力,通过内在循环动力塑造了一个魅力化小镇。

资料来源:智美咨询管理机构网站内容汇编.

思考与练习

1. 旅游产品的概念和基本特征是什么?

2. 如何正确理解旅游产品的三个层次?

3. 旅游新产品的类型都包括哪些? 开发旅游新产品的程序是什么?

4. 请以 5 人一小组,选择当地一家旅游企业进行考察,了解该企业是如何进行旅游产品的开发的。

第六章

旅游投资与决策

学习目标

◎ 掌握与投资相关的概念并与旅游投资相区别；

◎ 掌握旅游投资与决策的分类、特点与原则；

◎ 了解旅游投资环境与评价方法；

◎ 理解和运用旅游投资的程序与方法。

引导案例

国家旅游局发布《2015年旅游投资报告》

在2016中国旅游产业投融资促进大会上，国家旅游局副局长吴文学发布《2015年全国旅游业投资报告》。报告显示，在强劲的旅游需求驱动下，2015年，全国旅游投资规模不断扩大，投资结构逐步改善，投资热点加快形成。全国旅游投资项目库数据显示，2015年全国旅游业实际完成投资10072亿元，同比增长42%，比第三产业和固定资产投资增速高32个百分点，较房地产投资增速高41个百分点。

报告指出，全国10亿元以上的在建旅游项目有2057个，实际完成投资6305亿元，占全国的62.6%；投资额50亿元以上的在建旅游项目有404个，实际完成投资2763亿元，占全国的27.4%；投资额100亿元以上的旅游项目有185个，当年完成投资1597亿元，占全国的15.9%。全国投资规模最大的十个旅游项目有：山东省双岛湾休闲旅游度假城、江苏省启东市吕四渔港风情区、浙江省松岙凤凰城、河北省唐山湾国际旅游岛、湖南省株洲汽车博览园、安徽省江北旅游休闲度假、湖北省世茂嘉年华、四川省达州市达川区帝源生态旅游度假区、上海迪士尼项目、辽宁省腾鳌温泉健康产业城，以上项目投资均超过200亿元。

报告分析认为，当前，旅游投资主要特点包括：一是民间投资快速增长，多元化投资格局保持不变。2015年，民营企业投资旅游业5779亿元，占全部旅游投资的57.4%，投资热点从传统制造业、房地产业向现代旅游业转变。二是景区类投资占比最大，新业态投资实现高速增长。2015年旅游景区项目投资继续增加，实际完成投资6046亿元，占全部旅游投资的60%，比重最大。三是东部地区是全国旅游投资的主体，西部地区旅游投资潜力巨大。2015年，东部地区实际完成投资5149.4亿元，占全国的比重为51.1%，同比增长16.3%。四是大型非旅集团加速进军旅游业，跨行业投资态势明显。大型非旅集团纷纷介入旅游业发展，2015年，BAT(百度、阿里巴巴、腾讯)投资旅游业累计超过160亿元。万达集团计划投资商贸和文旅项目资金将超过7000亿元。京东5亿美元领投途牛旅游网。此外，永强集团4.38亿元战略投资航空旅游分销平台51BOOK，腾邦国际8.8亿元收购喜游国旅，南山集团8400万澳元收购悉尼铂尔曼酒店。五是旅游企业加速资源整合，并购重组和走出去步伐加快。旅游集团加速整合,通过投资并购做大做强。锦江集团 83 亿元战略投资铂涛酒店集团。首旅集团 110 亿元收购如家酒店集团。宋城演艺 26 亿元并购六间房。同时,国内旅游企业也将投资目标指向境外,加快走出去步伐,在全球范围内进行产业布局。海航集团 4.5 亿美元投资巴西蓝色航空。港中旅 4 亿英镑收购英国布莱顿酒店集团,锦江集团 13 亿欧元收购卢浮酒店集团等。

资料来源:国家旅游局发布《2015 年旅游投资报告》2015 年旅游投资突破 1 万亿 同比增长 42%[EB/OL]. http://www.gov.cn/xinwen/2016-05/17/content_5074067.htm.

未来,旅游投资潜力巨大,旅游投资热点涌现。旅游投资决定了我国旅游发展的未来,对旅游投资与管理进行研究,有助于为旅游投资主体进行正确的旅游投资提供参考,有利于我国社会主义市场经济的健康发展。

第一节 旅游投资与决策概述

投资决策是指投资者为了实现其预期的投资目标,运用一定的科学理论、方法和手段,通过一定的程序对投资的必要性、投资目标、投资规模、投资方向、投资结构、投资成本与收益等经济活动中重大问题所进行的分析、判断和方案选择。投资决策是生产环节的重要过程。

一、投资的含义

(一)投资

投资指的是特定经济主体为了在未来可预见的时期内获得收益或是资金增值,在一定时期内向一定领域的标的物投放足够数额的资金或实物的货币等价物的经济行为。投资可分为实物投资、资本投资和证券投资。投资是企业所有决策中最为关键、最为重要的决策,因此我们常说:投资决策失误是企业最大失误,一个重要的投资决策失误往往会使一个企业陷入困境,甚至破产。因此,财务管理的一项极为重要的职能就是为企业当好参谋,把好投资决策关。简单而言,就是企业对某一项目(包括有型、无形资产、技术、经营权等)投资前进行的分析、研究和方案选择。

1. 投资的经济学含义

投资都强调一定数量的货币、资本以及实物的投入,带来新的实际生产要素的扩大和外来收益的增加,是特定经济主体为了在未来可预见的时期内获得收益或是资金增值,在一定时期内向一定领域的标的物投放足够数额的资金或实物的货币等价物的经济行为。中国投资品种一般有房产、债券、股票、贵金属、保险、基金、银行短期理财产品信托、钱币古董的收藏、民间借贷等。

2. 从投资的发展看投资概念

西方的投资学又称证券投资学,投资的对象是政府公债、公司公债、公司股票以及其他有价证券,即证券投资。社会主义市场经济条件下,投资应定义为:投资是将一定数量的资财投放于某种对象或事业,以取得一定经济效益或社会效益的活动;也指为获得一定经济效益或社会效益而投入某种活动中的资财。

(二)与投资相联系的几个概念

1.资产

资产是所有者付出经济代价而占有的能够给所有者带来权益的财产,资产是投资的结果。能以货币计量的经济资源,包括各种财产、债权和其他权利。

2.资本

资本是带来剩余价值的价值。资本不是物,而是一种社会关系。根据现今主流宏观经济学观点,资本可以划分为物质资本、人力资本、自然资源、技术知识。资产与资本是具体与抽象的关系。资产是资本的具体化,资本是资产的抽象。资产是法律概念,资本是经济学名词。资产有各种具体的表现形式,资本则集中反映增值的要求,二者的应用范围不同。

3.资金

资金是国民经济中物资的货币表现。广义上讲,资金与"资产"的概念是一致的,但它有缩小范围的概念,如特指货币资金,或是特指营运资金。

4.筹资

筹资是指经济主体通过各种途径筹措生存和发展所必需的资金。筹资与投资是资金活动不可分割的两个环节。筹资是投资的先行活动,没有筹资就不能形成投资过程;投资则是筹资的目的,没有投资活动,筹资活动也就失去了存在的意义。

5.融资

融资简单的定义是资金的调剂融通行为,是指融资主体通过某种方式运用金融工具,从潜在投资者手中获得所需资金的过程。

二、旅游投资与决策

(一)旅游投资的概念与内涵

旅游投资有着很强的专业性,即不但需要专业的投资技术还要有相当的旅游项目方面的专业经验。成功的旅游投资要求从事旅游投资的投资者对项目有着很全面的认识,对旅游投资中的每个环节都有清晰的概念。

旅游投资决策就是投资主体为达到一定的旅游投资目标(含经济目标、社会目标、生态环境保护目标),用一定方法对投资规模、投资方向、投资项目等进行科学评估,比较不同投资方案的经济、技术可行性,综合各种因素进行规划选择和策划决定的经济活动过程。

(二)旅游投资决策的分类

按不同的标准,可以对旅游投资决策作如下分类:

1.按投资项目的影响程度可分为宏观投资决策与微观投资决策

(1)宏观投资决策。

宏观投资决策是谋求投资项目与社会环境达成长期动态平衡的一种决策,它具有总体性、方向性和长期性的特征。这种决策通常由国家和地方政府的首脑或职能部门做出。

(2)微观投资决策。

微观投资决策是对某个具体旅游投资项目的决策,具有局部性、具体性和短期性的特征。这种决策通常由旅游企业做出。

2.按决策时所掌握的信息的完整程度(或所处的环境条件)可分为确定型决策、不确定型决策和风险型决策

(1)确定型决策。

确定型决策是指决策时所有的信息是完整的,根据已知的数据和条件,对各种不同方案,通过技术经济分析进行分析比较,做出明确的选择,从中选出投资效益最好的方案。例如,旅游企业有一笔资金,可以用来购买国库券,也可用来购买其他公司的债券。如前者3年的利率为9%,后者为7%,这两种利率都是给出的,旅游企业购买它们不存在任何风险。由于两者利率不同,旅游企业购买国库券的方案显然优于购买其他公司债券,这样的决策就是确定型决策。

(2)不确定型决策。

不确定型决策是指做出决策时的环境条件、未来趋势都处于不确定状态,又无法估计各种情况下其结果发生的概率,决策只能根据决策者的主观判断做出,因而这种决策的结果是不确定的。

(3)风险型决策。

风险型决策,又称为统计型决策、随机型决策,是指环境信息不完备,但各种状况出现的概率是可以估算出来,从而可以通过比较备选方案的期望值做出决策,这种决策要冒一定的风险,但风险程度介于确定型决策和不确定型决策之间。风险型决策通常需要具备如下几方面的条件:目标明确;存在两个及以上的方案可选择;存在决策者难以控制的某些客观条件;各种方案的损益情况可以计算;将来会发生哪种情况,决策者难以确定,但对其出现的概率可以大致估计。

3.按决策时是否运用数学模型作为决策的辅助工具划分为定性决策与定量决策

(1)定性决策。

定性决策的决策变量与决策目标都无法用数量来表示,而只能作大致的概括,如对旅游投资的环境效益和社会效益的评价。

(2)定量决策。

定量决策的决策变量是可以用确定的数值来表示的。决策过程是运用数学公式来辅助决策以找出满意的决策方案,如对旅游投资的经济效益的评价。

以上分类不是绝对的,在一个具体的决策中往往各类型决策都能用到,例如在同一项微观决策中,既有确定性决策,又有定量决策。

三、旅游投资决策的特点与原则

(一)旅游投资决策的特点

旅游投资项目决策就是决策者为达到预期旅游投资目标,采用一定的决策方法对若干个投资实施方案进行可行性研究论证,并从中选择最优方案的过程。根据以上分析可以看出旅游投资决策具有以下特点:

①决策必须要有明确的目标。决策是理性行为的基础,行动是决策的延续,目标选择不准和无目标的决策是盲目的行动,是不可取的。

②决策必须有两个或两个以上可供选择的可行性方案,如果只有一个方案就不存在决策。

所谓可行性方案,一般应是指能够实现预定的目标,各种影响因素均能进行定性和定量的比较,在现行的技术经济条件下能顺利实施的方案。

③选择方案遵循的原则是"满意"或"合理"。由于决策者在认识能力和时间、经营、信息来源、未来状况等方面的限制,不能坚持要求最理想的状态,而决策的准则只能是"令人满意"或"足够满意化"。

④决策要通过科学的分析、评价进行选优。一般来说,每一个行动方案都会存在利弊和优缺点,必须通过科学的、全面的、综合的分析判断,才能在多种可行性方案中选择一个较为理想的合理方案。

(二)旅游投资决策的原则

在旅游项目投资过程中,正确的决策可以给企业带来良好的效益,给社会带来繁荣和发展;一个错误的决策,会给企业造成被动或亏损,给社会带来浪费。所以在旅游项目投资决策时,需要遵循一定的原则。

1.利润最大化

原则上旅游业是一个经济产业,旅游项目投资是一种企业行为;企业的目标是要获得最佳的经济效益,所以在投资决策中,要遵循利润最大化的原则。

2.企业局部经济效益与整体效益相统一的原则

在对旅游项目投资进行决策时,从微观经济角度出发,是强调对企业有效益。在一般情况下,企业的微观经济效益与国民经济宏观效益是一致的;特别是开发旅游产业、开发旅游景区、建设旅游饭店等项目符合国家的产业政策,国家鼓励和支持发展的旅游产业。但在特定的地理位置和外部环境,企业局部利益往往与国家、社会的公众利益会发生矛盾。例如,在国家保护的自然生态区域,如在九寨沟游览区内、漓江边建宾馆、饭店,对企业来说是有利的,但与国家、社会公众的利益相违背,因为这样会对自然生态环境造成负面影响,属于破坏性开发,对于这样的项目要加以否定。

3.满足社会需要的原则

旅游项目投资决策要符合社会需要包含两个方面:一是从社会需求方面来考虑,投资建一个景点,要考虑是否符合社会需求。例如,有一个企业提出在离桂林仅100公里的某景点开发一个喀斯特溶洞。桂林市已对游客开放的喀斯特溶洞有5个,其中被中外游客认可的著名溶洞就有芦笛岩、七星岩、丰鱼岩;在距离桂林仅100公里的地方再开发一溶洞,而且该洞既无特色,又无名气,显然是一种重复浪费性建设。二是从满足社会公德出发,若决策的旅游投资项目从企业的角度看是有利可图的,但不符合社会精神文明需要,则不能决策投资建设。

第二节　旅游投资环境的内容及评价

一、旅游投资环境的内容

(一)政治与法律环境

1.政治环境

政治环境对旅游投资的影响主要是背景因素影响,政治反作用于经济,政治局势稳定、政策科学高效,则会对旅游投资产生较强吸引力,政治局势动荡,战争、疾病、灾害等频发则会使资金投入止步。另外,如果该地政策环境糟糕,对旅游产业及相关配套产业在税务、工商、外贸、交通等方面层层设卡,甚至存在滥用职权、贪污腐败、地方保护等现象,则势必会使旅游者和投资者心存顾虑。政治环境对旅游投资的影响是通过政策环境、政府态度、官员廉洁程度等加以实现。

稳定的政治环境有两个特征:政治生活的有序性和连续性。政府是政治环境领域的关键角色,其关键作用体现在两个方面:第一,在大多数情况下,政府会倡导或实施对企业投资经营业务产生影响的政治活动,对经济实行一定程度的干预,对经济发展的速度、方向和规模进行控制与调节。第二,政府及行业主管部门的行政管理体制与行政管理措施是旅游企业投资信心和投资效果的重要保障,这包括对旅游企业投资及运行能否简政放权,政企职责是否分开,是否具有高效率的办事机构与高素质的办事人员等。

2.法律环境

法制是规范经济活动和社会活动的保障性因素,法制环境同样对旅游投资环境具有保障作用,是吸引旅游投资的保障性因素。旅游者以及旅游投资者在进行地区选择时,该地区的法制环境是否优越、旅游产业市场是否规范,对旅游过程中产生的纠纷、意外状况等能否给予及时、合理的法制支持,这些都是必需考虑的要素。旅游产业涉及环节众多,每个环节都有相适应的法律法规,这些法律法规共同作用营造了旅游投资的法制环境。

(二)经济环境

旅游企业投资的经济环境是指与旅游企业投资经营密切相关的直接因素,包括各种经济条件、经济特征、经济联系等客观因素。旅游企业投资活动的经济环境因素,可划分为宏观经济因素和微观经济因素。旅游投资是一种经济活动,因此必然与经济环境有着不可分割的联系,经济环境通常是吸引旅游投资的核心性因素。一方面,某地区的经济发展水平直接决定了该地区的旅游供应水平和旅游消费水平,进而直接影响旅游投资水平;另一方面,经济发展水平决定了旅游产业的基础设施水平,从而通过影响资源要素流通效率、旅游顺畅程度、旅游服务质量、顾客满意度等,间接影响旅游投资水平。经济环境具体通过经济体制、经济发展水平、产业环境、基础设施建设程度、涉外经济环境等要素对旅游投资产生影响。

(三)社会和文化环境

社会文化环境因素对旅游企业的投资活动的影响较其他类型企业更为深远。首先,社会文化环境的差异往往成为决定旅游项目投资能否成功的重要因素。其次,文化背景决定了当地普遍的社会态度、思想观念和行为规范,他们影响着投资者与当地政府、组织和个人的交往方式及交往途径。

社会环境可以为旅游投资提供强有力的支持,是吸引旅游投资的支撑性因素。社会环境内容涵盖广泛,包括了除上述列出的因素之外的所有因素集合,如科技、文化、教育、风俗习惯、社会结构、居民素质、活动规律等,其中对旅游投资影响较大的则是居民素质,具体表现为:首先,旅游产业从业人员素质的高低对旅游投资有极大影响,通常从业者素质高,则旅游投资能力就强;其次,旅游者素质的高低对旅游投资同样有极大影响,旅游者素质决定了对旅游方式是否理性选择和对旅游资源是否合理消耗;最后,旅游地的民众素质对旅游投资有极大影响,主要取决于旅游地居民对外来旅游者和旅游投资能否理性认识,适度支持。

（四）自然环境

旅游产业对自然环境的依赖性决定了自然环境是旅游投资的基础性要素，自然环境和旅游投资二者之间存在着对立统一关系。一方面，通常地理位置和自然条件优越的地区意味着自然资源条件富足，其对投资的吸引能力相对较大，反之，自然环境差的地区则不易吸引旅游资金投入；另一方面，旅游投资反作用于自然环境，会对自然环境造成一定影响，因此旅游投资必须要充分考虑自然环境的容量。自然环境对旅游投资水平的影响主要通过地理位置、自然条件、资源条件、生态环境等方面发挥效用。

知识链接

吴哥

柬埔寨旅游资源极其丰富，其中最为著名的是吴哥。吴哥是世界建筑史上的奇迹，吴哥古都始建于公元 9 世纪，13 世纪建成，受到印度文化的强烈影响，后来逐渐形成高棉民族独特的风格，发展出一种比印度本土还有表现力的建筑形式。此后，吴哥的宗教建筑艺术对东南亚各国都产生了深远的影响。西哈努克港是柬埔寨唯一的深水港，拥有 354 公里的海岸线和绵延的海滩。柬埔寨完全独立后，西哈努克国王把建立本国的出海港口作为特别重要的国家大事来抓。按总体规划，港口还要继续进行第二、第三期工程，还要大大改进通讯和交通运输状况，并准备进行其他一系列的配套工程，包括相当规模的旅游设施。吴哥古迹等旅游风景区，每年都吸引着上百万的国内外游客，同时也吸引着具有国际管理经验的外商投资酒店等旅游产业，带动了柬埔寨经济的发展。截至 2013 年，全柬埔寨注册的旅游公司约有 400 家，其规范化程度也在不断提高，有 183 家已经加入旅游协会。随着旅游行业的不断规范，柬埔寨接待外国游客的人数也在逐年递增，2013 年柬埔寨接待的外国游客达到 250 万人次。近年来，柬埔寨经济建设所取得的巨大成就，在很大程度上是依靠外国援助来实现的，尤其是西方发达国家以及世界银行、国际货币基金组织等国际金融机构在提高政府施政效率、促进发展、创造就业机会、提高社会公平度等方面持续不断的援助。目前柬埔寨政府正在努力扭转这一局面，以求摆脱被援助者的地位，提高自身的竞争力，在争取外援的同时，力争不断吸收外国投资，通过进一步完善有关的投资法规和政策、明确有限发展的产业，为投资者提供一个良好的投资环境和更为广阔的投资空间，以促进柬埔寨经济的良性发展，提高自身竞争力，使其在加入东盟、世界贸易组织后获得实际利益，实现"经济政府"的目标。

资料来源：陈军军，支国伟.柬埔寨旅游投资环境分析[J].旅游纵览（下半月刊），2015(2)：184.

二、旅游投资环境评价原则

（一）宏观与微观相结合

旅游环境包含了自然、经济、政治、法制、社会等众多不同层次、不同内容、相互关联、复杂共生的因素，因此在对旅游投资环境进行分析评价时，首先必须要从宏观上综合考量各种因素对旅游投资的影响，在此基础上全盘布局，系统规划，以求投资效果的稳健性；其次要对这些因素进行详细分解，分清主要矛盾和次要矛盾，从不同因素对旅游投资的不同影响、不同机理、不同程度、不同性质等进行区分。

旅游投资环境评价的宏观和微观相结合原则就是要在对旅游投资环境评价时,必须在宏观和战略基础上对微观和细节进行把握,在全面分析旅游投资环境各要素的同时,解决核心问题并兼顾次要问题,使环境评价更加体系化,更具科学性和实践性。

(二)静态与动态相结合

旅游投资环境的静态评价是指旅游投资环境必然是处在一定的时间和空间范围内的客观存在,因而对其进行评价,也必然不能脱离特定的自然和人文背景,力求达成紧密贴合实际情况基础上的评价机制客观性。同时,旅游投资环境又是一个动态变化的过程,无论社会进步、经济发展、体制改革、结构调整等,都会对旅游投资环境造成影响,带动旅游投资环境的改变。另外,旅游投资自身也是一个不断变化、且具有复杂的内在运行机理的体系,是随着社会、经济和产业的发展变化而不断变化的,这就对旅游环境评价提出了"动态性"要求,即要本着变化发展的观点进行旅游投资环境分析和评价,从而使评价更加具有现实性,并能够随着相关因素的变化而及时调整、改进,确保评价机制的先进性。

三、旅游投资环境的评价方法

(一)"冷热国"对比法

美国学者伊西·利特法克和彼得·班廷在 1968 年《国际商业安排的概念构造》一文中首创了一种新的东道国投资环境评价方法——"冷热"国对比法,又称"投资环境冷热比较分析法"。其基本观点是:投资环境越热越好。投资环境冷热比较法是以"冷""热"因素来表述环境优劣的一种评价方法,即把各个因素和资料加以分析,得出"冷""热"差别的评价。该方法把一国投资环境归结为七大因素:

(1)政治稳定性。政府由阶层代表所组成,代表了广大人民群众的意愿,深得人心,而且该政府能够鼓励和促进企业发展,创造出良好的适宜企业长期经营的环境。一国的政治稳定性高时,这一因素为"热"因素;反之,为"冷因素"。例如,中亚地区的政治形势基本稳定,在某种程度上,纳扎尔巴耶夫(哈)、卡里莫夫(乌)、拉赫蒙(塔)的强势连任也有利于巩固国家政权和维护社会稳定。然而,从恐怖暴力活动发生情况看,中亚五国的暴恐问题不容小觑,2012 年政治稳定、无暴力恐怖活动指数(最高 2.5,最低 -2.5)均低于 1。另据 2011 年福布斯中国海外直接投资国家(地区)风险排行榜资料,哈、吉、塔、乌、土政治稳定、无暴力恐怖活动排名分别为第 62 位、145 位、144 位、132 位和 74 位。进一步从国际谋杀率指标看,与乌、吉两国相比,2012 年塔、土和哈三国恐怖暴力活动的发生频率较低,分别仅为 1.975 人/万人、3.7 人/万人和 7.8 人/万人,为乌兹别克斯坦(12.8 人/万人)的 15.42%、28.91% 和 60.94%。

(2)市场机会。拥有广大的顾客,对外国投资生产的产品或提供的劳务尚未满足的需求,并且具有切实的购买力。当市场机会大时,为"热"因素;反之,为"冷"因素。例如,哈萨克斯坦在中亚五国中市场机会较大,而其余四国表现不佳。世界银行统计数据显示,2012 年哈、吉、塔、乌和土的人均国民收入分别为 9780 美元、990 美元、860 美元、1720 美元和 5550 美元,在195 个国家中分别排名第 63、162、164、141、92 位。

(3)经济发展和成就。一国经济发展程度、效率和稳定形式是投资环境的另一因素。经济发展快和成就大,为"热"因素;反之,为"冷"因素。中亚各国(除吉尔吉斯斯坦外)的宏观经济发展状况均较为乐观,GDP 总量保持较高的增长速度(除去个别年份),虽存在一定程度的通胀压力,但未达到恶性通货膨胀程度。从具体指标来看,一是中亚五国人均 GDP 水平层次不一,哈萨克斯坦在中亚五国中最高,2012 年人均 GDP 达 12116.15 美元,而同期吉、塔、乌、土的人均 GDP 分别仅为 1159.93 美元、870.54 美元、1716.53 美元、6510.61 美元。二是从 GDP 增长速度率看,中亚各国(除吉尔吉斯斯坦外)均保持较高的增长率,其中,哈萨克斯坦作为中亚五国的经济大国,也是中国在上海合作组织中的重要经贸合作伙伴,2012 年 GDP 增速为 5%,相比中亚其他四国不是很快,仅高于吉尔吉斯斯坦(-0.9%),而低于其他三国(塔 7.5%,乌 8.2%,土 11.1%)。三是从 FDI 净流入占 GDP 比重看,哈、土两国具有一定优势,外资吸引能力较其他三国要强,其中,土库曼斯坦的 FDI 占 GDP 比重最高,为 8.984%。四是从通货膨胀率来看,随着独立后中亚各国经济改革稳步向市场经济转轨,物价逐渐相对稳定,通货膨胀水平也逐步降低,其中,2012 年哈萨克斯坦通货膨胀率最低,仅为 4.82%,吉和土次之,分别为 8.66% 和 8.27%,塔和乌也较低,分别为 11.87% 和 14.97%。

(4)文化一体化。一国国内各阶层的人民,他们之间的相互关系、处世哲学、人生的观念和目标等,都要受到其传统文化的影响。文化一元化程度高,为"热"因素;反之,为"冷"因素。

(5)法规阻碍。一国的法令繁杂,并有意或无意地限制和束缚现有企业的经营,影响今后企业的投资环境。若法令阻碍大,为"冷"因素;反之,为"热"因素。例如,中亚五国在改善政策法律环境方面做出较大努力并收到一定成效,但仍有较多阻碍。首先,投资政策的透明度不高,政策、法律法规多变,连续性较差且税负较重都给农业投资带来较大影响。比如,签证办理困难和劳动许可的配额比例经常性变动给在哈经营的企业带来很大麻烦;乌兹别克斯坦对外汇的自由汇出设置较多障碍,给予外商投资者的法律保障也存在较多质疑,缺少行之有效的具体实施细则,使投资者面临的不确定性增加。据英国风险评估公司"Maplecroft"公布的"2010年法律和法规环境地图",吉尔吉斯斯坦在参评的 172 个国家中跻身 20 个"极端风险"国家之一,哈国也被列为法律环境差的高风险国家。其次,优惠政策的落实不到位、部分法律执行困难、政策变动信息滞后发布等问题都致使农业投资风险加大。此外,中亚各国的法制环境也不容乐观,2012 年法制环境指数(最高 2.5,最低 -2.5)均为负数,属于法制环境较差的国家。另据 2011 年福布斯中国海外直接投资国家(地区)风险排行榜的资料显示,哈、吉、塔、乌、土的排名分别为第 118 位、163 位、156 位、168 位、169 位。

(6)实质性阻碍。一国的自然资源和地理环境往往对企业的经营产生阻碍,实质阻碍大时,为"冷"因素;反之,为"热"因素。

(7)地理及文化差距。两国距离远,文化迥异,社会观念及语言文字的差别有碍思想交流。地理及文化差距大,为"冷"因素;反之,为"热"因素。

上述七种因素在具体的国家表现不同,某一因素外国投资者越"热",则对投资的吸引力越大;反之,则对投资的吸引力越小。

知识链接

五国投资环境比较

上海合作组织是第一个由中国倡导成立的区域性合作组织,成员国包括中国、俄罗斯和中亚四国(哈萨克斯坦、乌兹别克斯坦、吉尔吉斯斯坦、塔吉克斯坦)。上海合作组织成立之初的宗旨是维护地区安全。经过数年的运行,各成员国之间的合作不断深化,区域经济合作已取得了可喜的成就,并展示出良好的发展前景。中国与俄罗斯和中亚四国地缘相近,经济互补性强,中国对该五国直接投资的规模和层次有可能飞跃式发展。运用科学的方法,对俄罗斯和中亚四国投资环境进行客观评价,是投资项目可行性研究的首要基础性工作。根据俄罗斯和中亚四国的特点,减去一项构成因素(即实质障碍),增加四项构成因素(即基础设施、腐败程度、能源储量、风险指数),从中国投资者的角度出发,采用相对比较和绝对比较相结合的方式评价该五国的投资环境,见表6-1。

表6-1 俄罗斯和中亚四国投资环境对照表

国家		政治稳定性	市场机会	经济发展成就	文化一体化	法律阻碍	地理文化差异	基础设施	腐败程度	能源储量	风险指数
俄罗斯	热冷	大	大	大	小	大	小	大	小	大	小
哈萨克斯坦	热冷	中	大	大	中	中	中	中	小	大	中
乌兹别克斯坦	热冷	中	中	中	大	中	大	中	大	中	大
吉尔吉斯斯坦	热冷	小	小	中	中	小	中	小	大	小	中
塔吉克斯坦	热冷	中	小	中	大	中	中	小	中	小	大

资料来源:李东阳,鲍洋.俄罗斯和中亚四国投资环境评价[J].中央财经大学学报,2009(12):75-79.

(二)等级尺度法

1969年,(美)罗伯特·斯托鲍夫在《如何分析外国投资气候》一书中描述了等级尺度法,该方法主要从东道国政府对外国投资者的限制和鼓励政策的角度出发,主要选用资本外调的自由、允许外国所有权的比例、外国企业与本国企业的差别待遇、币值稳定、政治稳定、给予关税保护的态度、当地资本供应能力、通货膨胀率等8个因素对一国的投资环境进行评价,总分定为100分,分值越高投资环境越好。例如,内蒙古的资本外调方面,内蒙古对资本和利润收入有一定的限制,但是并不是完全严格限制的。在允许外国所有权的比例方面,内蒙古只准外资占少部分股权。在外国企业与本国企业的差别待遇方面,基本无太大差别。在币值稳定方面,内蒙古地区大体很稳定。币值稳定是指物价在短时间内不要有大幅度波动,即使有波动也要控制在社会、居民可以承受的范围内而不是要求物价固定不变。在政治稳定方面,内蒙古自治区积极贯彻党和国家的领导政策,大力推进民族的稳定和和平发展,没有全局性的政治动荡和社会骚乱,政权不发生突发性质变,公民没有用非法手段来参与政治或夺取权力,政府也没有用暴力或强制手段压制公民政治行为,以维护社会秩序。在资本供应能力方面,内蒙古自治区作为西部开发区明显逊色于东部及沿海地区,资本供应不是很充足。在通货膨胀率方面,内蒙古自治区市场价格走势变化重大。猪肉价格迅速上涨,呈逐月走高之势,困扰居民正常消费。资料显示,2007年内蒙古价格总水平上涨达4.6%,全年预计比全国平均涨幅约低0.2个百分点。在食品、烟酒、衣着、家庭设备和用品、医疗卫生保健、文化娱乐和教育、交通、居住等八大类商品和服务价格中,食品价格是推动价格总水平上涨的主要因素。

(三)多因素综合评估法

多因素评估法是香港中文大学的闵建蜀教授在《投资环境的评估方法》中提出的,他把投资环境因素分为11类,即政治环境、经济环境、财务环境、市场环境、基础设施、技术条件、辅助工业的发展水平与配套状况、法制健全性、行政效率、文化环境、竞争环境。每一类因素又由一系列子因素构成。

综合评价法的特点表现为：

(1)评价过程不是逐个指标顺次完成的,而是通过一些特殊方法将多个指标的评价同时完成;

(2)在综合评价过程中,一般要根据指标的重要性进行加权处理;

(3)评价结果不再是具有具体含义的统计指标,而是以指数或分值表示参评单位"综合状况"的排序。

在评价投资环境时,先由专家对各类因素的子因素做出综合评价,然后据此对该类因素做出优、良、中、可、差的判断,最后计算投资环境总分。投资环境总分的取值范围在1~5之间,愈接近5,说明投资环境愈佳;反之,愈接近1,则说明投资环境愈劣。多因素评估法考虑到的因素比较细致全面,由专家进行评分简便易行,但对各个因素的权重的设定需要认真分析确定。如不同国家经济实力、不同地区社会发展水平、小康生活水平达标进程、企业经济效益评价等,都可以应用这种方法。

第三节　旅游投资与决策的程序与方法

旅游投资决策是一个动态的系统反馈过程。它大致可以分为问题分析、目标确定、方案提出、评价分析、方案抉择和方案实施等六个基本步骤。

一、旅游投资决策的程序

(一)问题分析

旅游投资决策是为了解决旅游投资问题而进行的。所谓问题,就是旅游投资的现在状态与期望状态之间的差距。深入地进行调查研究,及时地发现问题、分析问题、确认问题和适时地提出问题,是旅游投资决策者首要和主要的问题。

(二)目标确定

决策目标是指决策实施后在一定时期内所期望达到的成果,它是决策的出发点和归宿点。它是根据所要解决的问题而确定的,所以需要先分析问题的性质及产生的原因,然后确定目标。

(三)探索和提出各种行动方案

根据问题的性质和目标的要求,搜集情报资料并进行有关的预测工作,提出多个可行方案。提出方案的过程既要大胆探索又要精心设计,同时还必须充分发扬民主,集思广益,群策群力,尽可能多地提出各种可行方案。

(四)方案评价分析

对提出的若干方案,运用各种科学方法进行分析、评价、审查和择优讨论,选出一两个优化方案供最后决策。在评价分析中,要根据预定的决策目标和所建立的价值标准,确定方案的评价要素、评价标准和评价方法,有时还要做一些灵敏度分析。

(五)方案的抉择

方案的抉择是建立在方案分析评价的基础上,并在很大程度上取决于决策者的经验和领导艺术。要求决策者具备良好的思维分析能力、敏锐的洞察力和判断决策能力等。

(六)决策的实施和反馈

做出了决策,并不等于决策过程的结束,更重要的是决策方案的实施;而且,要判断一项决策正确与否,只有通过实施结果才能做出正确的判断。因此,在决策执行过程中要建立信息反馈系统,及时地将实施结果与规划目标进行分析比较,如有差异,查明原因,采取必要的措施进行调整,从而保证决策目标的实现。

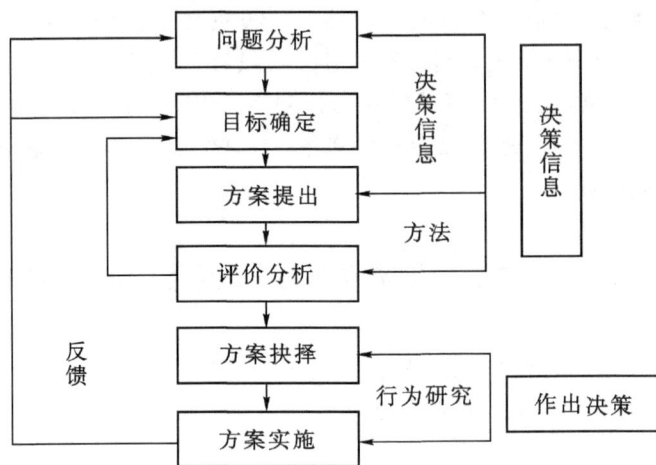

图 6-1 旅游投资决策程序图

二、旅游投资决策的方法

根据对各种自然状态认识和掌握的程度不同,决策问题通常可以分为 3 种类型:确定型、不确定型和风险型,对不同类型问题有不同的决策方法。

(一)确定型决策方法

确定型决策是指自然状态的发生为已知的和肯定的情况下进行的决策。确定型决策问题具有 4 个特点:有明确目标;有两个或两个以上的行动方案;每个方案只存在一个确定的自然状态;不同的行动方案在确定的自然状态下的损益值可以计算出来。由于确定型决策问题中一个方案只有一个确定结果,所以只要比较一下各个方案的结果,即可作出抉择。

【例 6-1】假如某旅游投资项目可以向三家银行贷款,其利率各不相同,如表 6-2 所示。为使贷款利息最低,应选择哪一种方案?

表 6-2 三种不同利率的投资方案

方案 1	方案 2	方案 3
7.0%	6.5%	7.5%

在此题中,自然状态是已知的。如果其他条件相同,通过比较很容易判断第二方案利率最低,是最优方案。

确定型决策在实际工作中未必都像例 6-1 那么简单,如果可供选择的方案数量很多,虽然自然状态的发生状态为已知,要在其中选出最优方案也是不容易的。例如,某旅行社组织从 1 个城市到另外 10 个城市巡回游览一次,可以选择的路线有 10×9×8×7×6×5×4×3×2×1＝3628800 条,怎样从中选择最短路线?这个确定型决策问题,就必须运用线性规划的数学方法才能解决。

(二)不确定型决策方法

不确定型决策是指对自然状态是否发生、事先不能肯定(可能发生,也可能不发生)的情况下进行的决策。不确定型决策具有 4 个特点:存在决策人希望达到的一个明确目标;存在着两个以上可供选择的行动方案;存在着两个以上不以决策人的意志为转移的自然状态,其出现的概率未知;各个方案在不同自然状态下的损益值可估算出来。由于不确定型决策的每种自然状态的概率全然不知,那么在比较不同方案的经济效益时,就带有很大的主观随意性。因此,决策者的偏好,对决策结果有较大的影响。常用的决策方法有 4 种,即大中取大策略法、小中取大决策法、折中决策法和最大最小后悔值决策法。

1.大中取大决策法

大中取大决策法也称为乐观决策法,它是指决策者在决策时对未来保持乐观态度,即使情况不明,仍不放弃任何一个可能获得最大利益的机会,想要争取最大利益。具体的方法是:决策者先从每一个方案中选择一个最大的损益值,然后再从这些最大的损益值中选一个最大值,所选的最大值对应的方案,就是决策者所认为的最优方案。

【例 6-2】某旅游开发公司计划在外地投资建一座旅游度假村。因当地缺乏有关资料,工地对客源地旅游需求量只能估计为较高、一般、较低、很低 4 种情况,对每种情况发生的概率也无法预测。为了开发建设,公司提出了独资建设、与当地有关部门集资建设、与外商合作建设 3 个方案,并估算出每个方案建成后 3 年内的损益值,如表 6-3 所示。

表 6-3　投资方法及其损益值表　　　　　(单位:万元)

状态　　方案	较高	一般	较低	很低
独资	800	350	−300	−700
集资	350	220	50	−500
合作	400	250	90	−50

解:三个方案的最大损益值分别为 800 万元、350 万元、400 万元。根据大中取大的决策方法,决策者应选择损益值为 800 万元所对应的方案,即独资建设。

2.小中取大决策法

小中取大决策法也称为悲观决策法,它是指决策者在决策时对未来持悲观态度,在客观情况不明时,唯恐决策错误造成重大的经济损失,所以比较小心谨慎,总是从最坏的结果着想,从最坏的结果中选择出最好的结果,即俗语说的从矮个子中找出高个子。具体的方法是:决策者先找出每一个方案在各种自然状态下的最小损益值,然后再从这些最小值中选出最大的值,这个最大值所对应的方案,就是决策者要选择的最优方案。

仍以例 6-2 为例,按照小中取大决策法决策。先从表中选出每一个方案的最小损益值,分别为－700万元、－100万元、－50万元;再从最小损益值中选出最大值－50万元,－50万元所对应的方案(与外商合作)是决策者认为的最优方案。

3. 折中决策法

折中决策法也称为乐观系数决策法,是指决策者在进行决策时,既不持十分乐观的态度,也不抱消极保守的思想,而是依据历史数据的分析和经验判断来确定一个乐观系数,运用乐观系数计算每个方案的期望损益值,并取期望损益值最大的方案为最优方案。乐观系数即决策的主观概率,用 a 表示,其取值范围为:$0<a<1$。如果 a 接近1,则比较乐观;a 接近0,则比较保守。a 值的确定,没有一个理论标准,往往与决策者的个性有关,即喜欢冒险还是稳中求利。期望损益值的计算公式为:

期望损益值＝a×最大损益值＋$(1-a)$×最小损益值

按照折中决策法解答例6-2,如果乐观系数 a 为0.7,则有:

独资的期望损益值＝$800×0.7+(1-0.7)×(-700)=350$(万元)

集资的期望损益值＝$350×0.7+(1-0.7)×(-100)=215$(万元)

合作的期望损益值＝$400×0.7+(1-0.7)×(-50)=265$(万元)

显然独资的期望损益值最大,所以独资这个方案为最优方案。

4. 最大最小后悔值决策法

决策者在选定方案并组织实施后,如果遇到的自然状态表明采用另外的方案会取得更好的收益,企业在无形中遭受了机会损失,那么决策者将为此而感到后悔。后悔值决策法就是一种力求使后悔值最小的决策方法。具体方法是:先找出各方案的后悔值,它是指方案在某一自然状态下的最大损益值减去其他各方案的损益值,然后找出每个方案的最大后悔值,再从这些最大后悔值中找出一个最小的后悔值,即可能出现的后悔值是最小的,这个最小后悔值所对应的方案就是最优方案。

按照后悔值决策法解答例6-2。

先找出各种方案在不同自然状态下的最大损益值,分别为800万元、350万元、90万元、－50万元,然后把每种自然状态下的最大损益值减去其他各方案的损益值,求出后悔值,如表6-4所示。

表6-4　各方案在自然状态下的后悔值　　　　　(单位:万元)

状态＼方案	较高	一般	较低	很低
独资	0	0	390	650
集资	450	130	40	450
合作	400	100	0	0

三个方案的最大后悔值分别为650万元、450万元、400万元,从中选出最小值400万元,因此,后悔值400万元所对应的方案,即与外商合作建设是最优方案。

对于同一决策问题,应用以上几种方法的决策结论可能不完全相同,这是由于决策标准不同所致。实践中,对于不确定型决策问题,在理论上还没有证明哪种方法是最合理的,因此,究竟运用哪种决策方法,完全取决于决策者对待风险的态度、决策的风格与胆略。

(三)风险型决策方法

风险型决策方法也称随机型决策法,是指决策者对自然状态是否发生不能肯定,但可以预测各自然状态可能发生的概率的情况下的决策。它有5个特点:有明确的目标;有两个以上可供选择的行动方案;有两种以上不以决策人的意志为转移的自然状态;对每种自然状态出现的概率大体可以估计出来;不同方案在不同自然状态下的损益值可以计算出来。对风险型的决策问题,无论采用哪一种方案,都要承担一定的风险。风险型决策情况下,决策的方法根据决策问题的复杂程度可选用期望值法和决策树法。

1.损益期望值法

损益期望值法,亦称损益表法或表上作业法,这种决策方法的关键是计算各方案的损益期望值。损益期望值计算可采用下面的基本公式:

$$E(A_i) = \sum_{j=1}^{m} V_{ij}P_j$$

式中 A_i——表示第 i 方案;

$E(A_i)$——A_i 方案的总损益期望值;

V_{ij}——A_i 方案在第 j 种自然状态下的损益值;

P_j——第 j 种自然状态下出现的概率;

m——自然状态种数。

各方案的损益期望值计算出来后,如果决策目标是收益最大,则选择损益期望值最大的投资方案;如果决策目标是成本最小,则选择期望值最小的投资方案作为最优方案。

【例6-3】某旅游开发公司为提高企业经济效益和开发利用当地旅游资源,拟投资建设一个新的旅游景区,经可行性论证提出大面积开发建设和小面积开发建设两个投资方案。大面积开发需一次投资4550万元,小面积开发需一次投资2800万元。设两个投资方案的建设经营期限均为6年。根据市场预测,客源地旅游需求量较高和较低的概率分别为0.7和0.3,年平均经营收益如表6-5所示。该公司应如何作出决策?

表6-5 损益期望值计算表 (单位:万元)

投资方案 \ 自然状态概率	需求量较高 0.7	需求量较低 0.3	收益期望值
大面积开发	1500	−200	1390
小面积开发	800	100	740

解:

大面积开发方案期望值=1500×0.7×6+(−200)×0.3×6−4550=1390(万元)

小面积开发方案期望值=800×0.7×6+100×0.3×6−2800=740(万元)

故该决策问题应选择大面积开发投资方案为最优方案。

2.决策树法

在风险型决策问题中,有损益表法和决策树法两种决策方法。以损益表为基础的期望值法,对解决比较简单的决策问题具有简便有效的优点。但是,对比较复杂的决策问题,则需要运用决策树法。决策树法亦称图上作业法,这种决策方法不仅可以解决单级决策问题,而且可以解决损益表难以适应的多级决策问题,是风险型决策问题中常用的方法。

决策树法是把各种可供选择的投资方案和可能出现的自然状态、可能性的大小及产生的后果简明地绘制在线条像树干分枝的图形上,以便于研究分析,如图6-2所示。

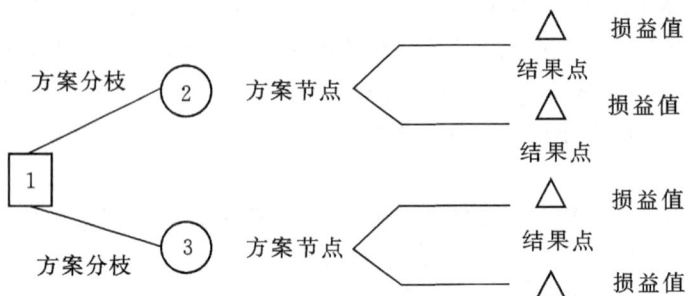

图6-2　决策树图

图中"□"表示决策点,从它引出的分枝叫作方案分枝,每条分枝代表一个方案。"○"表示方案节点,其中的数字表示该方案的损益期望值。从方案节点引出的分枝叫概率分枝,每条分枝上注明相应自然状态发生的概率。"△"表示结果点,在其右侧注明每个投资方案在相应自然状态下的损益值。

在绘制决策树图时,其顺序是由左向右绘制,各节点的顺序号按从左向右、从上向下的次序标注。运用决策树法进行决策,是从右向左逐步倒推进行计算分析。首先根据结果点的损益值和相应概率分枝的概率相乘计算出损益期望值,加总某一方案各自然状态下的损益期望值即为该方案的损益期望值,然后根据各方案的损益期望值大小来选择最优方案。

思考与练习

1.旅游投资决策的类型如何划分?

2.旅游投资环境需要分析哪些内容?

3.选取某著名景点,并用"冷热国"对比法进行评价。

4.不确定性决策常用的决策方法有哪些?

第七章

旅游市场及结构

学习目标

◎ 掌握旅游市场的功能和特点；

◎ 掌握旅游者市场的形成和影响因素；

◎ 理解旅游者市场的分析方法；

◎ 掌握旅游地市场的形成和影响因素；

◎ 理解旅游地市场的分析方法；

◎ 掌握和了解旅游客流的特点和发展趋势。

引导案例

中印"龙象之争"

印度时间 2016 年 4 月 21 至 22 日，全球顶级旅游峰会 Phocuswright 创新峰会在印度卫星城古尔冈召开。此次大会的主题是"亚洲的魔力：千禧一代、移动化、火热的创投"。在亚太地区旅游业登上全球旅游业顶峰的新形势下，国际旅游行业领导者齐聚印度古尔冈，共同探讨亚太地区旅游业现在和未来的发展趋势。执惠作为媒体合作伙伴受邀参加此次 Phocuswright 大会，并全程报道了此次大会。

近年来在国际版图中，"龙象之争"的话题热度从未衰减，作为世界上最大的两个人口大国，发展中国家的标兵，中印无论从地缘政治、人口规模、经济增速、历史文化还是发展模式都有太多值得比较的东西，2016 年旅游业成为两国的纽带，从产业结构调整到消费升级，通过中印两国的旅游发展可延展窥见亚太旅游格局。我们比较中印两国的发展实践，可以得出：

中印经济增长的比较

近几年，中国和印度的经济增长暗暗较劲。根据印度中央统计局数据显示，2014—2015年，印度经济增长率为 7.3％，高于 2013—2014 年的 6.9％，远高于 2012—2013 年的 5.1％。而中国两会期间公布的十三五期间中国经济增速预测为 6.5％～7％，有机构预测，到 2020 年中国经济增速将保持在 5.5％～6.5％。另根据国际货币基金组织(IMF)预计：2016 和 2017年，印度经济增长率均为 7.5％，高于中国。在印度国内，不少人也对其经济持有积极态度。印度副财长贾扬特·辛哈甚至放出豪言，"用不了多久，印度就将在增长和发展方面把中国甩在身后"。

因此关于印度能否成为下一个中国的议论不绝于耳，从增速上看，2015 年，印度的确超过了中国，成为全球增长最快的大型经济体。然而，英国《金融时报》曾毫不客气地认为，"印度轻而易举超越中国的想法是无可救药地自以为是"。按名义价值计算，印度的产出仅为中国的1/5，印度仅占全球 GDP 的 2.5％，而中国占比高达 13.5％。如果中国以每年 5％的速度增长,就可以在不到 4 年时间里,诞生一个印度规模大小的经济体。另据 IMF 预测,印度 2015 年的 GDP 总量在 2.2 万亿美元左右,人均 GDP 约为 1700 美元。而中国 2015 年的 GDP 总量则超过了 10 万亿美元,人均 GDP 超过 8000 美元。

经济增长中其实还有很多问题。印度的经济结构相对单一,多年仅依靠 IT 行业。特别是印度总理莫迪近期推出的"印度制造"战略也被印度各方诟病。莫迪的新战略意在将印度发展成为一个类似于中国式的全球范围内制造出口大国,虽能部分解决印度大量失业人口和增加就业机会,但难免会步中国后尘,而中国已经从 2015 年开始大力推动"互联网+"战略,力推"供给侧改革",在产业结构升级上下工夫,而在消费端,以中产阶级为代表的消费升级无疑最值得关注,旅游业是较好的抓手和落脚点。

中产阶级数量、消费升级是中印最大的机会

目前,印度的人口结构呈金字塔状,年龄在 35 岁以下的人口数量将近 8 亿,占印度总人口的 65% 左右,25 岁以下的年轻人则占到全国人口的一半以上,印度中产阶级群体有多大呢?

根据皮尤研究中心的数据,印度的中产阶级比重可能占总人口的 5%~10%。根据 2014 年的统计数据,印度总人口为 12.67 亿,估算下来,印度中产阶级人数约为 6000 万~1.3 亿。WPP 集团旗下 Grey 广告公司印度分公司首席战略官迪拉吉•辛哈在接受 CNBC 采访时所言:"印度大约有 6 亿人没有干净水源和厕所,印度仅有 5600 万人拥有车,印度不可能有 3 亿中产阶级。"另根据皮优研究中心 2011 年对中印各阶层收入比较,印度中产阶级可能在 6000 万左右。

相比而言,中国中产阶级规模相对较大。根据瑞信发布的"2015 全球财富报告",中国家庭财富总值达 22.8 万亿美元,超过日本跃居世界第二富裕国家,仅次于美国;同时,中国拥有全球最庞大的中产阶层人口,达 1.09 亿。由于中产阶级数量估算较为复杂,具体数量一直存有争议,但中印中产阶级总量已位居发展中国家之首。中印两国的中产阶级数量庞大意味着巨大的消费升级带来的产业机会,中产阶级红利为中国和印度都提供了持续的消费市场,旅游业毫无疑问是最大的受益行业。随着中印两国的经济发展,年轻的群体消费能力也逐渐增强。在产业结构调整中,抓住消费升级带来的产业机会成为了中印两国的共同选择,那么想象一下,中印在旅游业加强交流后将有什么样的局面呢?

中印旅游年开启,为中印两国都带来巨大机会

2015 年 5 月,印度总理莫迪访华期间,中印旅游部门签署合作协议,双方同意将建立联合工作机制,加深在旅游业信息共享、酒店和旅行社业务、旅游人力资源开发和可持续发展等领域的合作。

而 2016 成为印度"中国旅游年"的开幕之年,这是继 2015 年在中国举办"印度旅游年"后,两国在该领域又一重大交流活动。根据中国国家旅游局预测,2015 年全年,中印两国双向旅游交流人数超过 90 万人次。2016 年,中印双向交流人数将突破百万人次。但与中印两国 25 亿人口、1.4 亿人次的出境旅游年总规模相比,未来发展潜力和空间巨大。

相关数据显示,2015 年,中国出境游客达到 1.2 亿人次,印度超过 1700 万人次。印度已经成为中国重要的新兴客源市场,中国也是印度增长潜力最大的客源市场之一,中印联手,未来旅游市场空间值得期待。

资料来源:亚太旅游格局的 5 大洞见和趋势[EB/OL]. http://www.ocn.com.cn/shangye/201604/yel-nf25145616.shtml.

经济学中,市场是商品交换的场所,也是企业和产业存在的基本场所,不同的市场结构决定了市场主体的竞争程度,影响各个主体的具体决策行为。旅游市场是市场在旅游经济活动中的表现,是随着旅游活动产生而产生并发展的旅游产品交换的场所,体现了旅游产品供给方和需求方之间的各种关系。

第一节　旅游市场概述

一、旅游市场的概念和内容

市场,是社会分工与商品经济发展的产物,是商品买卖的交易场所,是商品交换关系的总和,是买卖双方相互作用在一定交易数量下形成均衡交易价格的一种经济关系。

(一)旅游市场的概念

旅游市场是旅游产品交易的场所。

1. 有形交换地点概念

旅游市场是旅游产品和服务交换和消费的场所,即在一定的空间和时间范围内,旅游者和旅游供给者双方进行旅游产品交易的有形地点。

2. 无形交换关系概念

旅游市场是旅游产品买卖双方以及旅游中间商之间交换现象和交换关系的总和。

3. 旅游消费者群体概念

旅游市场就是指在一定的时间和地点条件下,具有旅游购买能力、旅游愿望和旅游购买权利的消费者群体。这个概念是将旅游者群体视为旅游市场,以消费者为导向、站在顾客的角度去认识旅游市场的一种新理念。

理论上讲,旅游市场是指旅游产品生产和交换过程中反映的旅游者和经营者之间各种经济行为和经济关系的总和;现实来讲,是指由旅游者、旅游经营者、旅游产品、交换媒介等所构成的旅游产品交换活动的具体形式,其集中反映了旅游产品生产和交换的内在联系和本质特征。

旅游市场有广义和狭义之分。狭义的旅游市场是从市场学角度进行界定的,仅指旅游产品需求市场,即旅游产品的实际购买者和潜在购买者,亦即我们通常所说的旅游客源市场。广义的旅游市场是从经济学角度分析的,包括旅游产品的供给者和旅游产品的消费者在交换过程中形成的各种经济现象与经济关系的总和。实际的旅游活动中,旅游市场更多地表现为旅游客源市场和旅游地市场,因此我们认为旅游市场是广义的市场概念,是旅游产品供给和旅游消费需求过程中所表现出来的各种经济关系的总和。

(二)旅游市场的内容(属性)

1. 旅游者和旅游经营者是旅游市场的主体

从旅游需求的角度来看,旅游市场是指一定时间和条件下对旅游产品具有支付能力的旅游者群体,也就是通常所说的旅游需求市场或旅游客源市场,简称为旅游者市场,其反映了旅游需求和消费的总量规模和水平。从旅游供给的角度来说,旅游市场是指一定时间和地域范围内提供旅游产品的旅游经营者群体,也是通常所说的旅游供给市场或旅游目的地市场,简称为旅游地市场,其反映了旅游供给能力和提供旅游产品的规模和水平。

2.旅游产品是旅游市场的客体

旅游产品作为旅游市场的客体,其既是旅游者在旅游活动中所指向并消费的各种物质产品和服务的总和,也是旅游经营者提供给旅游消费者消费的各种物质产品和服务的总和。旅游者和旅游经营者在旅游产品交换过程中,不仅完成了旅游产品的交易,同时也实现了旅游产品的价值和使用价值,从而使社会再生产能够正常地进行。旅游产品的种类很多,包括旅行社的线路产品、酒店客房、各类旅游景区及其讲解服务等,都是旅游产品的具体内容。

3.交换媒介是旅游市场运行条件

交换媒介和手段,是指有效实现旅游产品在旅游者和旅游经营者之间进行交换的必备条件,如货币、信息、中介人及必须的市场设施条件等。在旅游市场上,旅游产品的价格、信息的充足程度,旅游中介人的商誉及交易手段的现代化程度等,都对旅游市场及旅游产品的交换产生着重要的影响作用。

4.竞争是旅游市场的客观规律

竞争是市场的伴随产物。旅游市场上的竞争包括旅游者之间、旅游经营者之间、旅游者和旅游经营者之间的竞争。通过竞争,一方面体现了旅游市场作为旅游产品竞争场所的基本特征;另一方面也是实现了旅游市场供给与需求的动态平衡,从而促进旅游的健康发展。

二、旅游市场的功能

旅游市场是随着旅游经济活动产生而逐渐形成的,同时旅游市场的发展与繁荣,又会促进旅游经济活动的发展。因此,旅游市场的功能主要体现在以下几个方面:

(一)旅游产品交换功能

旅游市场不仅把旅游供给和旅游需求有机地衔接起来,解决了旅游供求之间的矛盾;而且通过旅游市场能够充分发挥经营者的旅游供给能力,提供更多物美价廉的旅游产品,更好地满足旅游者的需求,促进旅游业健康快速的发展。

(二)旅游资源配置功能

资源配置是指在社会经济活动中,如何把社会经济的各种资源(人、财、物等要素)进行有效分配,以充分利用稀缺资源生产出更多更好的产品。通过旅游市场的资源配置功能,促使旅游市场中的吃、住、行、游、购、娱等各种要素按比例发展,实现旅游经济资源的优化配置;并通过市场机制作用使旅游企业按照市场供求情况,及时调整所经营的旅游产品结构和相应的投资结构,以适应旅游者需求和旅游市场变化的要求,不断提高旅游业的经济效益。

(三)旅游信息反馈功能

旅游信息的反馈功能体现在:一方面旅游企业通过旅游市场将旅游产品信息传递给旅游者,以引导、调节旅游需求的变化;另一方面又根据旅游市场反馈的需求信息和市场供求状况,及时调整旅游产品价格,组织开发适销对路的旅游产品。

(四)旅游经济调节功能

旅游市场的供求不平衡会加剧旅游市场竞争和价格的波动,影响到旅游活动的顺利进行,因此需要通过旅游市场机制的作用,不断调节旅游产品的生产和消费,使旅游供求趋于平衡。

在旅游供给与需求一章中我们曾经介绍过,旅游供求之间会存在矛盾,在价格机制的作用下,旅游供给和旅游需求会自发调节,促进旅游市场均衡的形成,这就是旅游经济的调节功能。旅游市场的调节作用一方面表现为调节旅游市场的供需均衡,另一方面表现为实现社会经济资源的优化配置。

三、旅游市场的特点

旅游市场作为旅游产品交易的场所,既具有一般市场的特点,也具有旅游市场的独特性,其特点主要体现在以下几个方面:

(一)旅游市场的多样性

旅游行业是一个综合性产业,既包括旅游客源地市场,又包括旅游者市场,因此旅游市场呈现出多样性的特点,表现在:一是人们外出旅游的需求和动机是各种各样的,既有纯粹以休闲、观光、度假为目的的直接的旅游需求,又有附属于商务、会议、探亲访友的间接旅游需求等;既有大众化旅游的经济型消费需求,又有特种性旅游的高消费需求,从而形成了旅游需求的多样性。二是旅游产品的多样性,即不同国家、不同地区的自然风光和人文景观的不同,必然形成不同的旅游产品,如观光旅游、度假旅游、文化旅游、生态旅游、会展旅游及特种旅游等。三是交换关系的多样性,如包价旅游、零价旅游、半包价旅游的多样性旅游产品购买方式。

(二)旅游市场供给与消费的异地性

旅游产品和服务的提供者即旅游市场供给通常在旅游目的地,而旅游客源要想消费旅游产品和服务,必须离开自己的惯常居住地,前往旅游目的地才能实现。因此使得旅游市场的供给和消费不能同时进行,为旅游产品和服务的销售增加了难度,迫使旅游供应商采取各种营销手段向旅游目的地客源提供产品和服务的信息。

(三)旅游市场的季节性

旅游业受自然条件、气候条件差异的影响形成了明显的淡旺季。一方面独特的气候条件提高了旅游目的地的旅游吸引力,如海南三亚的冬季旅游市场吸引了北方客源。另一方面自然气候条件也会限制旅游吸引力的提升,如在寒冷的冬季,山岳景观的客源大幅缩减。

当然,旅游市场的季节性还表现在受旅游者闲暇时间分布不均衡的影响,旅游者闲暇时间多则旅游市场繁荣,旅游者闲暇时间少则旅游市场会萎缩,如我国的国庆长假各地旅游景区人满为患。

(四)旅游市场的波动性

旅游业是一个综合性产业,受到多种因素的影响,任何一个因素的变动都会引起旅游市场的波动。一方面旅游业对外部环境的依赖性强。为旅游业提供服务的建筑业、银行业、邮电业、商业、农业以及卫生、体育、纺织等行业和部门都与旅游业关联,它们的协作配合支持着旅游业的发展,任何一个行业出现问题都会反映到旅游业中。与旅游业密切相关的外部环境,如自然社会的变迁(如自然灾害)、国家政策(如各国对旅游业的态度)、经济的发展(如人民生活水平的提高)、技术的进步(如网络的应用)、国际关系等都会对旅游业产生影响。另一方面旅游市场主体旅游者的行为的不可感知性会影响旅游市场的稳定。按照马斯洛的需要层次理论,生理和安全需要为人类最基本的、较低层次的需要,其他的社会需要、尊重和自我实现的需要属于高层次的需要,是在基本需要满足之后才会考虑的需求,因此弹性比较大。旅游属于高层次需要,旅游消费预测比较困难。另外,消费者的消费心理会随着环境而变,消费需求多变,无法预测,进而影响到旅游客流的流量、流向和时序的波动和变化,最终影响到旅游市场的供求变化。

知识链接

旅游危机带来旅游市场的波动性

旅游危机破坏行业正常经营活动,造成行业巨大损失。突发性危机影响行业企业的正常活动,引发无法预料的损失。2001 年 9 月 11 日美国爆发了"9·11 事件",作为美国经济象征的世贸大厦顷刻夷为平地。这次事件中影响最深远的属于与旅游业紧密相关的航空运输业。本来就疲软的民航业因为此次事件全年营业亏损 44 亿美元,创下了美国商业航空史上最大的年亏损纪录。航空业的全面崩溃牵连到旅游业。"9·11 事件"的发生导致游客对飞行安全的恐惧、对实施新的安全细则时可能产生的问题的担心、对近来发生的灾难的关注,大大减少了旅行开支和旅游需求,从而影响了美国私人和商务旅行。据 Simmons 市场研究局(Simmons Market Research Bureau)就"9·11 事件"对未来一年中美国人的旅行计划的影响所作的调查显示,39% 的人认为这一事件将在很大程度上影响他们的旅游休闲计划,甚至有 20% 的人表示"9·11 事件"对其旅行计划的影响是非常大的。美国是世界旅游的主要客源国,因此它的经济衰退直接影响着目的地国家。中美和加勒比海沿岸国家的旅游业是国民经济的重要部门。"9·11 事件"后入境旅游市场急剧减少、收入大幅下降。毗邻美国的墨西哥旅游业也成为了受害国。墨西哥财政部长指出,美国遭到恐怖袭击后,不仅使墨西哥的出口收入下降,在一段时期内旅游收入也将减少。美国是我国入境市场中的第四大客源国,"9·11 事件"后旅华客人迅速减少,当年 9 月份相对于前一年同期减少了 11.06%,其他的客源国家和地区如俄罗斯、蒙古、新加坡来华市场也出现了负增长,香港同胞入境人数同比减少 1.58%,台湾同胞入境人数也出现了当年的第一次负增长。这种影响一直持续到当年的 12 月份。据世界旅游组织秘书处 2002 年 6 月发表的数据显示:2001 年世界旅游中国际游客人数 6.93 亿人次,比 2000 年减少 400 万人次,下降了 0.6%,其中南亚下降了 6.3%、美洲下降了 5.9%、中东下降了 3.1%、欧洲下降了 5.9%。2001 年国际旅游收入为 4630 亿美元,比 2000 年减少了 2.6%。

"非典"是另一个影响世界的突发性危机。SARS 危机不但给我国国际旅游和国内旅游带来了负面影响,也由于疫情的扩大影响到了全世界旅游市场。2003 年我国国际旅游人数 9166.21 万人次,同比下降了 6.38%,国内旅游人数 8.7 亿人次,旅游收入 3442 亿元,分别比 2002 年减少 0.9% 和 11.2%。据世界旅游组织发布的统计报告显示:2003 年全球国际旅游者人数 6.94 亿人次,比 2002 年下降了 1.2%,其中亚太地区因为处于"非典"的最前端,损失更是惨重,东北亚地区和东南亚地区分别下降了 9% 和 16%。

从我国国内情况来看,以入境市场为例。1978 年开始发展的中国旅游业入境旅游人数一直保持着两位数的高速增长。但是 1989 年的上海甲肝大流行影响了海外游客对我国旅游市场安全性和稳定性的信心,因此纷纷取消行程,当年我国入境旅游业出现了自改革开放以后的首次负增长。据统计,1989 年来华旅游的外国人和外汇收入从 1988 年的 184 万人次和 22.47 亿美元分别下跌到 146 万人次和 18 亿美元,下降了 20% 还多。

资料来源:温秀.我国旅游业突发性危机影响、诱因及预警机制建构研究[D].西安:西北大学,2004.

第二节　旅游者市场的形成及发展

一、旅游者市场的形成

旅游者市场指产生旅游者的国家或地区,即凡是有本国或本地居民出国到他国国家旅游的国家或地区统称为旅游者市场,也称为旅游客源国或地区。

(一)旅游者市场的形成条件

旅游者市场的形成必须具备足够的条件,包括旅游者、旅游购买力、旅游欲望和旅游者权利,只有四个条件统一才能形成旅游者市场。

1. 旅游者

旅游者一般是指在各个国家或地区进行各种旅游活动的人员,实际上旅游活动中,旅游者的界定是比较困难的。

1991 年国际旅游统计大会界定了国际旅游者的概念,经联合国统计委员会 1995 年通过后在全球推广使用。因此,目前世界大多数国家都接受了世界旅游组织和联合国统计委员会对旅游者区分为国际游客(international visitor)、国际过夜旅游者(international tourists)和国际一日游游客(international excursionists)的规范性定义。国际游客不包括下列人等:为移民或就业而进入目的地国家的人;以外交官或军事人员身份访问该国的人;上述人员的随从;避难者、流民以及边境工作人员;逗留时间超过一年的人。但下列人员是或可以是国际游客:出于休闲、医疗、宗教、探亲、体育运动、会议、学习或过境的目的而访问他国的人;中途停留在他国的外国轮船或飞机的乘务人员;逗留时间不到一年的外国商业或企业人员,包括安装机器设备的技术人员;国际团体雇佣的任职不到一年或回国作短暂停留的侨民。

国际游客又分为国际过夜旅游者和国际不过夜旅游者两类,前者指在目的地国家的接待设施中度过至少一夜的国际游客,后者指利用目的地国家的接待设施少于一夜的国际游客,包括那些居留在巡游船上只上岸游览的乘客。不过夜旅游者中不包括那些虽然落脚于他国但却未在法律意义上进入该国的过境旅客(如乘飞机在某国中转的乘客)。

而国内旅游者的概念也不统一,我国对于国内旅游者区分为国内旅游者和国内一日游游客两类,其中国内旅游者界定为:在旅游住宿设施内至少停留一夜,最长不超过 6 个月的国内游客。国内一日游游客根据中国国家统计局标准:离开长住地外出距离 10 公里以上,时间超过 6 小时但不足 24 小时,未在旅游住宿设施内过夜的国内游客。

中国国家统计局规定,下列人员不在国内游客统计范围内:到各地巡视工作的领导;驻外地办事机构的临时工作人员;调遣的武装人员;到外地学习的学生;到基层锻炼的干部;到其他地区定居的人员;无固定居住地的无业游民;到外地务工的农民。

2. 旅游购买力

旅游购买力是指人们在其可自由自配收入中用于购买旅游产品的能力,也就是人们用于旅游的消费支出。旅游购买力受到消费者的收入水平的制约,随着旅游者收入水平的提高,用于购买旅游产品的支出也会相应提高。可自由支配的收入是指消费者个人的家庭总收入扣除了基本的生活消费、社会消费和个人所得税后可自由支配的收入,是消费者购买力的体现。

📖 知识链接

恩格尔系数

人们的消费支出一般用恩格尔系数来说明一个国家或地区的居民购买力情况。

19 世纪德国统计学家恩格尔根据统计资料,对消费结构的变化得出一个规律:一个家庭的收入越少,家庭收入中(或总支出中)用来购买食物的支出所占的比例就越大,随着家庭收入的增加,家庭收入中(或总支出中)用来购买食物的支出则会下降。推而广之,一个国家越穷,每个国民的平均收入中(或平均支出中)用于购买食物的支出所占比例就越大,随着国家的富裕,这个比例呈下降趋势。根据联合国粮农组织的标准划分,恩格尔系数在 40%～49% 为小康,30%～39% 为富裕,30% 以下为最富裕。

3. 旅游购买欲望

旅游购买欲望是反映旅游者购买旅游产品的主观愿望和需要,是把旅游者潜在购买力变为现实购买力的重要条件。消费者的购买欲望主要是消费者的心理体现。

4. 旅游者权利

旅游者权利是指旅游者拥有购买某种旅游产品的自主权,也就是旅游者能够自由选购各种旅游产品的权利,亦即旅游者在购买旅游产品时不受某种法律、制度、政治等因素的限制。例如国与国之间的关系的影响、货币兑换、语言、护照、签证等问题及某些国家或地区的出入境特别规定等都会剥夺旅游者对某种旅游产品的购买权利,形成旅游的障碍。

(二)旅游者市场的影响因素

1. 人口特征

人口特征是决定区域产生和输出旅游客源多少的重要条件。一个区域的人口特征:一是指总人口的数量、人口的增长速度、人口密度、年龄和性别构成等,这是决定旅游客流量的基本条件;二是指一个区域的教育水平、人口的受教育程度、家庭结构、行业和职业构成等,影响旅游者的流量和流向;三是个人收入、兴趣爱好、宗教信仰、职业特点、身体状况等,不仅对游客的旅游动机和行为产生较大影响,而且还决定了旅游客流的流向和时序。

2. 经济发展水平

经济发展水平会影响旅游者市场的形成。旅游是高层次消费品,只有当一个国家或地区的经济达到一定程度才会有旅游的产生和发展。据统计:一国人均国民生产总值达到 300 美元时,居民将普遍产生近距离旅游的动机;当人均国民生产总值达到 1000 美元时,将产生中距离及出国(周边国家)旅游的欲望;当人均国民收入超过 3000 美元时,将产生远距离和国际旅游的动机。

3. 闲暇时间

闲暇时间是决定旅游需求产生和需求大小的重要条件之一。从社会经济发展的历史看,闲暇时间的增加是与社会经济发展水平成正比的,即社会经济越发达,劳动生产率越高,用于生产劳动的实践就越少,而用于休闲活动的时间就越多。西方发达国家的旅游业高速发展与其休闲时间的增加是紧密联系在一起的。

4. 旅游政策

旅游政策是国家政权为了实现旅游发展的目的,根据旅游发展的社会经济条件和旅游发展的具体情况所制定的一系列措施和办法。旅游政策对旅游者市场的形成具有极大的影响。政策的倾斜性和稳定性能够激发旅游需求、促进旅游发展;而不稳定的旅游政策既会影响旅游者的旅游欲望,也会阻碍旅游企业的发展,使旅游者市场无法稳定发展。

二、旅游者市场的分类

(一)按旅游者定义划分旅游客源市场

按旅游者定义可以将旅游者市场划分为过夜旅游者和不过夜旅游者。

过夜旅游者是指到某一区域旅游,至少停留一夜(24 小时),至多不超过一年的游客。

不过夜旅游者是指一个游客到某一区域旅游但不过夜(不超过 24 小时),其目的不是为了从访问国获得任何经济报酬,也包括途经某国停留并允许免签入关的轮船上或飞机上的乘客。

(二)按旅游者的年龄划分旅游者市场

按照旅游者的年龄可以将旅游者市场划分为青少年旅游者市场、中年旅游者市场和老年旅游者市场。三个市场的消费特点是完全不同:青少年旅游者市场的特点是出游人数多,以散客为主,旅游动机以观光娱乐为主、探险休闲为辅,旅游消费水平有限,但商机无限[1];中年旅游者市场的闲暇时间少,旅游出游率低,以休闲度假、探险猎奇为主;老年旅游者市场则由于时间充裕,有选择性的出行,出游方式选择以全包价的团体旅游为主,旅游节奏较慢,旅游产品选择较为理智[2]。

(三)按照旅游组织形式划分旅游者市场

按照旅游的组织形式可以将旅游者市场划分为团体旅游和散客旅游者市场。其中,团体旅游者市场也称为包价旅游市场,其特点表现为旅游活动日程的既定性,旅游内容的灵活多样性,旅游包价产品的综合性等。

散客旅游者市场主要是指个人、家庭及 15 人以下的自行结伴的旅游活动。散客旅游市场的特点表现为旅游的灵活方便,满足游客的个性化特征。其缺点为由于旅游的综合性,散客旅游者采购的单一性导致旅游产品价格偏高。

三、旅游者市场分析方法

(一)旅游客源地居民出游倾向分析

旅游客源地居民出游倾向分析是一种游客行为调查分析的方法,就是通过向旅游客源地居民发放问卷,了解潜在游客的出游倾向和目的地指向,从而分析和预测旅游客源的产生潜力和可能流向。旅游客源地居民出游倾向分析常用于客源地旅游者产生及客流流向的分析和预测。

(二)旅游客源地居民出游率分析法

旅游客源地出游率是指一定时期内某一旅游客源国家或地区居民旅游人数与其总人口的

---

① 曹新向,王伟红.我国青少年学生旅游市场特征及其开发[J].河北师范大学学报(自然科学版),2004(1).
② 俞秀梅.老年旅游特征即市场开发[J].科技资讯,2012(6).

比率,其反映了某一旅游客源国或地区产生旅游需求的能力和旅游客源的规模水平。

旅游客源地出游率计算公式如下:

$$R=T/P\times100\%$$

式中 R——旅游客源地居民出游率;

T——旅游客源地旅游人数;

P——旅游客源地人口总数。

具体地,旅游客源地居民出游率有两种表示方法,即净旅游出游率和总旅游出游率。

(1)净旅游出游率。所谓净旅游出游率是指在一定的时间内至少参加一次旅游的人数占人口总数的比例。换句话说就是测量旅游对总人口的渗透力。受抑制的旅游需求和无旅游需求的存在使净旅游倾向无法达到100%。西方经济发达国家或地区的净旅游出游率较高,有些地区净旅游倾向最高可能达到70%~80%。

净旅游出游率的计算公式为:

$$净旅游出游率=旅游出游人数/总人口数\times100\%$$

(2)总旅游出游率。总旅游出游率是指参加旅游的总人数占人口总数的比例。这一指标用来测量旅游者在人口中的密度,而不是测量个体旅游者。

总旅游出游率的计算公式为:

$$总旅游出游率=旅游出游人次/总人口数\times100\%$$

以上两个指标反映一定时期内一个国家或地区居民旅游需求的能力和状况。

【例7-1】2015年中国出境旅游人数为5738.65万人次,计算中国出境旅游出游率。2015年我国居民出游人次21.03亿人次,我国人口数量13亿,计算中国居民国内出游率。

解:中国出境旅游出游率=5738.65万人次/13亿×100%=4%

中国居民国内出游率=21.03亿人次/13亿=161.8%

故 中国出境旅游出游率为4%,中国国内旅游出游率为161.8%。

除此而外,旅游出游率还包括出游频率的概念。

总旅游倾向除以净旅游倾向可以得出旅游频率。换句话说,就是在一定的时间旅游者旅游的平均次数。

旅游频率的计算公式为:

$$旅游频率=总旅游倾向/净旅游倾向$$

利用出游率和旅游频率可以评价一个地区产生旅游的能力,从而为新的旅游市场的开发提供一定的借鉴。

第一,用一国产生的旅游人数除以世界旅游人数,可以得出每个国家产生旅游者的能力和指数。

第二,用一国的人口数除以世界人口数,可以得出每个国家的人口在世界人口中所占的比重。

第三,用第一步得出的结果除以第二步得出的结果,可以得出该国潜在旅游产生指数。

(三)旅游者产生率(产生)分析法

旅游者产生率是指一定时期内某一国家或地区产生旅游客源的相对能力。

旅游者产生率的计算方法是某一国或地区出国旅游人数占全世界旅游客源国出国旅游人

数的比重与该国总人口数量占世界总人口数量相比较的比率。其计算公式为：

$$r = \frac{\dfrac{T}{TT}}{\dfrac{P}{TP}}$$

式中　　r——旅游者产生率；

　　　　T——旅游客源国出国旅游人数；

　　　　TT——全世界出国旅游总人数；

　　　　P——旅游客源国人口总数；

　　　　TP——全世界人口总数。

　　$r=1$，表明国家旅游平均生产能力；$r<1$，该国产生国际旅游客源的相对能力小，会产生低于旅游平均指数的旅游者；$r>1$，该国产生国际旅游客源的相对能力大，可能产生比按照人口所预计的更多的旅游者；旅游者产生率越大则产生旅游客源的相对应能力就强。

　　【例7-2】墨西哥是世界第五大人口大国，2015年的人口总数为1.75亿，同年，出境旅游人次数为250万，英国总人口数为5900万，出境旅游人次数为580万人次。2015年，中国总人口为13亿，中国公民出境人数达到1213.31万人次，2015年全球出国旅游人数为6.93亿人次。全球人口60亿。分别计算墨西哥、英国和中国的旅游产生率。

　　解：墨西哥：(250万÷6.93亿)÷(1.75亿÷60亿)=0.1236

　　　　英国：(580万÷6.93亿)÷(5900万÷60亿)=0.8514

　　　　中国：(1213万÷6.93亿)÷(13亿÷60亿)=0.0784

(四)旅游客流流向率分析法

　　旅游客流流向率分析又称为旅游目的地结构分析，主要是通过分析旅游客源地旅游客流流向不同旅游目的地或旅游目的国的结构比率，从而了解和掌握客源地旅游客流的流向。其计算公式为：

$$F = f_i / \sum_{i=1}^{n} f_i \times 100\%$$

式中　　F——旅游客源地旅游客流流向率；

　　　　f——旅游客源地出游到旅游目的地国家或地区的旅游者人数；

　　　　n——旅游客源国旅游者前往访问的旅游目的地国家或地区的数量。

　　【例7-3】2015年中国游客共计出境到140个国家和地区，出境旅游人数为5738.65万人次，其中前往韩国的旅游者达到57.6万人次，赴日旅游的游客为150万人次，赴泰国旅游100万人次，分别计算中国游客的韩国、日本和泰国的旅游客流流向率。

　　解：中国游客的韩国旅游客流流向率为：57.6万人次÷5738.65万人次=0.1%

　　　　中国游客的日本旅游客流流向率为：150万人次÷5738.65万人次=2.6%

　　　　中国游客的泰国旅游客流流向率为：100万人次÷5738.65万人次=1.7%

知识链接

旅游者市场发展格局及趋势

　　根据世界旅游的发展实际和发展趋势，我们可以看到世界的旅游客源市场主要集中在经济发达国家。根据旅游客源产生分析我们可以看到旅游客流的产生和流量大小,不仅与旅游客源国的经济发达程度有关,而且与一个国家的文化传统和消费特点相联系。从国际旅游发展的历史考察,长期以来在德国、英国、加拿大、美国等经济发达国家,旅游活动已经成为人们生活的重要组成部分。

根据旅游客流流向率分析,世界主要国际旅游客源国旅游客流的流向绝大多数是在洲域范围内。未来,旅游者市场仍将持续快速地发展。

第三节　旅游地市场的形成及发展

一、旅游地市场形成条件

旅游地市场,是指在一定地域范围内向旅游者提供旅游产品的旅游接待国家或地区的总称,也就是通常所说的旅游目的地市场,旅游地市场能够反映一个国家或地区旅游供给的规模和水平。一个国家或地区要成为旅游地必须具备两个条件:一个条件是拥有丰富的并具有较强吸引力的旅游资源,另一个条件是要具有向旅游者提供食、住、行、游、购、娱等综合性服务的能力和水平。

(一)旅游资源的特点

旅游资源,是指一切能够吸引旅游者进行旅游活动,并为旅游业所利用而产生经济社会效益的事物,它既是一个国家或地区发展旅游业的前提条件,也是吸引旅游者的决定性因素之一。旅游资源主要包括自然风景旅游资源和人文景观旅游资源。旅游资源的特点决定了旅游地市场的特点,如自然风景型的旅游资源的开发决定了旅游地市场的类型为观光型旅游市场。

(二)旅游设施条件

旅游设施是指为满足旅游活动的正常运行由旅游目的地提供的、使旅游服务得以顺利开展的各种设施、设备和相关的物质条件的总称,是构成旅游产品的必备要素。

一般来讲,旅游设施分为基础设施和专门设施两类。

基础设施是指为旅游活动有效开展而必不可少的各种公共设施,包括交通通讯、供电、供水、安全卫生、城市建设、环境保护等,是旅游业赖以生存和发展的基础。基础设施建设通常是非营利性的,多在旅游开发中由当地政府投资兴建。

专门设施又称旅游服务设施,是指直接服务于旅游者的物质载体,包括各种游览、餐饮、住宿、娱乐设施等,是满足旅游者各种消费必不可少的物质条件。由于旅游服务设施能够带来利润,因而多为公、私旅游企业或个人投资兴建。

旅游基础设施和旅游服务设施共同组成旅游目的地旅游业发展的物质基础。

(三)旅游服务水平

旅游服务是指旅游经营者凭借一定的旅游设施,使用一定的手段向旅游者提供各种劳务的总和。旅游服务由多种单项服务产品组合而成,如饭店服务、景区服务、导游服务、交通服务、餐饮服务等。旅游目的地市场提供的旅游服务项目和旅游服务内容、价格和效率能够反映旅游地旅游服务的水平和质量,决定旅游地在整个旅游市场上的竞争力及吸引力,从而直接影响旅游者旅游客流的流向、流量和规模。

（四）旅游的可进入性

旅游的可进入性，是指旅游者进入旅游地的难易程度和时效标准，包括旅游者抵达旅游地的便捷程度和旅游中的舒适、方便程度。旅游距离是旅游可进入性的主要影响因素，包括地理距离和心理距离两个方面。旅游地理距离指旅游客源地距离旅游目的地的实际地理距离，会直接影响旅游者的旅游消费行为，良好的交通通达性、方便的旅游手续等会促进旅游者旅游目的地的旅游行为。旅游心理距离则是旅游者对旅游目的地的感知，旅游目的地良好的服务态度和积极好客的行为能够激发旅游者消费的热情，提高旅游服务的满意程度，而"逐客"的行为则会加大旅游心理距离，降低旅游者的消费欲望和服务的满意程度。

二、旅游地市场的利益主体

旅游目的地市场是为旅游者提供一系列产品和服务的综合性市场，它的利益主体渗透了各种利益集团，包括了当地居民、旅游者、旅游企业、政府部门和其他利益主体等。

（一）当地居民

居民是旅游目的地最主要的利益主体，在旅游地市场中，居民会通过各种具体的行为和不作为影响旅游地市场的发展。居民是旅游行业劳动力的主要供给者；是目的地旅游市场的潜在客源；是旅游地良好的社会环境的影响者和环境保护的天然监督员；也是旅游地市场的利益共享者，如居民通过提供具有地域特色的个体手工制品参与地区旅游市场，规范的社区居民市场行为能够扩大地区的旅游商品知名度，甚至旅游商品成为地区的主要旅游吸引力。因此，当地居民是旅游地社会承载能力所要考虑的一个重要因素。

（二）旅游者

旅游者从旅游地市场提供的旅游产品中寻求满意的旅游体验，他们追求具有高质量服务和组织管理有序的旅游吸引物。旅游者是旅游地市场的直接利益群体，旅游者的需求决定了旅游地市场的旅游供给。

（三）旅游企业

旅游企业主要责任是开发现有的旅游产品和寻求最大的投资回报，在旅游地市场中以市场主体的身份参与市场利益的共享。旅游企业是旅游地市场的微观行为主体，是旅游地市场旅游产品和旅游服务的生产者和提供者。一方面，企业的目标明确，追求企业利润最大化。为了获取企业利润最大化，旅游企业需要适应不断变化的市场条件和加剧的市场竞争条件，通过市场机制，具有竞争优势的企业才能获得资源，资源的优化配置加速了分工和专业化水平，形成了新的专门化和专业化旅游企业，在促进了旅游企业劳动生产率的同时，也带动了旅游产业劳动率的提高。另一方面，旅游企业在市场中也存在规模经济和范围经济。企业的规模效应表现为旅游企业的横向一体化和纵向一体化。①旅游行业是一个涉及食、宿、行、游、购、娱的综合性产业，旅游企业要想取得市场的竞争优势，就必须整合这些资源，专业分工阻碍了旅游服务整体水平的提高，为了减少交易费用、降低交易成本，旅游企业就会在市场上进行产业的纵向扩展，实现纵向一体化，拓展企业的发展空间，带来企业的范围效应。②旅游市场具有一定的流向，从客源市场单方流向目的地市场，旅游企业的发展带来旅游流量的增加和旅游消费水平的提高等。目的地的旅游吸引强度决定了客源市场的规模和范围,逐利的旅游企业就会选择旅游吸引强度较高的地区作为企业扩张的重点,形成旅游企业的横向一体化,实现企业的规模效应。

(四)政府部门

政府部门是旅游地市场的管理主体,政府的政策会引导和影响旅游地市场的发展方向。就当前经济条件,旅游业的优势,即增加区域收入、刺激区域经济发展和增加就业导致政府会通过各种优惠政策刺激旅游业的大发展。作为旅游地市场的主管部门,政府也是其中的主要利益团体,对旅游地发展具有领导和协调的作用。

(五)其他利益集团

其他利益集团主要包括当地的、区域的和国家的利益群体、商会和政治团体等,如以行业协会为代表的非政府组织也是旅游地市场的利益共享者。行业协会的设置方式和权威不尽相同,但是无论是哪种模式的行业协会,都是政府和企业联系的纽带,一方面它沟通政府与企业的联系,向政府提出具体的建议,以更加有效地保护本行业的共同利益,并在政府制定了一项规章、制度、政策之后向政府反馈本行业的具体意见和建议;另一方面它同企业联系,规范本行业企业行为,维护整体市场的稳定,防止企业危害整体的行业利益,达到行业行为的统一,提高行业的整体效率。

知识链接

行业协会的三种模式

总结世界各国的行业协会的特点,我们可以得到三种模式的行业协会。第一种模式是以英美为代表的主体型行业协会,行业协会的自由度较大、国家干预比较少。协会代表行业利益,服务会员,履行自律、监督和协调等职责,甚至通过参与或影响国家的立法,政府并不介入具体的旅游事务之中,而是通过法律、法令等约束企业和从业者,调整竞争关系,防止垄断。第二种模式是以欧洲各国为代表的辅助型行业协会,行业协会不仅具有行会的一般职能,还具有部分政府的职能。第三种模式是以日韩为代表的政府型行业协会,行业协会的权威较大。日本实行间接的旅游经济管理制度,规定旅游企业必须是相关行业协会的会员。行业协会一方面服务于内部成员,另一方面日本的行业协会还派代表参加政府的会议,谋求政府旅游政策的影响力,拓展本行业的发展空间①。

三、旅游地市场的分类

(一)按地域划分旅游地市场

传统的旅游地市场按照地域范围可以划分为欧洲市场、美洲市场、东亚太市场、非洲市场、中东市场和南亚市场等六大区域性旅游市场。

(二)按国境划分旅游地市场

按照国境因素可以将旅游地市场划分为国内旅游市场和国际旅游市场。国内旅游市场是

---

① 方巧.旅游行业协会比较研究[D].西安:西北大学,2005.

指旅游活动在一国范围内进行,旅游者为本国居民。国际旅游市场则是指旅游活动超越了一国的国境范围,旅游者为国际游客。国内旅游市场是国际旅游市场的基础,国际旅游市场是国内旅游市场的沿伸。由于旅游业的发展受社会经济水平的限制,因此其发展与国民收入水平相关。常规的发展道路是先发展国内旅游,后发展国际旅游,这种发展顺序是发达国家发展旅游业的常规模式。许多发展中国家为促进本国经济的发展,扩大外汇收入,优先发展国际入境旅游,而后发展国内旅游和国际出境旅游,与发达国家的常规发展模式相反,我们称之为旅游业发展的非常规模式。

(三)按旅游距离划分旅游地市场

按照旅游距离可以将旅游地市场划分为近距离(周边)市场、中距离市场和远距离市场。

近距离市场,是指以满足一日游旅游者为主的旅游地市场,主要是相邻国家或地区之间的旅游市场。

中距离市场,是指以满足旅游者周末休闲和短期休假的旅游地市场,旅游目的地距离旅游客源市场不远,2～4天内一般可以往返,大多数是指洲域内或区内的旅游地市场。

远距离市场,是指距离客源市场较远且可以满足旅游者在较长一段时间内度假的旅游地市场,通常是指远距离的洲际旅游地或全球范围内的旅游地市场。

四、旅游地市场分析方法

(一)旅游客流集中率分析法

旅游客流集中率分析法又称为旅游客源地结构分析,通常是指旅游地接待的前三位客源市场中旅游者的数量和占该地接待所有旅游者总人数的比重,这个指标不仅反映了旅游地所接待旅游者的集中程度,而且也反映了旅游者流向旅游目的地的状况。

其计算公式为:

$$G = \frac{\sum_{i=1}^{3} g_i}{\sum_{i=1}^{n} g_i} \times 100\%$$

式中　G——旅游客流集中率;

　　　g——旅游地接待某客源国旅游者人数;

　　　n——旅游地接待旅游者的所有客源国数量。

【例7-4】2015年中国入境旅游中,客源国入境人数中前三位的国家分别为韩国407.64万人次,日本373.12万人次,俄罗斯237.03万人次,而当年我国共接待入境旅游人数为5738.65万人次,计算2015年我国的旅游客流集中率。

解:2015年我国旅游客流集中率=(407.64+373.12+237.03)/5738.65=17.74%

(二)旅游者比重分析法

旅游者比重分析法主要包括两类:

一类是通过计算不同国家或地区、不同旅游者类型、不同消费水平的旅游者在旅游地总的接待旅游者中所占的比重,用来反映旅游地在旅游市场上的地位和影响力;

另一类是通过计算旅游地各月接待旅游者人数占全国接待旅游者总人数的比重来分析旅

游客流的分布及"淡旺季"状况,为旅游地搞好旅游接待服务提供参考依据。

(三)旅游季节指数分析法

季节指数是以时间序列含有季节性周期变动的特征,计算描述改变的季节变动指数的方法。旅游业的季节性特征明显,因此利用季节指数分析法可以获取旅游客流的时间分布状况。若旅游季节指数大,则旅游客流的时序变动大,即旅游的淡旺季差异较大;若旅游季节指数小,则旅游客流的时序变动小,即旅游的淡旺季差异较小。

1.旅游季节性(时间)强度指数

旅游业的季节性引起旅游需求的时间分布集中度不一致,我们采用季节性强度指数来定量分析。

旅游季节性(时间)强度指数的计算公式为:

$$R_{(月)} = \sqrt{\sum_{i=1}^{12} \frac{(x_i - 8.33)^2}{12}}$$

式中 R——旅游需求的时间分布强度指数;

x_i——各月游客量占全年的比重;

8.33=100/12,表示游客量的平均月比重。

R 值越接近于零,说明旅游需求时间分配越均匀;R 值越大,说明时间变动越大,旅游淡旺季差异越大。

【例 7-5】如表 7-1 所示为 2015 年中国国际旅游接待人数统计表,请计算 2015 年的中国旅游需求时间分布强度指数。

表 7-1   2015 年中国入境旅游接待人数表   (单位:万人次)

月份	旅游接待人次(总人次)	外国人	香港同胞	澳门同胞	台湾同胞
一月	1069.71	189.41	648.43	194.82	37.05
二月	940.34	150.95	584.49	166.46	38.43
三月	1132.85	234.74	664.79	192.22	41.13
四月	1186.15	227.79	724.03	191.30	43.03
五月	1134.65	228.71	671.05	191.16	43.73
六月	1088.30	223.51	630.89	189.84	44.06
七月	1150.13	226.35	676.13	197.11	50.55
八月	1171.41	236.08	688.98	198.86	47.49
九月	1103.69	228.37	642.59	190.04	42.68
十月	1163.64	225.09	662.54	198.94	47.08
十一月	1089.34	201.53	644.28	192.90	39.64
十二月	1146.02	199.19	693.99	213.65	39.19
合计	13376.22	2612.69	7932.19	2317.39	514.06

解：表7-2为根据公式计算的2015年各月中国入境旅游接待量季节性强度指数表。

表7-2　2015年中国入境旅游接待量季节性(时间)强度指数计算表

月份	旅游接待人次(总人次)	所占比重	$(X_i-8.33)^2$
全年	13376.22	100%	
一月	1069.71	8%	0.33^2
二月	940.34	7.03%	1.3^2
三月	1132.85	8.47%	0.14^2
四月	1186.15	8.87%	0.54^2
五月	1134.65	8.48%	0.15^2
六月	1088.30	8.14%	0.19^2
七月	1150.13	8.69%	0.27^2
八月	1171.41	8.76%	0.43^2
九月	1103.69	8.25%	0.08^2
十月	1163.64	8.70%	0.37^2
十一月	1089.34	8.14%	0.19^2
十二月	1146.02	8.57%	0.24^2
总计			2.6635

根据上述公式，计算得：$R=\sqrt{\dfrac{2.6635}{12}}=0.4711$

所以2015年中国入境旅游季节指数为47.11%，淡旺季差距不是很大。

同理分别计算外国人、香港同胞、澳门同胞和台湾同胞的季节指数，然后做对比。

2. 按季(月)平均算法算季节指数

$$季节指数(S)=\frac{同月(季)平均数}{总月(季)平均数}\times100\%$$

【例7-6】已知某地区2012—2015年各季度的旅游收入数据，如表7-3所示，试用按季平均法计算各季的季节指数。

表7-3　2012—2015年各季度的旅游收入数据表

年份	收入额(万元)			
	一季度	二季度	三季度	四季度
2012	75	105	135	82
2013	70	114	158	106
2014	118	193	216	105
2015	93	155	190	115

解:根据公式计算得出的季节指数表,如表 7-4 所示。

表 7-4　计算后的 2012—2015 年各季度的季节指数表

年份	收入额(万元)				
	一季度	二季度	三季度	四季度	全年合计
2012	75	105	135	82	397
2013	70	114	158	106	448
2014	118	193	216	105	632
2015	93	155	190	115	553
四年合计	356	567	699	408	2030
同季平均	89	141.75	174.75	102	128.875
季节指数(%)	70.15	111.72	137.73	80.39	100.00

(四)旅游高峰指数分析

旅游需求随时间的变化还可以用高峰指数来度量,表示某一时期相对于其他时期利用旅游设施的趋势。

旅游高峰指数是指旅游地接待旅游者数量最多的时段相对于其他时段接待数量的比值。若旅游高峰指数越小,则旅游客流在各时段上分布越趋于均匀;若高峰指数越大,说明高峰值较远(即起伏波动较大),旅游客流越相对集中于某一时段;若旅游高峰指数等于零,则旅游客流在所有时段上的分布是相对均匀的。

旅游高峰指数的计算公式为:

$$P_n = \frac{V_1 - V_n}{(n-1)V_1} \times 100\%$$

式中　P_n——旅游客流高峰指数;

　　　V_1——按照接待人数多少排序的第一个时段客流数量;

　　　V_n——按照接待人数多少排序的第 n 个时段客流数量;

　　　n——旅游客流的时段数量。

【例 7-7】根据表 7-1 的数据,我们可以得知,2015 年我国接待外国人的十二个月中,高峰时段为 10 月份 255.09 万人次,低峰时段为 2 月份为 150.95 万人次。请计算旅游高峰指数并说明中国来华外国人的年度旅游时段分布是否均匀?

解:按照旅游高峰指数计算公式计算如下:

$$P_n = \frac{255.09 - 150.95}{(12-1) \times 255.09} \times 100\% = \frac{104.14}{11 \times 255.09} \times 100\% = 3.7\%$$

因此,旅游高峰指数为 3.7%,指数数值较小,说明 2015 年来华旅游的外国人在各个月份基本相等,无较大的波动。

国际旅游地市场发展格局及趋势

旅游地市场主要集中在经济发达国家。欧美经济发达国家一直占据着国际旅游地市场的主导地位,其他区域性旅游市场份额则相对较小。从历年来的统计数据可以看出,总体上看大约 80% 的国际旅游者和国际旅游收入仍主要是流向欧美地区。

统计数据表明,大多数旅游地国家接待的国际旅游者相对集中于前三个客源国,说明当今旅游者在旅游市场和旅游地市场之间的空间流向上具有一定的集中性。这一方面反映了国际旅游产品在空间分布上的相对集中性,从而产生对国际旅游者流向的集聚吸引力;另一方面也反映了国际旅游者受旅行距离、旅游供求状况及关系等因素的影响作用相对集中的发展特点和态势。

主要国际旅游目的地的游客具有明显的淡旺季之分,对于大多数旅游目的地国家来讲,7 至 9 月份是国际旅游客流的旺季或是高峰期,12 月至次年 2 月则是国际旅游客流的淡季,其余月份的国际旅游客流分布相对较均匀。

世界旅游组织预测,2020 年,世界十大旅游目的国家或地区分别是中国、美国、法国、西班牙、中国香港、意大利、英国、墨西哥、俄罗斯、捷克等。到 2020 年,中国将成为世界上最大的国际旅游目的地国家。

第四节　旅游客流的形成及发展

一、旅游客流的形成条件

旅游客流,是指旅游者在旅游目的地之间的空间移动现象,具体是指旅游者从旅游客源地向旅游目的地流动的人群数量和流动模式。旅游客流一方面反映了旅游客源地旅游者的出游情况和旅游需求的倾向性,为旅游目的地统计和分析某一国家或地区旅游者的分流状况,判断并引导其客源流向,吸引更多的旅游者提供依据;另一方面反映了旅游者的流动规律和特点,是分析和研究旅游市场动态变化的重要依据。

(一)旅游客流流向

旅游客流流向是指某一旅游客源地的旅游者根据其旅游动机、经济能力及闲暇时间等所选择的旅游目的地的倾向,或者旅游者在旅游中所选择的旅游线路。旅游客流流向能够反映旅游客源地和旅游目的地之间相互关联的方式和途径。

(二)旅游客流流量

旅游客流流量是指一个国家或地区在一定时间内选择出访旅游目的地的国家或地区的人数,或是旅游地国家或地区在一定时间内接待的来访旅游者的数量,反映了旅游客流在某一空间上所形成的旅游规模。

(三)旅游客流时序

旅游客流时序是指旅游活动发生和持续时间的长短,能够反映旅游客流的时间集中性和流速。从时间上集中考察旅游客流,某些旅游活动的季节性强,而且旅游者出游的时间也具备一定的规律性,将旅游活动和旅游者的出游规律相结合就形成了旅游客流在时间上的相对集中的特点。

二、旅游客流的影响因素

(一)市场距离远近

旅游客源地到旅游目的地的旅行距离的长短会影响旅游客流的流向和流量。旅游客源地至旅游目的地的市场距离越长,则旅游者在旅途中所花费的时间和费用就越多,对该旅游目的地的需求也相应降低,这就是著名的旅游距离衰减定律。

🔵 知识链接

旅游地距离衰减规律

旅游距离衰减规律是指随着客源地与旅游目的地之间距离的扩大,旅游者呈现递减的规律。据吴必虎 1992 年对我国几大城市的客源市场的调查显示,一个城市的出游市场 37% 分布在据城市 15km 的范围内,24% 的市场分布在 15～20km 范围内,21% 的市场分布在 50～500km 范围内,而 500km 以外的空间仅占到总体客源的 18%。据此,他还推导出如下规律:①中国城市居民旅游和休闲出游市场,随距离增加而衰减;80% 的出游市场集中在距城市 500km 以内的范围内。②中国城市居民的出游目的地,城市多于风景名胜区,且较集中于东部沿海城市。③由旅游中心城市出发的非本市居民的目的地选择范围,主要集中在距城市 250km 半径圈内。

资料来源:吴必虎.中国国内旅游客源市场系统研究[M].上海:华东师范大学出版社,1993.

(二)交通条件

旅游交通条件的改善,不仅对旅游客流的流向产生重要的影响,而且对旅游客流的流量和结构变化也产生十分重要的作用。交通条件的改善意味着旅游目的地和客源地之间的通达性得到改善,节省了旅游者的旅行时间和旅游花费,因此会吸引更多的旅游者,加速旅游客流的数量。

(三)旅游供求状况

旅游供给与旅游需求是相互矛盾和依存的,以价格机制额为核心,将旅游供给和旅游需求结合起来,共同形成了旅游供给与旅游需求的运动规律。一般地,旅游的消费需求决定旅游供给,在旅游业发展到一定程度之后,旅游供给也会成为刺激旅游需求的因素之一,旅游需求数量和结构都会发生变化,引导旅游客流的流向和流量。

(四)旅游目的地和旅游客源地之间的关系状况

不同区域之间的政治、经济、文化、外交、军事等方面关系相对密切会促进旅游客流的流量和规模的扩大,反之其客流的流量和规模就小。因此区域之间、国家之间相对关系的状况,不仅直接影响旅游者对旅游地的比较和选择,而且会影响旅游客流的流向和时序,进而影响旅游客流的流量和规模。

三、旅游客流发展格局和趋势

旅游客流的发展格局主要体现在旅游客流的区域结构、旅游者市场结构和旅游地接待结构三方面。现代旅游客流既表现为一定的相对稳定性，又表现为一定的发展变化性。

（一）旅游客流的不平衡发展

从旅游者市场看，目前旅游者市场依然是经济相对发达的区域——欧洲、美洲和亚太地区。从旅游地市场接待情况看，欧洲和北美地区作为世界上经济最发达的区域，不仅是当今世界旅游最大的客源发生地，而且也是最大的旅游目的地，具备产生大量旅游客流的条件。

（二）旅游客流的洲域内流动，亚太地区旅游市场蓬勃发展

20 世纪 50 年代以来，旅游客流还表现出以洲域内短程旅游为主体发展的格局和趋势，亚太旅游市场呈现蓬勃发展。

知识链接

亚太旅游格局的五大洞见和趋势

从 2013 年起，亚太已成为最大的区域市场，亚太区的总市场份额及在线交易额持续超越欧美。但亚太区旅游在线渗透率仍然远远低于欧美。这个信号强烈暗示着亚太旅游市场未来增长的潜力不可限量，未来五大发展主题将重塑亚太市场。

2002 年 7 月 Phocuswright 曾发布名为《亚太在线旅游市场：复合市场的淬炼》亚太区在线旅游的第一份研究报告。

斗转星移，14 年后，市场已发生翻天覆地的变化。2002 年时，美国在线旅游市场是整个亚太经合组织成员国市场总和的六倍！而现在，亚太区已迎头赶上。

2002 年，日本、澳大利亚、新西兰曾经是本区域内最为发达且唯一抢眼的在线旅游市场。2002 年，在线旅游预订量的 77％来自澳新和日本。但如今，截至 2016 年，中国在线旅游市场已经比澳大利亚、新西兰、日本加起来还要大。

2001 年的携程已经收购了国内领先的酒店批发商，在呼叫中心加线下发卡 O2O 模式的支持下，当年营收即达到 500 万美元，2002 年的携程网站谁还记得什么样子？

2003 年上市的携程，2015 年营收已达到 18 亿美元。

而 2003 年创立的印度版携程 makemytrip 刚刚起步，人们在谈论亚洲的旅游市场时开始用"潜力""未来"这样的词汇。从 2013 年起，亚太已成为最大的区域市场，全球旅游市场的中心已然转移，亚太区潜力巨大。

亚太区的总市场份额及在线交易额持续超越欧美。但更重要的是，亚太区旅游在线渗透率仍然远远低于欧美。这个信号强烈暗示着亚太旅游市场未来增长的潜力不可限量。亚洲旅游总市场及在线市场增长速度都远超欧美。

在线渗透率亚太区 2017 年将达到约 35％，美国达到约 43％，欧洲达到 50％。

2005 年到 2009 年间，全球旅游创业资金的 25％流向了亚太区。这期间亚洲出现了 cleartrip、travelguru、via、wego、yatra.com 等，中国出现了去哪儿、途牛、蚂蜂窝等。

而 2015 年到 2016 年第一季度，全球 51％的创业基金流向了亚太区，出现了滴滴、一嗨租车、Grab、同程网、印度版 UberOla、共享经济酒店平台 oyo、tujia 等平台。

未来亚太区的在线旅游市场会是什么样呢？五大发展主题将重塑亚太市场：

1.中产阶级崛起,旅游需求旺盛

中产阶级崛起,旅游需求旺盛,游客人数大大增加,2/3 印度休闲度假者 2014 年开始首次出国游;近一半的中国游客 2015 年开始走出国门,其中 3/4 的游客先前并未计划出境游。

2.旅游的平民化进程

说到旅游正变得更亲民,不得不提廉价航空的发展,廉价航空在亚洲无论是需求量还是市场份额都获得了显著的增长,从之前占市场份额个位数的尴尬局面到如今将近占 1/4 的市场,从 2001 年到 2014 年,13 年间,亚太区廉价航空增长了 20% 以上,东南亚更是增长了超过 50%。

而另一大平民化因素则是众多经济型酒店品牌的崛起。长久以来,亚太区碎片化酒店市场一直面临质量难持续保障的挑战,而以印度 OyoRooms 为代表的经济型酒店新型连锁正改变这一现状。通过提供品牌化的体验来保障一定水准的服务水平,经济型酒店品牌正赢得该地区数百万新的价值敏感型客户的心。但同时对中国和印度的酒店商来说,能否长久应对移动化带来的打折浪潮大大侵蚀其利润空间的挑战也是不得不面对的关键问题。

随着亚太区游客旅游经验越来越丰富,散客旅游市场份额也将增加。但从印度、中国、韩国、日本到东南亚,更多游客,尤其是那些第一次出境游的游客,选择跟团游。中国 2/3 的游客最近一次出境休闲游选择了包价旅游产品,印度 2/3 的游客最近一次度假选择了包价产品。

3.旅游移动化浪潮

随着亚洲千禧一代主要活动越来越依赖手机,移动旅游购物预订在多个市场已经实现从桌面电脑到手机端的跃迁,这点亚太区远远领先于欧美国家。2016 年,中国将变成全球最大的在线旅游移动市场。中国最大的社交工具——微信——正成为全球通过信息连接改变商业模式和客户服务的全球性标杆。

4.本土 Vs 全球现象

Expedia、Priceline 等全球品牌在亚太区已经有了较深的布局,但它们同时也面临本地区众多更熟悉这个市场的本土品牌的挑战。这些大型国际集团要持续巩固其在该区域市场的影响力,势必与这些本土品牌展开争夺战,这种竞争态势将重塑亚太区的市场格局。雄心勃勃的携程也绝不会偏安一隅,不会满足其市场影响力仅限于中国的现状,入股 makemytrip 仅仅是其国际化进程的开端。

5.其实根本没有什么亚太市场

亚太在一般市场意义上仅仅是个称谓而已。其实该区域市场极其多元化,从相对成熟、大型的在线旅游服务强国日本、澳大利亚及仍快速发展的东南亚诸国,到表现抢眼、快速增长的中国和印度,亚太市场丰富多元,极有吸引力。亚太在线旅游时代已经到来,精彩刚刚开始。

资料来源:亚太旅游格局的 5 大洞见和趋势[EB/OL]. http://www.ocn.com.cn/shangye/201604/yel-nf25145616.shtml.

(三)旅游客流的洲际流动

20 世纪 90 年代,随着现代科学技术的进步和世界经济发展格局的变化,旅游交通条件的不断改善和提高,以及人们对远距离旅游需求的不断增加,使得旅游客流迅速向洲际流动和发展。

(四)旅游客流由相对集中向分散发展

旅游客流的相对集中向分散发展的趋势主要表现在两个方面:一方面,经济相对落后的国家和地区旅游客流流量逐渐增多。随着亚洲、非洲和拉丁美洲一些新兴工业国经济的发展,这些区域的国家人均国民收入迅速增加,形成了具有巨大市场潜力的新兴的旅游客源市场;而世界传统的旅游者市场由于受经济衰退的影响,为了维护国际收支平衡,采取限制国内居民出境旅游的政策,传统旅游者市场萎缩。另一方面,随着旅游的持续发展和旅游产品的多元化和多样化,许多发展中国家依托丰富独特的旅游资源优势,将旅游业作为国家或地区经济提升的重点产业而已,形成了大量具有鲜明特色和较强吸引力的旅游产品和旅游目的地,吸引了大量的旅游者,从而使旅游客流的流向更加趋向于复杂和分散。

(五)旅游客流的北向南流动与发展

20世纪50年代以来旅游客流又呈现出在全球旅游客流流向各异的变化中,由北向南流动的旅游者明显多于由南向北流动的旅游者,形成这种发展格局和趋势的主要原因是自然气候条件和社会条件的南北差异性。

知识链接

国际旅游市场发展的新变化

1. 世界统一市场的形成促使旅游市场一体化进程加快

全球化进程的加快使世界经济进入了"无国境经济"时代,旅游竞争呈现国际化的特征。国与国之间人员实现了自由流动,使出国旅游和国内旅游的区别显著缩小。旅游的性质和重要性将不再以是否超越国境来衡量,而是以出游距离、消费水平和旅游方式作为衡量标准。

2. 世界市场超细分化趋势明显

随着旅游者收入水平和需求层次的提高,也随着旅游者出国旅游次数的增加,人们不再满足于城市观光游览这种传统旅游方式,趋向于特殊需求且富有刺激性的旅游方式,同时追求更为灵活多变、参与性和娱乐性强的旅游方式。渴求个性旅游,追求更多的旅游体验。

材料延伸

中国旅游业未来十年七大发展趋势

2016年是"十三五"开局之年,从2015年开始,国家陆续出台了一系列促进旅游产业发展的政策,旅游产业已经成为国家的战略产业。笔者以为,未来十年,中国旅游产业大有可为,并将成为拉动全球旅游产业的引擎。

在前景向好的大环境下,中国旅游产业将呈现七大发展趋势:

一、旅游产业,资本逐鹿

过去三十多年间,中国经济增长率达到平均7.4%,从全球经济体排位第八到今天成为全球第二大经济体。未来十年,中国依然是全球经济发展的重要引擎,而旅游业将是最值得投资的产业。

为什么这样讲?因为我国正在进入旅游消费市场与旅游投资要素市场双向互动、良性循环的新阶段,旅游投资的空间和潜力巨大。旅游业作为全球较大的产业之一,仅依靠存量资源优化配置是不够的,需要依靠增量资源的有效投入。

未来十年,大型非旅资本将加速进军旅游业,跨行业投资态势愈发明显。同时,旅游企业并购重组和"走出去"的步伐加快,旅游资源将深度整合。

二、"旅游+",跨界融合

融合性是旅游业的本质属性。旅游业的综合性特征,决定了只有依托多个产业,才能向旅游者提供包括行、住、食、游、购、娱等在内的旅游产品和服务;旅游业的关联性特征,既为旅游产业融合发展提供了前提条件,又拓宽了旅游产业融合发展的空间。旅游业的综合性和关联性特征,也决定了旅游业是国民经济中最具备融合发展优势的战略性产业。

旅游是综合性产业,是拉动经济发展的重要动力。"旅游+"正在与各个行业不断融合。"十三五"期间,旅游与国民生活及乡村、健康、养老等重点领域的"+"将成为新的发展热点。

三、"+互联网",全产业链渗透

2015年9月,"旅游+互联网"大会在江苏省常州市召开。会上,国家旅游局发布了《"旅游+互联网"行动计划》,中国"互联网+旅游目的地"联盟发布了《促进"旅游+互联网"融合发展常州共识》。大会还提出,未来5年,中国"旅游+互联网"有望创造"3个1万亿红利":我国旅游业互联网软硬件设施建设未来5年将创造1万亿元的需求红利;我国在线旅游交易未来5年将创造1万亿元的市场红利;"旅游+互联网"未来5年所催生的一大批新技术、新产品、新业态和新模式,将创造1万亿元的增值红利。

国家促进旅游业发展的系列政策出台,正在破解旅游生产要素优化组合配置的一系列问题,包括土地、资金、体制、机制、组织、技术、人力资源、品牌等。

同时,引导旅游业与基础设施建设、工业、农业、教育、医疗、金融业互相促进发展,使旅游业成为中国经济持续发展的新增长点。

四、产品供给,从"资源+土地"到"投资+情怀"

大众旅游时代已经来到,旅游正在成为老百姓常态化的生活方式。然而,现阶段的旅游产品还存在着"不配套"的问题。

目前的旅游产品中,传统供给供过于求,新型供给供不应求;观光产品供应过剩,休闲度假养生养老等产品供应不足,导致需求外溢、市场外溢、投资外溢、效益外溢,旅游业迫切需要推进供给侧改革。在传统的资源主导和土地增值主导的盈利模式下,"小情怀"等"看不见的投资"开始起到越来越重要的作用,热门"小情怀"项目使精品乡村游和非标准住宿走俏。

因此,未来十年,旅游资本要注重"情怀"打造,旅游产品供给将在新业态、新体验、人性化配套等方面得到强化。不论项目投资的大小,都应更加重视情怀投入。

五、从小旅游向大旅游转变

在旅游产业发展的初级阶段,发展的重点主要是建设,建景点、景区、饭店和宾馆,这是一种"景点旅游"的发展模式。然而,旅游业发展到现在,已经到了以全民旅游和自驾游为主的全新阶段,作为综合性产业在经济社会发展中发挥的作用更加广泛,时代赋予旅游业的责任也明显加强,传统的以抓点方式为特征的景点旅游模式,已经不能满足大旅游的发展需要,国内许多地方已经开始探索。

所谓"全域旅游",简单说就是把一座城市当作一个旅游景区来规划和建设,从单一产业向综合产业转变、从小旅游向大旅游转变,最终实现全域资源、全面布局、全境打造、全民参与的一种发展模式。从当前国际、国内旅游产业的发展形势来看,全域旅游已经成为未来旅游产业发展的大趋势。

六、全球化趋势明显

中国是一个旅游大国和消费大国，但是要想成为旅游强国，还需要提升本国的供给能力，走出去参与国际竞争。

"十三五"时期是全面建成小康社会的决胜阶段，也是旅游行业全面贯彻"515战略"，推进旅游业深化改革、提质增效，实现"初步小康型旅游大国"到"全面小康型旅游大"的决定性时期。

未来十年，将有更多的国际品牌加快中国布局，国内旅游企业"走出去"的步伐也将加快，中国旅游产业全球化趋势更加明显。为此，中国旅游企业要主动融入国际分工体系，成为中间的一环，从渠道到目的地都要加速资源掌控，争夺国际分工话语权。

七、旅游双创大有可为

一项调查显示，从全球范围看，69％的游客将在2016年计划新的旅程，各个年龄层的游客都在寻求新的旅游体验。未来十年，随着旅游经验的丰富，越来越多的国民将对新型的旅游方式产生兴趣，比如游轮、房车、背包旅行、探险旅行等。这类新型的旅游需求也将在未来十年内催生旅游装备制造业持续发展，"双创"必将激发旅游市场新的活力。

综上所述，在国民经济发展增速的"十三五"时期和全球化的大背景下，旅游政策利好诸多，旅游产业与其他产业的融合方式及途径多元，机遇颇多。但同时，非旅资本的涌入以及现有旅业资本的雄厚，亦将加剧行业竞争，新一轮优胜劣汰将继续上演。而当百花争鸣、群雄割据后，多足鼎立的旅游"大时代"终将在未来十年到来。

资料来源：中国旅游业未来十年七大发展趋势[EB/OL]. http://sanwen8. cn/p/2f4deMZ. html.

思考与练习

1. 什么是旅游市场？旅游市场具有哪些特点？
2. 旅游者市场与旅游目的地市场有何区别？
3. 讨论一个国家具有何种因素才能提高国家的潜在旅游产生指数。
4. 讨论目前中国的旅游流向与特征。

第八章
旅游收入与分配

学习目标

◎ 掌握旅游收入与分配的概念；

◎ 理解和应用旅游收入指标体系和衡量；

◎ 了解旅游收入与分配的具体方式。

引导案例

2015 年陕西旅游总收入突破 3000 亿元

2015 年陕西省旅游业持续快速发展，成效显著。预计全年接待境内外游客 38567.1 万人次，同比增长 16.1%，旅游总收入 3005.8 亿元，同比增长 19.2%。分别完成"十二五"规划目标的 128.6% 和 120.2%，圆满完成了"十二五"确定的旅游经济指标，向旅游强省建设迈出了坚实的步伐。

据陕西省旅游局相关负责人介绍，"十二五"期间是陕西省旅游业发展最快的时期，旅游接待人数和旅游总收入平均增长速度分别达到 21.5% 和 25%，比"十一五"期间分别提高了 2.4 和 2.3 个百分点。随着来陕西旅游人数不断攀升，旅游总收入占 GDP 的比例也逐年提升，从"十二五"初的 9.83%，已升至"十二五"末的 15.7%。旅游业有效改善了陕西省的经济结构，扩大了就业。"十二五"期间，陕西省国内生产总值由高速增长转变为中低速运行，而旅游业的发展速度一直保持两位数的高速增长，成为全省经济发展中的亮点，其综合带动效应为全省稳增长作出了重要贡献，旅游业占第三产业的比例从 13.6% 提高到 19.6%。旅游就业人数已占全省城镇居民新增就业人数的 10%。

其中，乡村旅游的快速发展为扩展旅游领域和农民脱贫致富起到了积极作用。"十二五"期间，陕西省乡村旅游接待人数和收入分别平均增长 30.3% 和 30.8%。目前，全省有农家乐、农场、庄园 2 万户，从业人数达 23 万人，通过旅游业脱贫人数约 60 万人，占全省脱贫人数的 15%。

资料来源：2015 年陕西旅游总收入突破 3000 亿元［EB/OL］. http://www. chinairn. com/news/20151228/145940745. shtml.

第一节　旅游收入与分配的概念和特征

一、旅游收入的概念及分类

（一）旅游收入的概念

旅游收入是指旅游目的地国家或地区在一定时期内（以年、季度、月为计算单位）通过向旅游者销售各类旅游产品及相关旅游产品和其他劳务而获得的全部货币收入的总和,即旅游目的地国家或地区通过向旅游者提供旅游资源、旅游购物品、旅游劳务、交通工具和设备设施等所换取的货币。

旅游产品作为一种组合产品,决定了旅游收入的多样性,旅游收入不仅包括旅行社向旅游者销售整体旅游产品所获得的收入,也包括各类企业向旅游者提供交通、住宿、饮食、游览、娱乐等单项旅游产品所获得的收入,还包括旅游目的地通过向旅游者出售旅游商品和其他劳务所获得的收入。

旅游收入是旅游经济学的主要成果,是旅游经济活动的重要内容,也是国民收入的重要组成部分。旅游收入直接反映了某一旅游目的地国家或地区旅游经济的运行状况,是评价和衡量旅游经济活动效果的不可或缺的综合性指标,也是衡量某一国家或地区旅游发达与否的重要标志,对于平衡国际收支、促进经济发展亦有重要的作用。旅游产品的生产和消费的同一性决定了旅游产品的价值和实用价值是同时实现的,这也意味着,旅游收入一方面反映了旅游经营部门和企业在旅游生产经营的活动过程中所创造的价值;另一方面又反映了旅游者的旅游需求通过旅游经营者的旅游供给而不断得到满足。

(二)旅游收入的分类

旅游收入是衡量旅游经济活动效果的重要指标,反映了旅游业的生产经营成果。为了深入明确地认识旅游收入的内涵,更好地分析旅游经营活动的过程,确定旅游企业经营决策,依据不同的划分标准将旅游收入进行分类,主要有以下几种类型:

1.按照旅游经营业务范围的不同,旅游收入可分为国际旅游收入和国内旅游收入

国际旅游收入是指旅游目的地国家或地区的旅游企业通过经营国际旅游业务,经营境外旅游者来本国或本地区旅游业务并向国际旅游者提供旅游产品所取得的外国货币收入,通常被称为旅游外汇收入,被列为非贸易外汇收入的一个重要项目。国际旅游收入来源于外国旅游者在旅游目的地国家或地区境内的旅游消费支出,是其他国家收入流入旅游目的地国家或地区,用于补偿旅游产品价值的部分。

国际旅游收入表现为旅游目的国家或地区社会价值总量的增加,是旅游目的地国家或地区旅游产品输出所取得的货币收入,实质上是旅游客源国的一部分国民收入转移到旅游目的地国,是社会财富在不同国家之间的转移,也是另一种特殊形式的对外贸易,它表现为旅游目的国或地区社会价值总量的增加,体现着旅游客源国与旅游接待国之间所形成的国际经济关系。

国际旅游业从外国旅游者那里获取的外汇收入,扣除物化劳动和活劳动价值后的差额,就是国际旅游业的利润。国际旅游外汇收入属于旅游业为社会新创造的价值,是国民生产总值的重要组成部分,它属于国民收入初次分配的范畴。表 8-1 显示的是 2014 年我国旅游外汇收入及各月份分布情况。

表 8-1 2014 年我国旅游外汇收入及各月份分布情况表

月份	旅游收入	月份	旅游收入
1	42.14	7	47.01
2	39.76	8	49.38
3	46.70	9	47.85

续表 8-1

月份	旅游收入	月份	旅游收入
4	48.7	10	53.54
5	48.2	11	47.81
6	46.76	12	51.28
合计	569.13		

资料来源:中国旅游统计年鉴编委会.中国旅游统计年鉴[M].北京:中国旅游出版社,2015.

国内旅游收入是指旅游目的地国家或地区的旅游企业通过经营国内旅游业务,向国内旅游者提供旅游产品等所取得的本国货币收入。国内旅游收入来源于本国居民在本国境内的旅游消费支出,实质上是一部分产品价值的实现过程,它一般不增加该目的地国家或地区的国民收入,而是本国物质生产部门劳动者所创造的价值的转移和地区间收入再分配的结果。所以说,国内旅游收入体现了该国家或地区范围内经济发展的状况以及国家与企业、企业与企业、企业与居民之间的经济关系。从旅游者主体构成的角度看,国内旅游收入均来自于旅游者的食、住、行、游、购、娱等直接消费额,也包括长途交通费、邮电通讯费、市内交通费等间接消费额。衡量国内旅游收入的指标,主要是出游人数、消费结构、平均出游率、平均出游天数、每次出游的人均消费等。表 8-2 显示了 2014 年我国国内旅游收入的基本情况。

表 8-2 2014 年我国国内旅游收入的基本情况

	总人次数(亿人次)	出游率*(%)	总花费(亿元)	人均花费(元)
全国合计	36.11	269.8	30311.86	839.7
城镇居民	24.83	373.1	24219.76	975.4
农村居民	11.28	167.2	6092.11	540.2

注:* 出游率指城镇居民或农村居民出游的人次数占其人口数的比重。

资料来源:中国旅游统计年鉴编委会.中国旅游统计年鉴[M].北京:中国旅游出版社,2015.

2.按照旅游需求弹性的不同,旅游收入可分为基本旅游收入和非基本旅游收入

旅游者在旅游活动过程中根据旅游需求的不同,其旅游消费支出是多种多样的,针对旅游的六要素"食、住、行、游、购、娱"各方面,不同的消费者的消费结构各不相同,因此,按照旅游需求弹性的不同,旅游收入可分为基本旅游收入和非基本旅游收入。基本旅游收入和非基本旅游收入的划分是相对的,因不同地区的不同特点而存在差异。

基本旅游收入指的是在旅游活动过程中,旅游目的地国家或地区通过向旅游者提供旅游食宿、旅游交通、景点游览等必需的旅游产品和服务所获得的货币收入的总和,这也是旅游者在进行旅游活动时所必须的旅游消费支出。这些部门旅游产品需求的收入弹性、价格弹性通常较低,也就是说这部分旅游收入对于每一位旅游者来说是缺乏弹性的,旅游消费支出具有固定性,是旅游者无论自身收入水平与旅游产品价格高低所必须购买的。因此,在其他条件相对稳定的情况下,旅游目的地国家或地区总的基本旅游收入与旅游者的人均消费支出水平、旅游者的人数、旅游者停留的天数等成正比例关系,它们之间的函数关系可以表示为:

$$R = f(N;S;T) = N \times S \times T$$

式中　R——旅游目的地国家或地区总的基本旅游收入；

　　　N——旅游者的总人次数；

　　　S——旅游者人均天基本消费支出；

　　　T——旅游者人均停留天数。

基本旅游收入的特征决定了,对于一个国家或地区的基本旅游收入及其变化情况等的分析可以用来衡量该国家或地区的旅游经济发展状况。

非基本旅游收入,又称边缘旅游收入,指的是在旅游活动过程中,旅游目的地国家或地区的旅游企业及其相关部门,通过向旅游者提供设施、物品和服务等非必需的产品时所获得的货币收入。这部分消费活动指的是旅游者在旅游的过程中可能会涉及的,不是旅游者在进行旅游活动时所必须的旅游消费支出,如邮电通信、医疗、修理、咨询、购物、银行、保险、娱乐和美容等服务所获得的货币收入的总和。这部分的旅游消费支出的具体情况与旅游者的收入水平、支付能力、基本需求、消费习惯、兴趣爱好等状况有密切的关系,具有很高的不确定性和灵活性,且旅游消费弹性较大。不同于基本旅游收入,非基本旅游收入具有不稳定性,它虽然也受旅游者人次数和停留天数等的影响,但旅游目的地国家或地区总的非基本旅游收入与旅游者的数量、旅游者的停留天数、旅游者的人均消费支出水平等之间的关系是随机性的,不具有基本稳定的规律。

基本旅游收入和非基本旅游收入相比较,基本旅游收入的需求弹性相对较小,具有相对刚性的特征,两种旅游收入在旅游目的地国家或地区的旅游收入总量中所占的比重的大小是衡量其社会经济发展程度和旅游业发展水平的重要指标之一。旅游目的地的非基本旅游收入所占的比重越大,表明该地区的旅游业发展水平越有深度,即表明该旅游目的地的旅游业越发达、旅游收入的增长潜力越大、旅游经济运行机制越完善;相反,旅游目的地的非基本旅游收入所占比重越少,表明该旅游目的地的旅游项目开发、旅游产品结构、旅游经营方式等还需要进一步的发展和提高,其旅游业发展水平尚处于初级阶段,有待深入。

3.按照旅游收入结构的不同,旅游收入可分为商品性旅游收入和劳务性旅游收入

商品性旅游收入是指向国内外旅游者提供实物形式的旅游产品而得到的货币收入,主要包括旅游商品销售收入和旅游餐饮销售收入。旅游商品销售收入,指的是向国内外旅游者销售各类旅游商品而获得的旅游收入,包括销售各种生活用品、旅游纪念品、土特产品、工艺美术品、医疗用品、报刊杂志、珠宝玉石等得到的收入。旅游餐饮销售收入主要指向旅游者提供各类膳食、方便食品、地方小吃、酒水等获得的收入。商品性旅游收入主要以有形的旅游产品为交易对象,是物质产品的价值在旅游企业和旅游者之间的转移,实现物质产品的使用价值和价值所有权的长期转移。

劳务性旅游收入,是指向国内外旅游者提供各种劳务性服务而获得的收入,包括住宿、交通、游览、文化娱乐、邮电通信及其他各种服务性收入。具体包含以下几种:

(1)旅行社旅游业务收入:指旅行社在包价旅游收入中扣除支付给有关部门的住宿费、交通费、餐费、文娱活动等费用后所获得的收入。其中包括:①综合服务收入,是指旅行社为旅行者提供综合服务而取得的收入。包括文杂费收入(即文娱、宣传、行李托运、门票等杂项收入)、陪同费收入、其他收入等。②票务收入,是指旅行社向旅游者代售汽车票、火车票、飞机票等的手续费收入。③地游及加项收入,是指旅行社接待旅行者某地一、二日游的小包价及增加游览项目和风味小吃等所取得的收入。④组团外联收入,是指由组团社自组外联,向旅行者收取的住宿、用餐、旅游交通、翻译导游、文娱活动费等收入。其收入内容与综合服务收入相同,只不过是组团的方法和渠道不同。⑤零星服务收入,是指旅行社接待零星旅客和接受代办事项所得的服务收入。其收入内容亦与综合服务收入一致,只不过是接待零散客人以及受托代办事项所得的收入。⑥劳务收入,是指旅行社派翻译导游人员参加组团社全程陪同所取得的劳务收入。⑦其他服务收入,是指不属于上述各项的其他服务收入。

(2)住宿收入:指为旅游者提供饭店、宾馆客房等住宿服务而获得的经济收入。

(3)旅游交通收入:指为旅游者提供地区间的飞机、火车、汽车、轮船等长途运输和市内交通服务而获得的收入。

(4)文化娱乐收入:指为旅游者提供观光游览、文艺表演等各种文化娱乐服务而获得的收入。

(5)邮电通讯收入:指为旅游者提供邮寄文件、包裹、长途电话等服务而获得的收入。

(6)其他收入:指为旅游者提供不属于上述各项服务的其他服务,如美容、医疗、洗染等获得的收入。

劳务性旅游收入以无形旅游产品的交易为主,是劳动产品使用价值和价值的暂时转移。需要明确的是,在实际操作过程中,商品性旅游收入与劳务性旅游收入是一种理论上的区分,如餐饮服务、交通服务等不是单纯的属于一种服务,而是存在两种旅游收入的交叉,既包含商品性旅游收入,又包含劳务性旅游收入。因此,在现实的统计中也只能作相对的划分。表8-3中列出2005年、2010年、2014年和2015年中国旅游外汇收入的构成,可以分析近年来我国旅游外汇收入的变化趋势及发展状况,有利于未来旅游发展情况的掌握。

表8-3　中国旅游外汇收入构成比较表　　　　　(单位:亿美元,%)

收入项目	2011 年		2012 年		2013 年		2014 年	
	收入额	比重	收入额	比重	收入额	比重	收入额	比重
总计	484.64	100	500.28	100.0	516.64	100.0	569.13①	100
一、商品性收入								
1.商品销售	118.56	24.5	111.54	22.3	111.82	21.6	113.28	19.9
2.餐饮	35.98	7.4	37.47	7.5	41.28	8.0	48.28	8.5
小计	154.54	31.9	149.01	29.8	153.1	29.6	161.56	28.4
二、劳务性收入								
1.长途交通	151.17	31.2	172.78	34.5	174.57	33.8	195.95	34.4
民航	114.7	23.7	131.64	26.3	134.10	26.0	145.79	25.6
铁路	14.06	2.9	16.46	3.3	16.00	3.1	20.90	3.7
汽车	14.06	2.9	15.54	3.1	13.65	2.6	15.68	2.8
轮船	8.35	1.7	9.14	1.8	10.82	2.1	13.59	2.4
2.游览	50.98	10.5	25.55	5.1	30.92	6.0	32.54	5.7
3.住宿	25.32	5.2	52.11	10.4	59.76	11.6	69.50	12.2
4.娱乐	34.66	7.2	36.13	7.2	35.91	7.0	36.74	6.5

收入项目	2011 年		2012 年		2013 年		2014 年	
	收入额	比重	收入额	比重	收入额	比重	收入额	比重
5.邮电通讯	16.19	3.3	7.91	1.6	7.92	1.5	11.04	1.9
6.市内交通	10.36	2.1	16.10	3.2	14.44	2.8	16.04	2.8
7.其他服务	41.41	8.5	40.68	8.1	40.01	7.7	45.77	8.0
小计	330.09	68.1	351.26	70.2	363.53	70.4	407.58	71.6

注：根据国家旅游局网站和国家统计局网站资料整理。

①关于国际旅游消费收入 2014 年数据。根据《旅游统计调查制度》规定的口径和入出境统计口径对等原则，补充完善了停留时间为 3～12 个月的入境游客的花费和游客在华短期旅居（纯粹旅游之外）的花费，并根据相关调查修订了外国入境过夜游客停留天数和人均天花费，将"国际旅游收入"由原来的 569.13 亿美元修订为 1053.8 亿美元。

二、旅游收入分配的概念

旅游收入分配是指旅游营业收入在直接经营旅游业务的部门、企业以及全社会范围内的分配。与国民收入的分配一样，旅游收入分配也是通过初次分配和再分配两个过程实现的，最终形成社会各个部门和各个阶层的收入。旅游收入分配是社会经济关系的重要组成部分，它反映了一个国家的政府部门、旅游部门和企业以及旅游从业人员各自的利益和义务，也反映了旅游部门与其他相关物质生产部门、非物质生产部门的交换关系。同时，旅游收入的分配状况在很大程度上决定着旅游业发展的速度、规模、水平。

旅游部门的收入以分配和再分配的形式参与国民经济的再生产过程，从微观的角度上看，旅游企业经营的目的，是为了获得营业收入，取得一定利润，并寻求不断的发展。同时，它还必须为国家承担缴纳税金的义务。从宏观的角度上看，一国政府的管理部门，调控国民经济的目标是要实现社会的充分就业、保持物价的稳定、保证经济适度增长及国际收支平衡。为了实现政府调控经济的以上四大目标，国家必须参加国民收入的分配与再分配。旅游业是一个综合性产业，通过旅游收入的初次分配和再分配，诱发对旅游业自身的投入及开发。随着旅游收入的增加和分配，必然促使旅游供给能力不断增强，各种食、住、行、游、购、娱的规模不断扩大，而旅行社、旅游饭店、旅游交通、旅游景点、旅游购物等的数量不断增加、规模不断扩大，还会带动交通运输业、贸易业、建筑业、工农业等相关行业，以及金融、文化、教育、卫生、体育等非物质生产部门的投入与发展，从而促进整个社会经济的繁荣和发展。

第二节　旅游收入与分配的指标体系和衡量

旅游收入指标是反应旅游经济现象数量方面的指标，反映旅游经济现象的水平、规模、速度和比例关系。旅游收入指标对于旅游目的地国家或地区掌握和分析旅游经济活动具有重要的意义，它是通过货币单位来计算和表示的价值指标，是实现旅游业再生产、补偿劳动消耗的先决条件。

一、旅游总收入指标及衡量

1.旅游总收入指标的含义及计算

旅游总收入指标是指一定时期内旅游目的地国家或地区向国内外旅游者销售旅游产品和其他劳务服务所获得的货币收入的总和,以本国货币计算的收入的总额。它反映了某一国家或地区旅游业总体规模、发达程度及旅游业的总体经营成果,是一项重要的综合性指标。

旅游总收入的计算,是先把国际旅游外汇收入按旅游目的地国家或地区当时的外汇汇率折算成本国货币收入,再与国内旅游收入加总得到旅游总收入。旅游总收入也可以用基本旅游收入和非基本旅游收入来计算,其计算公式为:

$$R_T = R + P_e = (N \times P) + P_e$$

式中　R_T——一定时期内旅游目的地国家或地区的旅游总收入;

　　　R——基本旅游收入;

　　　N——旅游总人次;

　　　P——人均基本旅游消费支出;

　　　P_e——非基本旅游收入。

2.国际旅游收入指标与衡量

国际旅游收入在国际旅游业中,其总额用外国货币表示,也叫旅游外汇收入总额。这一指标指的是旅游目的地的国家或地区向海外旅游者提供旅游产品和其他劳务服务所获得的收入,是外国旅游者入境后的全部消费总额,也是衡量一国国际旅游业发展水平的重要标志之一,能够反映该国旅游创汇能力的大小。在国际旅游业中,它常被用于同外贸商品出口收入和其他非贸易外汇收入进行比较,用来说明一国国际旅游收入在全部外汇收入中的地位和对弥补国家外汇收支平衡所作的贡献,该指标的计量单位一般是美元。

国际旅游收入的计算的数据来源于对外国旅游者的抽样调查,得到旅游者人均停留时间和人均消费支出,再按照下列公式进行计算。

方法一:国际旅游收入的计算公式为:

$$R_f = NET$$

式中　R_f——国际旅游(或旅游外汇)收入;

　　　N——外国旅游者人次数;

　　　E——外国旅游者人均消费支出;

　　　T——外国旅游者人均停留时间。

方法二:国际旅游收入的计算公式如下:

$$R_f = R + P_e = (N \times P) + P_e$$

式中　R_f——一定时期内一国或地区的旅游外汇总收入;

　　　R——外国旅游者的基本旅游收入;

　　　N——一定时期内接待的外国旅游者总人次;

　　　P——外国旅游者入境后的人均基本消费支出;

　　　P_e——外国旅游者的非基本旅游收入。

表 8-4 列出了 1978—2014 年中国旅游外汇收入状况及各年的增长率,数据显示,中国的国际旅游收入创汇水平呈现较快的增长速度。

表 8-4　中国历年国际旅游(外汇)收入统计(1995—2014 年)

年份	国际旅游(外汇)收入(亿美元)	发展指数(1978 年为 100)	比上年增长(%)	年份	国际旅游(外汇)收入(亿美元)	发展指数(1978 年为 100)	比上年增长(%)
1978	2.63	100.00	—	1997	120.74	4592.67	18.37
1979	4.49	170.90	70.90	1998	126.02	4793.36	4.37
1980	6.17	234.60	37.30	1999	140.99	5362.70	11.88
1981	7.85	298.60	27.30	2000	162.24	6171.17	15.08
1982	8.43	320.70	7.40	2001	177.92	6767.59	9.67
1983	9.41	358.00	11.60	2002	203.85	7753.90	14.57
1984	11.31	430.30	20.20	2003	174.06	6620.82	−14.61
1985	12.50	475.50	10.50	2004	257.39	9790.35	47.87
1986	15.31	582.30	22.50	2005	292.96	11143.38	13.82
1987	18.62	708.10	21.60	2006	339.49	12913.28	15.88
1988	22.47	854.60	20.70	2007	419.19	15944.81	23.48
1989	18.60	707.70	−17.20	2008	408.43	15535.43	−2.57
1990	22.18	843.50	19.20	2009	396.75	15091.29	−2.86
1991	28.45	1082.10	28.30	2010	458.14	17419.77	15.47
1992	39.47	1501.30	38.70	2011	484.64	18434.33	5.78
1993	46.83	1781.40	18.70	2012	500.28	19029.29	3.2
1994	73.23	2785.40	*	2013	516.64	19644.10	3.3
1995	87.33	3321.70	19.25	2014	1053.8	40068.44	*
1996	102.00	3879.98	16.81	2015	1136.5	43212.93	7.8

注:* 由于国家外汇管理体制变化,1994 年国际旅游(外汇)收入统计方法也做了相应的改革,采用了与国际接轨的办法,与往年不能简单对比。由于 2014 年的数据根据实际做了相应的调整,因此也不能与往年简单对比。

资料来源:中国旅游统计年鉴编委会.中国旅游统计年鉴[M].北京:中国旅游出版社,1978—2014.

3. 国内旅游收入指标及衡量

国内旅游收入是指旅游目的地国家或地区在一定时期内向旅游者提供旅游产品和其他相关服务所获得的货币收入,也是国内旅游者出游的全部消费支出总额。国内旅游业中,旅游收入总额用本国货币表示。国内旅游收入指标的具体计算方法与国际旅游收入指标的计算方法基本相同,是通过国内旅游者人次、国内旅游者人均旅游消费支出和人均停留时间来计算的。例如:据 2015 年国民经济和社会发展统计公报显示,2015 年我国国内旅游者 40 亿人次,比上年增长 10.5%,国内旅游收入 34195 亿元,增长 13.1%。

表 8-5 列出了 2010—2015 年中国旅游收入状况及各年增长率,数据显示,近年来,我国的国内旅游总收入增长强劲,旅游总收入逐年增长,但是增长率具有波动性,国内旅游总收入旅游创汇能力还有待进一步的增强。

表 8 - 5　2010—2015 年中国旅游状况一览表

年份	旅游总收入		国内旅游收入	
	旅游收入 （单位：万亿元）	增长率	旅游收入 （单位：万亿元）	增长率
2010	1.57	21.70%	1.26	23.50%
2011	2.25	20.10%	1.93	23.60%
2012	2.59	15.20%	2.27	17.60%
2013	2.95	14%	2.63	15.70%
2014	3.73	26.40%	3.03	15.40%
2015	4.13	10%	3.43	13.20%

资料来源：国家旅游局官网《中国旅游业统计公报》、中国旅游统计年鉴.

二、旅游收入的平均指标及计算

旅游收入的平均指标既反映了旅游者在旅游目的地的平均消费水平，又反映了旅游目的地国家或地区平均向每个旅游者提供旅游产品和相关劳务获得的价值量。其主要包括以下三类指标：

1. 人均旅游收入指标及衡量

人均旅游收入是指旅游目的地国家或地区在一定时期内，平均接待每个旅游者所获得的收入；也是每个旅游者在旅游目的地国家或地区旅游过程中的平均消费支出额，即某一时期旅游收入总额与旅游人次数的比值；也可以是人均旅游外汇收入和国内人均旅游花费之和。它反映了旅游者的平均消费及停留时间，是了解某一国家或地区旅游业发展水平的一项重要指标。

人均旅游收入的衡量公式表示为：

$$R_u = \frac{R_T}{N}$$

式中　R_u——人均旅游收入；

　　　R_T——旅游总收入；

　　　N——旅游总人数。

同样，当 R_T 表示的是国际旅游收入（旅游外汇收入），N 表示的是接待的海外旅游者总人数时，R_u 表示的是人均外汇旅游收入。

2. 人均旅游外汇收入指标及衡量

人均旅游外汇收入指标是指在一定时期内，旅游目的地国家或地区接待每一海外旅游者人次所获得的旅游外汇收入，也是每一人次海外旅游者在旅游目的地国家或地区的人均外币支出额。在国际旅游业中，人均旅游收入用外国货币表示。该指标主要用于分析和比较不同时期接待外地旅游者的外汇收入情况，其数值的高低与入境旅游者的支付能力、构成、在境内停留时间以及旅游目的地国家或地区的旅游接待能力关系密切。

人均旅游外汇收入指标的衡量，是一定时期内该旅游目的地国家或地区旅游外汇收入总额与该国家或地区的海外旅游者人次数的比值；也可以是海外旅游者人均每天旅游消费支出与海外旅游者平均停留时间的乘积。

3. 人均天旅游收入指标及衡量

人均天旅游收入是指旅游目的地国家或地区平均每天从每位旅游者那里获得的旅游收入。它指的是一定时期旅游目的地国家或地区的旅游总收入与旅游者停留总天数之比,或是一定时期内旅游目的地国家或地区人均旅游收入与人均停留天数之比。

人均天旅游收入指标的衡量公式表示为:

$$R_d = \frac{R_T}{N \times D_a} = \frac{R_u}{D_a}$$

式中　R_d——单位时间人均旅游收入;

　　　D_a——一定时期内旅游者在旅游目的地国家或地区平均停留天数;

　　　R_T、R_u、T 同前。

人均天旅游收入指标主要用于分析与比较不同时期旅游目的地国家或地区接待旅游者平均每人每天的消费开支趋势,以表明该国家或地区在旅游市场上的竞争地位。

三、旅游收入的比率指标及衡量

1. 旅游换汇率指标及衡量

旅游换汇率是指旅游目的国家或地区向国际旅游市场提供单位本国货币的旅游产品所能够换取的外汇数量的比例。通常来说,旅游换汇率与该国家或地区同时期的外币兑换率是一致的,不同时期的外汇汇率不同,旅游换汇率也不同。在国际经济交往中,国际旅游换汇成本明显低于外贸中物质产品的换汇成本,即一定数量货币表示的出售给国际旅游者的旅游产品,要比同量货币表示的一般物质出口产品换取到更多的旅游外汇。旅游换汇率指标反映了旅游外汇收入对一国家或地区国际收支平衡的作用大小,是反映该国旅游创汇能力的综合指标,常被用于同外贸商品出口收入和其他非贸易外汇收入换汇率进行比较,用来说明一国国际旅游业在该国创汇收入中的地位和贡献。这一指标的重要性深受各个国家或地区,尤其是发展中国家或地区的高度重视。

旅游换汇率的计算公式为:

$$H_r = \frac{R_f}{R_s} \times 100\%$$

式中　H_r——旅游换汇率;

　　　R_f——单位旅游产品外汇收入;

　　　R_s——单位旅游产品本国货币价格。

2. 旅游收汇率指标及衡量

旅游收汇率又称旅游外汇净收入率,这一指标指的是在一定时期内,旅游目的地的国家或地区经营国际旅游业务所取得的全部外汇收入扣除了旅游业经营中必要的外汇支出后的余额与全部旅游外汇收入之比。

旅游收汇率的计算公式为:

$$R_E = \frac{R_f - E}{R_f} \times 100\%$$

式中　R_E——旅游收汇率;

R_f——旅游外汇收入；

E——旅游目的地国家或地区旅游外汇支出总额。

一般而言，旅游业在其发展的过程中也会产生一定量的旅游外汇支出，外汇支出用于购买旅游业发展过程中所必须的国内短缺物资、境外旅游宣传促销费用、偿付外商投资信息、利润分红和国外管理人员费用，以及从国外进口部分日常消费品的支出等。总体来说，一个国家或地区旅游收汇率的高低与该国家或地区社会经济发展水平密切相关，这一指标在一定意义上反映了旅游目的地国家或地区旅游业发展过程中的自立程度。

3．旅游创汇率指标及衡量

旅游创汇率指标是指旅游目的地的国家或地区非基本旅游外汇收入与基本旅游外汇收入的比值。这一指标的高低反映了旅游目的地国家或地区的经济体系、产业机构的完善程度以及其旅游业的发达程度以及创汇的能力和潜力。

旅游创汇率的计算公式为：

$$C=\frac{R_o}{R_a}$$

式中　C——旅游创汇率；

R_o——非基本旅游外汇收入；

R_a——基本旅游外汇收入。

公式表明，旅游创汇率与非基本旅游收入成正比，与基本旅游外汇收入成反比。由此说明，提高旅游目的地国家或地区的旅游创汇率的重点应放在不断扩大外国旅游者对非基本旅游产品的消费支出上。

第三节　旅游收入与分配的具体方式

旅游收入分配不仅能够促进旅游业的发展、产业结构的合理化，与此同时还能带动社会经济的发展，旅游收入的初次分配和再分配，对旅游目的地国家或地区的社会经济发展具有十分积极的促进作用。根据现代经济学理论，旅游收入在初次分配和再分配过程中，其用于生产性消费和生活性消费的比例会随着每一次分配循环而不断增加，最终形成乘数效应而使国民收入总量增加。旅游收入经过初次分配与再分配之后，形成消费基金和积累基金两大部分，其中消费基金部分投入消费以后，不仅为扩大劳动就业提供了良好条件，也为旅游业的发展输送了大量的劳动力，并促进社会劳动力资源的有效使用和合理流动。而积累基金不仅可用于旅游业的扩大再生产，而且可用于与旅游业相关的部门和企业的扩大再生产，从而为全社会的扩大再生产提供了前提条件。尤其是通过有计划地将资金再投入到旅游建设中，开发旅游产品和旅游市场，能够促进旅游业的进一步发展。

一、旅游收入的初次分配

旅游收入的初次分配是在直接经营旅游业务的旅游部门和企业内部进行的，初次分配的内容是旅游营业总收入中扣除了当年旅游产品所消耗的生产资料价值后的旅游净收入。旅游净收入又是旅游从业人员所创造的新增加值，旅游净收入在初次分配中最后可分解为职工的工资、企业的盈利以及政府的税收。

在取得旅游收入后,旅游部门和企业首先应该在直接经营旅游业务的部门和企业中进行分配。旅游业作为综合性经济产业,包含多种部门和企业,这些部门和企业包括旅行社、交通部门、饭店、餐馆、旅游购物店、旅游景点及旅游娱乐部门等,都是构成旅游业的基本要素,各个部门和企业之间在向旅游者提供产品的同时,必须协调一致以获得各自应得的利益。在一定时期内,旅游部门和企业付出了物化劳动和活劳动,向旅游者提供了满足他们需要的旅游产品,从而获得营业收入。在这些收入中,首先必须扣除当期为生产旅游产品而消耗的生产资料部分,如旅游设备设施的折旧、原材料和物料的消耗、建筑物的折旧等。这部分不参与初次分配,参与分配的是营业收入中的净收入部分。旅游净收入在初次分配中分解为员工工资、政府税收和企业自留利润三大部分,这就使得国家、旅游部门和企业、旅游从业人员三方都得到了各自的初始收入。旅游收入的初次分配流向如图8-1所示。

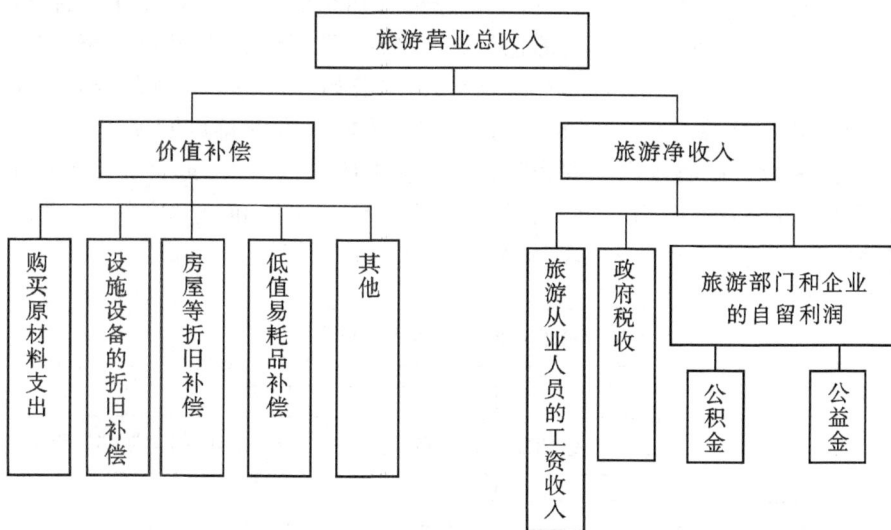

图8-1 旅游营业总收入初次分配图

1.旅游收入初次分配的内容

(1)职工工资。

职工工资是指旅游部门和企业根据合理的分配原则,在一定时期内,向旅游从业人员直接支付的工资,作为他们提供劳务的报酬,满足职工劳动力恢复和家庭生活需要的支付,也是维持劳动力再生产的必要条件。

(2)政府税收。

政府税收收入是国家财政收入最主要的来源,是旅游企业按照国家税收政策规定的标准和程序缴纳的各种税收,其成为政府财政预算收入的一部分,由政府统筹安排和使用。政府税收是参与旅游收入分配、强制取得财政收入的一种特定分配方式。它体现了政府与纳税人在征收、纳税的利益分配上的一种特殊关系,是一定社会制度下的一种特定分配关系。

(3)企业利润。

企业利润是指旅游企业在一定时期内生产经营的财务成果,是指旅游企业从事旅游经营活动所获得的旅游收入扣除全部旅游成本支出的余额,是旅游企业支付职工工资、上缴税收及支付各种利息、租金之后的余额。旅游企业的自留利润被称作企业净利润,留归企业自行安排分配和使用。旅游企业的净利润又可分为企业公积金和公益金两部分,企业公积金主要用于旅游企业的自身发展,而旅游公益金则主要用于旅游企业职工的福利支出等。

2.包价旅游收入的初次分配

旅行社作为旅游企业,由于其职能的特殊性,其初次分配过程与前述分配过程不同。旅行社向旅游者提供的产品是一种组合型的产品,相关部门和企业在获得营业收入之后将按照相应的分配方式进行旅游收入的初次分配。也就是说,旅游社首先参与的是旅游收入的初次分配,在旅游收入分配中又体现为旅游经营总收入转化为其他旅游部门和企业经营收入的过程。因而,旅行社的经营活动既是旅游营业收入的来源,又决定了旅游营业收入的分配,具有双重职能。

旅行社首先向住宿、餐饮、交通、游览、娱乐等部门和企业购买单项旅游产品,这些单项产品经过加工组合形成了内容、形式不同的包价旅游产品,即旅游线路,然后出售给旅游者,由此获得包价旅游收入。包价旅游是指旅游者在旅游活动开始前即将全部或部分旅游费用预付给旅行社,由旅行社根据同旅游者签订的合同,相应地为旅游者安排旅游途中的吃、住、行、游、购、娱等活动。这种包价旅游收入表现为旅行社的营业收入,旅行社营业收入在扣除支付给提供单项旅游产品的各类企业的部分以及旅行社自身的经营费用和税金之后,最后的差额为旅游企业的最终利润。包价旅游收入初次分配流向如图8-2所示。

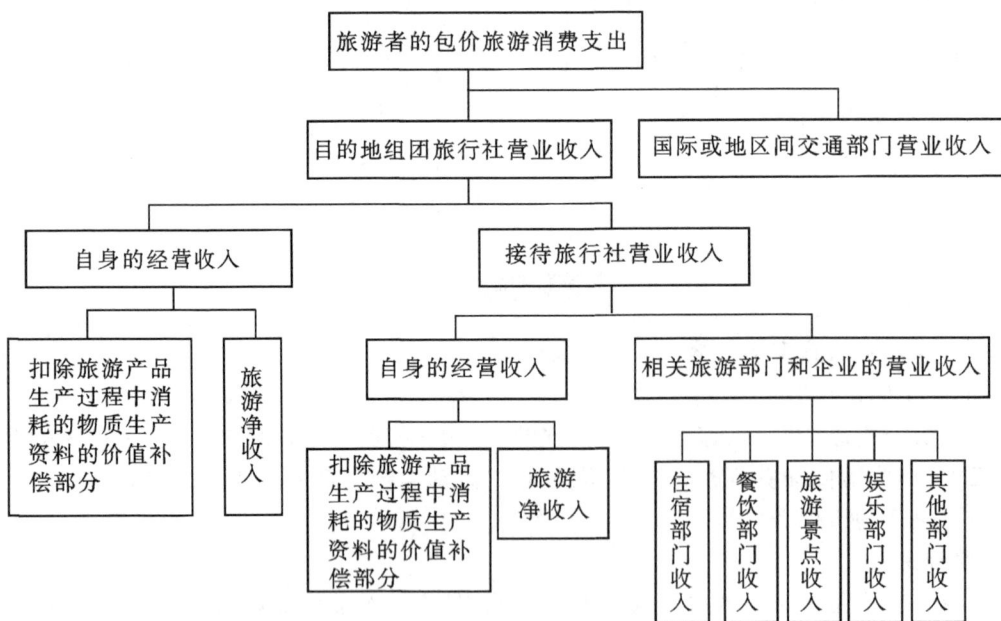

图8-2 包价旅游收入初次分配流程图

二、旅游收入的再分配

旅游收入进行初次分配后还必须进行再分配。再分配是在初次分配的基础上在旅游目的地国家或地区的旅游企业的外部、在全社会范围内进行,按照价值规律和经济利益原则,用以实现旅游收入的最终用途。之所以必须进行再分配,其原因在于为使旅游业能够不断扩大生产,满足旅游企业自我发展和自我完善的需求;满足旅游从业人员的物质文化生活需求、家庭需求;满足社会综合发展的需要,维护社会安定团结,推动社会的全面发展和进步。

旅游收入再分配过程是一个不断重复和不断扩大的运动过程。旅游收入经过再分配之后使全社会的各相关部门都获得了派生收入,这体现了旅游业对旅游目的地国家或地区整体社会经济的促进和带动效应。

1.旅游收入再分配的内容

(1)职工工资收入再分配。

支付给旅游从业人员的个人报酬部分(职工工资)参与的再分配:旅游从业人员获得的工资报酬要到市场上购买他们生活所需的各种物质资料和劳务服务,以满足个人和家庭成员的物质文化生活需要;以恢复和增强其体力和智力,持续不断地为旅游者提供优质服务,促使劳动力不断地再生产。当旅游企业职工把所得工资的一部分用于购买他们所需要的文化物质产品和劳务,个人收入的支出形成了社会经济中相关部门的营业收入,就是职工工资转变为相关行业和企业的收入,从而形成了旅游企业职工工资收入的再分配。

(2)政府旅游税收收入再分配。

旅游收入中通常以支付各种税金而转化为政府的财政收入,它通过政府预算支出的方式实现再分配,主要用于国家经济、国防建设支出,发展国民经济和社会公共福利事业,建立国家社会各项储备基金和社会保证基金,支付国家机关、文教卫生等行政事业单位的经费和工作人员工资等,其中一部分可能作为旅游基本建设或重点旅游项目开发基金又返还到旅游行业中来。

(3)旅游企业收入再分配。

企业自留利润部分参与的再分配,是旅游收入初次分配的结果。旅游企业收入的再分配是为了满足旅游企业简单再生产、扩大再生产以及改善职工福利的需要,使消耗掉的原材料和物质设备等得到补偿,并向有关行业的企业购买扩大再生产的生产要素及各项福利支出。因此,旅游企业的部分收入就转换为相关行业和企业、部门的营业收入,从而形成旅游企业收入的再分配。

2.旅游收入再分配的流向

旅游收入再分配是建立在旅游初次分配的基础上的,其流向是按照企业利润、财政税收和职工工资的使用而形成,具体流向包括:构成政府财政预算收入的旅游收入中上交政府的各类税金、旅游收入中支付给旅游从业人员的个人报酬部分、旅游收入中企业自留利润(分为公积金和公益金两部分)、旅游收入中流向其他部门等,旅游收入在经历过初次分配与再分配两个过程之后,最终形成两类基金,即积累基金和消费基金,如图8-3所示。

综上所述,旅游收入的分配牵涉各类旅游企业、部门、从业人员等的自身利益,同时与国家利益密不可分,因此,旅游收入的分配过程中应当以国家利益为主,统筹兼顾社会利益、旅游业利益、旅游部门及企业利益和旅游从业人员利益,着眼于长远利益,合理处理分配流向,处理好各层利益之间的关系。

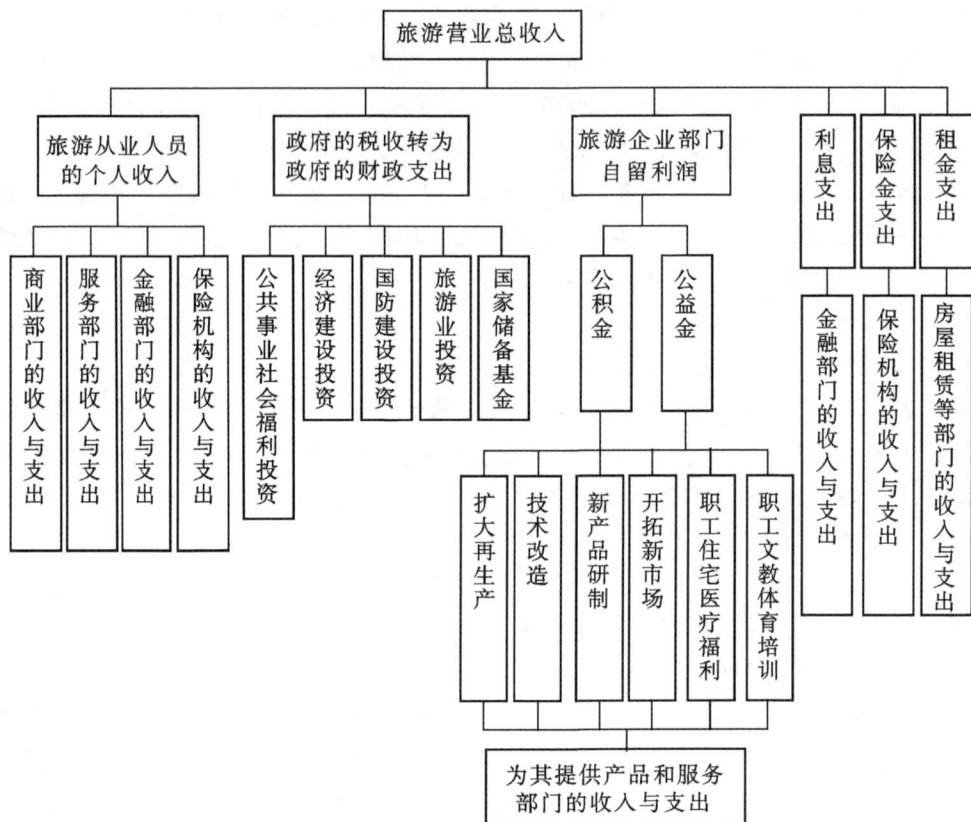

图 8-3　旅游营业总收入再分配的流向

思考与练习

1. 什么是旅游收入? 旅游收入包括哪些类型?

2. 简述基本旅游收入和非基本旅游收入之间的区别与联系。

3. 罗列旅游收入的指标体系,如何衡量?

4. 旅游初次分配主要流向哪些方面? 为什么要进行旅游再分配?

第九章

旅游经济管理体制

学习目标

◎ 掌握旅游经济管理体制的概念和特点；

◎ 了解我国旅游经济管理体制的特征和管理主体；

◎ 了解和掌握我国旅游经济管理体制的具体内容。

引导案例

政府在区域旅游合作中的职能和作用

一般意义上讲，政府是市场失灵的克服者，但是政府作为个体，也有政府自身的利益目标，除为地方居民争取福利之外，在不同的阶段表现出不同的职能。最典型的是政府有企业型政府和服务型政府之分。企业型政府和服务型政府在区域旅游合作中的具体职能和作用有区别。

一、企业型政府

企业型政府是 20 世纪 80 年代以来西方国家政府再造的形式之一，主要方式是借助私营部门的管理技术重塑政府，大力推进政府职能市场化，借以提高政府的效率。所谓企业型政府是指政府部门由一群富有企业家精神的公共管理者组成，他们能够运用各种创新策略，使原本僵化的官僚体制恢复活力，并有效运用资源提高政府的效率，简而言之，就是凡是能够运用创新策略，有效运用资源，实现高绩效的政府即为企业型政府[①]。企业型政府的实质就是将政府职能企业化，将原本由政府垄断的公共产品和服务推向市场，由私营企业或非营利性企业经营，希望通过引进竞争机制减轻政府负担，提高政府职能效率，也即解决政府失灵问题。

区域旅游合作发展初期由于地区旅游发展水平不均衡，地区之间的联动效应较差，首先需要地方政府之间的合作，借以推动地区旅游合作的开展。在区域旅游合作的初级阶段，政府的职能主要表现为统管一切与区域旅游合作相关的事务，因此为了避免政府失灵问题，必须引入企业型政府的概念。

企业型政府在区域旅游合作中的主要职能和作用包括：①政府是区域旅游合作的倡导者和主导者。作为地区整体利益代表的地方政府同时也是相对独立的行为主体，为了促进地区经济的发展，区域旅游合作首先是地方政府之间的相互合作，牵头推动区域旅游合作的开展。在区域旅游合作的初级阶段，由于各种条件的限制，区域旅游市场的不完善导致市场失灵，同时市场主体的不完善又导致市场主体的缺失，因此政府就成为了区域旅游合作的倡导者和主导者。地区旅游产业的落后使得地区政府之间选择一种可以带动地区旅游发展的路径，即通

---

① 焦红.对企业型政府和服务型政府的比较研究[J].长春工业大学学报(社会科学版),2007(2).

过与竞争区域的合作,共同开发扩大客源市场,使得双方都受益。在这个阶段,政府合作的成功与否就成为区域旅游合作能否实现的基础和保障。②政府是区域旅游合作的引导人和护航人。一方面,政府引导区域旅游合作行为之后,区域旅游合作微观主体逐渐形成并发展,但是市场发育的不完善,形成资金、信息、技术和资源的流动性障碍,增加了合作的难度,抑制了市场主体的积极性。另一方面,作为区域旅游合作的主体有共同的发展目标,但是在区域旅游合作的初级阶段,区域旅游合作组织只是松散型的组织,组织之中的各主体又有着各自的利益目标,因此并不能消除部分主体在追求自身利益的同时损害其他成员的可能性,此时的政府就应该通过相应的政策制定引导企业的行为。

二、服务型政府

服务型政府呈现出以下的特征:一是以人为本、以社会为本;二是依法治国;三是强调"服务"二字。

在区域旅游合作发展到一定阶段之后,区域旅游市场逐渐完善,微观主体具有了从事市场行为的能力,作为地区利益代表的地方政府就应从具体的市场行为中退出,让位于微观主体,让微观主体发挥市场的自我协调、自我发展和自我完善的能力,带动整个区域的旅游产业发展。此时的政府是服务型政府,其职能和作用表现为:利用国家资源直接参与跨地区旅游产品的开发;采取一定的政策吸引私人资本,但注意要有限制"搭便车"的行为政策;合作区域内政府联营,为区域旅游合作发展提供各种保障措施;政府合作加强整个区域内的市场规则和市场主体的培育,促进企业行为。

资料来源:陈实,温秀.西部区域旅游合作研究[M].北京:中国经济出版社,2013.

第一节 旅游经济管理体制概述

一、旅游经济管理体制的含义

体制,实质上是一种规则,一种组织制度。旅游经济管理体制,是指旅游经济管理的组织系统和管理制度,指国家对旅游企业或相关部门进行规范、制约及协调的有机体系,是以国家的旅游发展战略和规划为依据,以计划、税收、信贷等经济政策为调控手段,以旅游经济信息为媒介,以旅游相关法规为监督保证体系的一个完整的管理系统。

旅游经济管理体制通过行政、经济及法律等基本手段,以旅游市场为管理对象,具体表现为培育市场机制、建立市场规则、规范市场行为、维护市场秩序等,最终为企业的发展创造良好的外部环境。其中,旅游经济管理体制的管理手段可以概括为:政策与法规手段、监理与检查手段、考核与评比手段、金融与财税手段、计划与审批手段、奖励与奖罚手段和舆论与宣传手段等。

旅游经济管理体制具体包含旅游经济管理机制、管理机构和管理制度三大内容,三者之间相互联系、相互影响,主要解决了旅游经济运行过程中谁来管、管什么和怎么管等问题。其中,旅游经济管理机制是指推动旅游经济活动运行的各种社会动力和约束力,具体表现为中央与地方、国家与企业在旅游经济活动中的管理权限、职责划分及利益关系等,这些因素共同影响着旅游经济活动的发展方向和发展形式;旅游经济管理机构是指各级旅游管理部门的设置方式、职责、层次、权限和相互关系等;旅游经济管理制度是指由旅游经济管理机制决定,体现管理主体意志并借助强力实行的行为规范的总和,它明确了管理主体实施管理的范围、程度、程序和准则等。

旅游经济管理体制是旅游经济活动有序运行的基础,但由于旅游本身就是一个综合服务体系,是将各个类型的资源通过市场吸引力串联而成的非标准化产品服务,其资源的分散和性质的不确定,从而也直接导致了旅游管理的难度和不可控性。因此,旅游经济管理制度与方法并不是任何情况下能使旅游经济活动高效有序地运行。在不同的条件下,必须采用不同的管理制度与方法,建立一套适应旅游业发展需求的旅游经济管理体制,才能有效地实现既定的目标。在特定的旅游经济发展环境下,旅游经济管理系统只有与市场机制相配合,才能实现旅游经济资源的有效配置,其中包括相互作用、相互影响的五个子系统:旅游经济决策系统、旅游经济调控系统、旅游经济信息系统、旅游经济监督系统、旅游经济组织系统。

二、旅游经济管理体制的特点

1.综合协调性

旅游产业是以旅游者为对象,以旅游资源为凭借,以旅游设施为基础,为旅游者的旅游活动创造便利条件并提供所需商品和服务的综合性产业,其综合性主要表现在旅游业与众多行业、众多企业之间有着广泛的联合。旅游业与其他各种行业或企业之间的联合主要有三种方式:按照部门利益进行联合、按照旅游活动进行联合、按照特定的旅游目的地进行联合。不同的联合方式涉及的利益相关者及经济效益关系各不相同,主要表现为国家与旅游企业之间、旅游企业与旅游企业之间、旅游主管部门和其他部门之间、各个旅游地区之间、旅游企业与职工之间的经济效益关系。

旅游业具有很强的综合性和关联带动性,与旅游经济活动相关的行业、部门众多,它们之间存在横向或纵向的联系,使得旅游业在同一地理区域内集聚,具有高度的集群特征;由于旅游环节的环环相扣,使分布于同一区域内的各旅游企业或行业存在着巨大的依赖性和关联性。因而,在旅游产业中,各领域、各部门的平衡发展和相互协调与整合,对提升旅游集群的正向外部效应就起到了至关重要的作用。

旅游业是国民经济的一个组成部分,旅游业的健康发展与旅游经济管理体制的建立密切相关,在适应整个经济体制的同时,需要与旅游业自身特点相符合。因此,旅游管理体制必须作为旅游产业良性发展的社会动力和约束力,能够协调与旅游业相关的各种经济关系和利益关系,并使这种利益关系制度化、规范化、协调化。旅游管理体制需要通过准确获取不同管理层级、行业、企业的旅游经济信息等,沟通各管理环节、各经济主体之间的联系,综合协调相关各地区、行业、企业等的经济效益关系。旅游经济管理系统发挥调控作用时,首先应该综合协调各宏观调控部门之间的关系,使财政、计划、价格、劳动等部门合理分工、互相配合,对旅游经济活动起到综合协调的作用。

2.应变性

旅游业的不稳定性、脆弱性决定了旅游经济管理体制应具有较强的应变能力。受季节、习惯、气候、传统、消费者的感受或偏好以及各种政治、经济、社会、文化等因素的影响,旅游需求具有较大的不稳定性,由此决定了旅游业的不稳定性。与此同时,旅游业最容易受到自然和社会因素的干扰而产生较大波动,自然灾害、战争、恐怖活动、经济危机和政治动乱等因素,都可能影响旅游业发展,所以旅游业具有脆弱性特点。因此,旅游经济管理体制应该具有灵活的自我调整能力,能够及时适应旅游经济活动外部因素和内部条件的变化,能够对全球旅游环境的变化做出灵活的反应。

三、我国旅游经济管理体制的特征

1.旅游宏观调控的间接性

旅游经济管理体制是连接宏观经济决策和微观经济决策的中介,通过调控作用,才能把宏观经济决策所确定的目标和方案变为微观经济主体的行动方向,从而实现宏观旅游经济发展目标。旅游宏观调控与社会主义市场经济要求相适应,主要采取间接调控的方式,如通过财政、价格、金融等经济政策,调节企业的经济效益,从而引导旅游企业作出符合宏观旅游经济发展总目标的决策。

就国家总体而言,旅游经济管理的性质是间接性的,政府旅游管理部门的首要任务是组织市场,通过市场中介间接影响旅游市场主体。政府部门原则上不干涉旅游企业的内部事务。旅游企业被推向市场,通过市场竞争决定企业的命运。经过间接的宏观调控作用,从而实现旅游经济的总量平衡,满足人们不断增加的旅游需求,促进旅游经济的持续增长,扩大旅游业的社会就业,有效地保护和利用旅游资源和生态环境。

2.旅游决策权限的分散性

面对旅游产业的综合性特点和旅游事业协调工作的艰巨,要建立一个涉及旅游发展所有事务的单独的政府管理机构,从理论到实践都是不现实的,因此,旅游部门的"扩权"空间是有限的。但是,为了协调旅游业发展,从国家到地方,建立由政府领导牵头的旅游产业发展协调机制或机构确实是必要的。

在国家旅游局和地方旅游局之间做出合理的权限划分,国家旅游局的权限可进一步下放,地方旅游局权限在增大的同时要作出新的调整,由此建立起两级调控体系,以国家为一级调控中心和以中心城市为二级调控中心。要逐步完善旅游企业自主权,同时还须建立必要的监督机构以保障正当权力的使用。

3.旅游管理手段的多样性

旅游管理手段主要包括旅游计划管理和旅游政策管理两个方面。旅游计划管理着重对旅游经济管理工作进行长期性的、战略性的指导,而旅游政策管理则主要是加强财政、金融、税收等政策的调节力度,形成必要的管理条件,如法律制度等。旅游政策管理以计划管理为依据,对短期宏观经济活动加强影响力,同时必要的行政管理手段仍然要保留。

4.旅游管理组织的合理性

应改变过去按旅游行政隶属关系划分组织管理结构,按照符合商品经济的原则重组政府部门的调控能力,如加强旅游行政管理,也就是说,无论是哪个部门举办的旅游企业,从行政管理角度均应统归各级旅游局管理。这种管理采取的是宏观调控、间接管理的办法,削弱各个部门的条块分割管理。随着改革开放的深化和旅游事业的迅速发展,旅游经营企业也日益增多并扩大规模,行业管理将是我国经济体制改革的必然趋势,而且,行业管理职能一旦健全,目前市场上旅游企业经营管理无序的状态会有所好转。

第二节　旅游经济管理主体

一、政府部门

政府部门主要包括中央旅游管理部门和地方旅游管理部门。中央旅游管理部门是国家旅游局,其主要职能是运用法律、经济和行政手段,对旅游经济活动及其组织者进行控制、指挥、监督和管理,保证国家关于旅游发展的方针、政策、战略及规划能够实现。地方旅游管理部门是各省、自治区、地、市、县旅游局或旅游业主管机构,其主要职能是运用法律、经济和行政手段,对本地区旅游经济活动及其组织者进行控制、指挥、监督和管理,保证本地区旅游业的健康发展。

知识链接

政府参与旅游业的三个阶段

世界经合组织(OECD)旅游委员会认为,政府参与旅游业的发展可以分为三个阶段:一是启动阶段。在此阶段,政府参与旅游活动的方方面面。作为旅游活动的发起者和主导者,旅游业中的各种活动都有政府的身影。二是发展阶段。在旅游业启动并走上正常的发展轨迹之后,政府就应从市场中退出来,通过制定法律措施、规范市场竞争秩序推动旅游业的良性发展。三是成熟阶段。旅游业发展成为国民经济的支柱产业,政府在旅游业中就只能是协调者的角色了。

资料来源:汪宇明.旅游合作与区域创新[M].北京:科学出版社,2009.

二、行业组织

旅游行业组织是政府和企业间的市场中介组织,是旅游行业利益的代表。旅游行业组织是指为加强行业间及旅游行业内部的沟通与协作,实现行业自律,保护消费者权益,同时促进旅游行业及行业内部各单位的发展而形成的各类组织。

旅游行业组织通常是一种非官方组织,各成员采取自愿加入的原则,行业组织所制定的规章、制度和章程对于非会员单位不具有约束力。例如全国旅游协会、全国旅游饭店协会、全国旅行社协会等,其主要职能是协助政府管理旅游市场,保护旅游业的合法权益,推动旅游行业自律机制的形成。旅游行业组织的具体分类如下:①按地域划分:旅游行业组织可分为全球性旅游行业组织、世界区域性旅游组织、全国性旅游组织和国内区域组织等;②按会员性质划分:旅游行业组织可分为旅行社协会组织、饭店与餐饮业组织、旅游交通机构或企业组织,以及由旅游专家和研究人员组成的旅游学会等。

为了实现对旅游业全行业的管理,必须成立旅游行业组织。旅游行业组织是对政府官方旅游行政管理机构的补充,在旅游行业管理中,发挥着重要作用。

第三节 旅游经济管理的具体内容

旅游经济管理体制的管理内容主要是：通过长远规划和短期计划引导旅游业的投资和经营方向；通过产业政策和经济手段调节市场规则；建立执法队伍进行市场监督；开展行业性服务，培育和完善市场组织；优化配置重大的经济技术项目；组织全行业的市场促销，提高旅游业的整体形象；协调行业、部门之间的关系，形成有利于行业发展的市场体系；开展行业性的国际交流，建立旅游业国际合作体系。

一、旅行社管理

旅行社是依法设立并具有法人资格，从事招徕、接待旅游者，组织旅游活动，实行独立核算的企业。从旅行社的存在形式来看，它是一个从事旅游经营活动的企业。因此，它的设立和行为活动必须遵照相应的法规要求，并按照企业的运行规则从事相应的旅游经营活动。加强旅行社的管理有利于旅行社行业的健康发展，也有利于合理引导旅游者的消费行为以及旅行社自身的发展。

旅行社管理是对旅行社整体上的、宏观的、国家层面的管理，对于旅行社的经营管理具有重要意义。旅行社管理具有十分广泛的管理内容，具体可以总结为以下几点：

（1）健全有关旅行社管理的法律、法规与政策，这是对旅行社进行宏观管理的重要依据和出发点。根据全国和各地旅游业发展的实际需要制定国家和地方性的旅行社的法律、法规及政策等，出台加强旅行社管理的相关政策，同时包括对旅游从业人员（导游等）权益、旅行社消费者权益等的保护政策、法规。

（2）制定旅行社等级评价标准，建构合理的等级结构，明确旅行社的职能和各类标准，并设立相应的监督管理机构。

依据市场机制、市场发展特征、旅行社经营业务、主要经济指标等，制定合理的旅行社等级评价标准，构建合理的旅行社等级结构，促进旅行社与旅游市场的业务来往。目前，我国明确规定各级旅行社划分为两大类，即国际旅行社和国内旅行社，并明确规定各级旅行社的职能和经营范围。紧跟现代旅游服务方式、旅游实现过程、旅游市场等的不同变化趋势，明确旅行社的职能和各类标准，并设立相应的监督管理机构，完善旅行社发展体系。

（3）确保旅行社良好运行的保障措施，营造有利于旅行社健康发展的外部环境。

旅行社运营与其他行业、部门等密切相关，需要外部力量的支持才能共同实现良好的旅行社服务。因此，需要确保各项保障措施的实现。例如，建立完善的信息服务系统、监督管理系统、旅游从业人员培训管理系统等。营造良好的外部环境，实现旅行社服务标准、价格、政策、税率等内容的统一，加强市场监管力度，做好相关管理工作，有效处理旅行社与外部相关行业的关系。优化旅行社竞争环境，打造统一、公平的旅行社竞争平台，并对旅行社的运行加以指导，必要时采用法律手段、经济手段等维护旅行社及相关行业、人员的各项利益。

二、旅游饭店管理

旅游饭店是指为旅游者提供住宿和餐饮为主的综合服务性旅游企业。旅游饭店是旅游者在旅游目的地一切活动的基地,是旅游业存续发展的重要支柱之一。旅游饭店的管理包括旅游饭店的宏观管理和旅游饭店的微观管理,二者具有相同的目标,但其途径和方式不同,它们的共同目标是促进旅游饭店业的健康发展,旅游饭店管理水平与旅游饭店的运行状态及经济效益密切相关。与此同时,旅游饭店管理是旅游饭店存在和发展的基础,能增强旅游饭店企业的市场竞争力,是规范旅游饭店市场、创造良好旅游饭店运营环境的重要保证,也是提高旅游饭店经济效益的途径。

旅游饭店管理是国家通过出台相关政策,有效计划与投资,对旅游饭店规模、数量及布局进行规划和宏观管理。其具体内容包括以下几个方面:

(1)制定完善统一的旅游饭店管理方针、政策和法规。

响应旅游者及旅游市场的需求,对旅游饭店经营的各个环节实行监督管理,制定相应的监督管理条例、旅游饭店运行的规章制度等,实行标准化的、统一的市场环境。制定适应市场变化、社会环境变化的旅游饭店星级评价标准,定期、严格评定旅游饭店等级,对各个星级的服务标准、职责范围、卫生状况、服务内容等明确规定,改善和提升旅游饭店服务水平,促进旅游饭店的健康、长远发展。

(2)合理规划旅游饭店的规模、布局及风格。

依据地方特色、市场环境、市场需求等特征,由旅游行政部门等合理规划、统一部署旅游饭店的规模、布局及相应风格,争取消化不同客源市场,最大化旅游饭店的整体效益,避免盲目、趋同建设。

(3)优化旅游饭店集团的建设和发展环境。

旅游饭店的集团化建设有利于提升旅游饭店的竞争力,同时可以扩大市场占有率,充分实现旅游饭店的横向发展,增强旅游饭店的经济效益。为了加快旅游饭店的集团化建设,需要政府行政管理部门从全局出发,合理部署、正确引导,将有限的资源进行合理的配置,实现旅游饭店的横向联盟,为旅游者提供更为优质的服务。

三、旅游交通管理

旅游交通是通过向旅游者提供交通运输服务以满足旅游者的旅游需求的,旅游交通与整个交通运输体系紧密联系。旅游交通管理是指旅游交通管理部门和经营者对旅游交通运输和经营活动进行的计划、指挥、组织、协调、监督等行为的总称。旅游交通管理是实现旅游供需双方利益的首要条件,为旅游交通的顺利运行提供保障,可以提高经济效益,丰富旅游内容。

旅游交通管理的主要目标是实现旅游交通的安全、舒适、快捷、完善和高效。为实现这一目标,旅游交通管理应根据市场要求,重视宏观计划的调控和市场的完善。其具体内容包括以下两个方面:

(1)建立完整的政策法规体系,规范旅游交通的行业管理。

要注重旅游交通行业发展的方针政策和旅游交通各行业发展总体规划和实施规划的同步研究和制定,同时协调旅游交通相关行业、企业、部门间的经济关系,以为旅游者服务为前提,合理规范旅游交通行业的定价标准和服务标准,建立完善的法规体系,监督市场行为。

(2)设置合理高效的旅游交通管理机构体系。

从旅游交通的级别特征和行业特色出发,以利于旅游交通管理为原则,加强全行业的宏观调控,设置多层次、全方位、结构合理、职能健全的旅游交通管理机构体系。

四、旅游目的地管理

在旅游吸引物基础上建设起来的单个旅游地,逐步发展壮大成为大型旅游地域;或者多个旅游地,通过某种形式的联合共同构成功能复杂、服务多样、组织影响较大的旅游地群,最终发展成为旅游者出行的终点地区,称为旅游目的地。

旅游目的地管理是针对旅游目的地的旅游资源、旅游设施、旅游经营服务,为发挥旅游资源的优势,为旅游者提供优质服务,提高社会、经济、环境效益所进行的综合管理。其主要内容包括:合理布局旅游地的网点、建立旅游区网络以及旅游目的地旅游区域规划的制定等。其具体内容包括以下几个方面:

(1)合理布局旅游区,制定旅游区规划,实现旅游目的地规划管理。

旅游目的地的布局、规划是一个宏观且具有全局性的内容,指从全局的角度,根据旅游目的地旅游资源的规模、位置、特点、环境等,通过科学地界定、规划、组织、开发后所形成的结构合理的旅游资源空间配置体系。合理的旅游目的地布局能够实现当地经济效益、社会效益、环境效益的平衡。借助优势资源,确定旅游经济的"增长极",制定旅游目的地发展的总体规划和具体实施规划,在对旅游目的地旅游资源、历史沿革、自然条件、社会经济条件、旅游基础设施、客源市场、资金状况等众多因素进行全面调查、分析、评价,最终确定旅游目的地的发展方向、性质和规模等。按照旅游目的地的开发程序将总体规划进行合理细分,制定相应的分期实施规划,确保总体规划内容的落地实施。

(2)坚持可持续开发原则,实现旅游资源的开发与管理。

旅游资源是指对旅游者有吸引力的众多因素的总和,一般分为自然旅游资源和人文旅游资源两类。众多旅游资源的稀缺性、特殊性、不可再生性等特征决定了旅游资源开发过程中必须坚持可持续开发的原则,并且注重旅游资源优势的突出,形成地区特色,避免旅游目的地的复制开发。旅游资源的开发主要目标之一就是获取经济效益,因此,在旅游资源开发过程中应当遵循经济效益原则,做好投资效益、旅游供给市场和旅游需求市场、旅游环境容量等方面的分析,合理组织、实施旅游资源开发管理工作。与此同时,注重旅游开发过程中各个利益相关者之间的利益关系,规范旅游开发的方式,以环保、高效等为前提,对整个旅游资源的开发过程进行监督和管理。

(3)科学、协调管理,建立高效的旅游目的地服务体系,实现旅游目的地经营管理。

旅游目的地的经营管理要以提高经济效益为中心,对经营活动的各个方面合理组织和安排,包括对外宣传,旅游产品设计销售,旅游线路设计,旅游服务提供,财务、资源和设施维护以及相关部门的协调管理等。积极开展区域联合和区际合作,建设旅游经营网络,规范各行业服务,形成高效的旅游目的地服务体系。

思考与练习

1. 什么是旅游经济管理体制?旅游经济管理体制有哪些特点?
2. 与世界旅游经济管理体制相比较,我国旅游经济管理体制有哪些特点?
3. 简述旅游经济管理体制的主要内容。

第十章

旅游经济效益与评价

学习目标

◎ 掌握旅游经济效益的概念与特点；

◎ 理解旅游经济效益的影响因素；

◎ 了解旅游经济效益的评价内容；

◎ 掌握旅游企业经济效益和旅游宏观经济效益的评价方法。

引导案例

旅游业对经济发展的贡献

改革开放以来，我国经济保持较高增长速度，居民收入不断增加，交通条件日趋改善，越来越多的人外出旅游。特别是进入 21 世纪以来，我国城乡居民消费结构快速升级，旅游由少数人的奢侈消费变成普通百姓的必需消费。

现代旅游业是融合一二三产业的综合性产业，是一种新经济，不仅促进农产品消费和升值，也带动更多适应群众需要的工业品开发，其关联产业达 110 多个，对餐饮、住宿、民航、铁路客运业的贡献率都超过 80%。"十二五"期间，我国旅游业投资年均增长 40%，2015 年突破 1 万亿元。2015 年我国居民国内旅游突破 40 亿人次，支出额占居民消费支出的 10%，出境游客超过 1.2 亿人次，接待入境游客 1.3 亿人次，旅游收入 4 万多亿元。2015 年旅游业对我国 GDP 的直接贡献率为 4.9%，综合贡献率达 10.8%。预计到 2020 年，我国居民人均出游次数和旅游收入还将翻一番。另外，2015 年，我国旅游业直接就业人数近 2800 万人，加上间接就业总计吸纳 8000 万人就业，约占全国就业总数的 10%。

旅游作为增长最快、最具韧性的产业部门之一，在促进世界经济复苏中承担着重要作用。据世界银行估算，旅游业每消费 1 美元，可为全球带来 3.2 美元的经济增长。目前，旅游业贡献了全球约 10% 的 GDP、30% 的服务出口，是名副其实的第一大产业。未来 15 年，国际游客数量将由 12 亿人次增长至 18 亿人次。

资料来源：李克强在首届世界旅游发展大会开幕式上的致辞[EB/OL]. http://news. xinhuanet. com/tt-gg/2016−05/20/c_1118898593. htm.

随着现代旅游业的快速发展，旅游在国民经济与社会中的地位愈发重要。不断提高旅游经济效益，不仅是旅游企业自身生存发展的需要，也是这个时代赋予旅游业的重大责任。

第一节　旅游经济效益的特点和影响因素

一、旅游经济效益的内涵

1.效益

效益,即效果与利益,是指劳动(包括物化劳动与活劳动)占用、劳动消耗与获得的劳动成果之间的比较。广义的效益通常包括经济效益、社会效益、生态效益等,狭义的效益一般指经济效益。

2.经济效益

经济效益,是指通过商品和劳动的对外交换所取得的社会劳动节约,即以尽量少的劳动耗费取得尽量多的经营成果,或者以同等的劳动耗费取得更多的经营成果。简单来说,经济效益是指人们从事的经济活动中投入和产出的对比关系。其中,投入是指各生产要素的消耗;产出表现为劳动成果,即产品,是满足社会需要的有效产出。

本质上,经济效益是资金占用、成本支出与有用生产成果之间的比较。所谓经济效益好,就是资金占用少,成本支出少,有用成果多,反之亦然。因此提高经济效益对于社会经济发展等具有十分重要的意义。

3.旅游经济效益

旅游经济效益,是指旅游经济活动过程中的劳动占用和消耗与有效成果之间的比较。其中,劳动占用和消耗是指旅游企业和部门在规划组织旅游活动,向旅游者提供旅游产品和服务过程中所占用和耗费的物化劳动和活劳动,即旅游成本和费用等;有效成果是指旅游经济活动的最终产出,其既包括向旅游者提供旅游产品和服务,以满足他们多样化的旅游消费需求,又包括通过旅游经济活动获取应有的利润,从而为企业发展积累资金。在一定的劳动占用和耗费情况下,旅游者在旅游活动中的满足程度越高,旅游经营部门或企业的旅游收入越高,则表明旅游经济效益越好。

二、旅游经济效益的特点

旅游经济效益既有和一切经济活动相同的特点,又由于旅游业的综合性较强,而拥有区别于其他经济活动的特点,具体表现在以下方面:

1.旅游经济效益是宏观、微观经济效益的统一

旅游经济活动通常包括食、住、行、游、购、娱等活动,即所谓的旅游"六要素",旅游经济效益实质上是旅游"六要素"综合作用的结果,其结果好坏最终体现在经济效益上。从微观层面看,旅游经济效益表现为旅游企业的经济效益。旅游企业要想生存和发展,必须保证正常的经济效益。从宏观层面看,旅游经济效益又表现为旅游行业的整体经济效益。旅游企业通过旅游活动的关联带动作用,促进了旅游业及相关行业的发展。因此,旅游经济效益是宏观、微观经济效益的统一。

2.旅游经济效益具有质和量的规定性

旅游经济效益质的规定性,是指旅游经济效益的获得必须遵守国家的相关法律、法规和政

策,和其他行业经济效益的取得相类似,主要通过技术革新、加强管理、提升服务来实现;旅游经济效益量的规定性,是指旅游经济效益可以通过具体的量化指标进行衡量和比较,从而利于发现旅游经济发展中存在的问题,进而通过改进以提升旅游经济效益。旅游经济效益具有质和量的统一性,单纯考虑旅游经济效益质的规定性,而缺乏对量的追求,就难以实现旅游企业的经营改善和管理革新,进而难以实现旅游企业的经济效益;反之,单独考虑旅游经济效益量的规定性,而缺乏对质的规定,就可能偏离社会主义经济发展的正确方向。

3. 旅游经济效益的衡量标准是多方面的

旅游经济效益的衡量标准包括多个方面,既有衡量游客数量和旅游活动特点的指标,如接待游客人数、游客逗留天数、游客人均消费、游客投诉率等;又有衡量旅游企业微观经济效益和经营管理方面的指标,如旅游收入、旅游外汇收入、旅游利润、税收、客房出租率、资金利润率、成本利润率以及管理水平、服务质量等;还有衡量旅游业宏观经济效益的指标,如旅游业收入占 GDP 的比重、旅游业的经济乘数效应等。

三、旅游经济效益的影响因素

旅游活动的复杂性决定了旅游经济效益的影响因素是多方面的,既有主观因素,又有客观因素;既有宏观因素,又有微观因素;既有经济、技术因素,又有政策、法律因素;既有国内因素,又有国际因素等。因此,为了有效地提高旅游经济效益,就必须对影响旅游经济效益的因素进行科学分析研究。

1. 旅游者数量及其构成

在旅游活动中,旅游者作为旅游活动的主体,其数量的多少以及在旅游过程中消费水平的高低对旅游经济效益的大小有着直接的影响。对于旅游企业来说,若能以较少的劳动占用和消耗,而为更多的旅游者提供更多更好的旅游产品和服务,则该旅游企业的经济效益就好。

具体来看,旅游者数量及其构成对旅游经济效益的影响表现在以下两个方面:一方面,随着旅游者数量的增加,旅游产品和服务的购买数量将随之增加,进而提高了旅游收入,增加了旅游经济效益;另一方面,由于旅游投资中有相当大一部分投资属于固定投资,随着旅游者数量的增加,旅游设施的利用率将随之提高,意味着固定费用部分(如基本工资、折旧、管理费用等)在一定范围内会随旅游者数量的增加而相对减少,从而提高了旅游经济效益。

此外,在旅游者数量一定的情况下,旅游经济效益还与旅游者在目的地的停留时间相关。旅游者在目的地停留时间越长,旅游消费就越多,进而提高了目的地的旅游经济效益。因此,不仅旅游者的数量规模大小对旅游效益具有直接的影响作用,而且旅游者的结构状况也对旅游经济效益产生直接的影响作用。

2. 旅游物质技术基础及其利用率

旅游物质技术基础是各种旅游景观、旅游接待设施、旅游交通和通讯、旅游辅助设施的总称。在旅游经济活动中,各种旅游物质技术基础与旅游经济效益具有直接的关系。

一方面,旅游物质技术基础条件好,意味着目的地旅游景观质量高、旅游接待设施水平高、旅游交通和通讯设施完备、旅游辅助设施齐全,这样的目的地对旅游者往往有很大的吸引力,而旅游者人数越多,旅游经济效益一般也越好;另一方面,旅游物质技术基础利用率高,意味着花费在单位游客上的劳动占用和耗费减少,从而降低了旅游成本,提高了旅游经济效益。

3. 旅游活动的组织和安排

旅游活动全过程涉及旅游者的食、住、行、游、购、娱等多方面的需求,这些需求是相互联系、衔接配套的。因此,在旅游活动中能否有效地提供旅游产品和服务,能否高质量地组织和安排旅游者的旅游活动,就直接影响着旅游经济效益。因此,在旅游活动的组织和安排中,一定要针对不同旅游者的类型、需求特点、消费习惯等,有目的地规划和组织好旅游活动。尽可能在旅游时间安排上张弛结合,留有余地,保证旅游时间有效利用;在旅行线路上尽可能安排紧凑,使旅游内容丰富、生动有趣,提高旅游者的兴致,使其得到最大的身心需求满足;在旅游服务质量上,要礼貌谦和、服务周到,使旅游者真正能够高兴而来,满意而归。

4. 旅游业的科学管理

旅游经济效益的提高,最根本的是劳动生产率的提高,而劳动生产率的提高离不开现代科学管理。因此,旅游行业必须科学地组织劳动的分工与协作,把食、住、行、游、购、娱等方面衔接好、做好配套,才能有效地提高劳动生产率。另外,劳动者是生产力诸要素中最活跃、最关键的因素,也是决定劳动生产率能否提高的关键,因而要积极安排好培训,以提高员工的业务技术水平,充分调动员工的劳动积极性和创造性,真正实现劳动生产率的提高。

第二节　旅游经济效益的评价内容

根据旅游经济效益的概念,在旅游经济活动中要尽可能以少的投入,获取尽可能多的产出,进而获得较高的旅游经济效益。具体来看,旅游经济效益的评价主要包括以下内容:

1. 旅游经济活动的有效成果同社会需要的比较

对于任何产品,只有具有能够满足人们某种需求的使用价值,才能实现其价值。对于旅游产品而言,只有当其能够有效地满足旅游者的需求时,才能实现其价值。因此,对于旅游企业来说,必须努力生产和提供旅游者满意且又物美价廉的旅游产品,才能促进旅游经济效益的不断提高。

2. 旅游经济活动的有效成果同劳动消耗和占用的比较

作为广泛经营部门和单位,为了向旅游者提供旅游产品,必然要耗费社会劳动,占用资金,从而形成旅游经济活动的成本和费用。如果旅游经济活动只讲满足社会需求,而不计成本高低,则是违背经济规律的。因此,要讲究经济效益就必须把旅游经济活动的有效成果(主要是利润和税金)同劳动占用和消耗进行比较,以评价旅游经济活动的合理性和旅游经济效益的好坏。

3. 旅游经济活动的有效成果同资源利用的比较

旅游经济活动必须以旅游资源为基础,以市场为导向,充分有效地利用各种资源。通过把旅游经济活动的有效成果同旅游资源的利用相比较,可以揭示利用旅游资源的程度和水平,从而寻找充分利用旅游资源的途径和方法。另外,在利用旅游资源时,还要考虑对旅游资源的保护。因为旅游资源是一种特殊的资源,不论是自然景观还是人文风情,对其保护就是保持旅游产品的质量。如果自然生态环境恶化,人文风情遭受破坏,就直接表现为旅游产品质量的下降和损坏,就不能持续地带来旅游收入和经济效益。

4. 旅游经济活动的宏观效益与微观效益的统一

任何一项旅游经济活动都必然涉及和影响旅游业的宏观效益和微观效益。如果旅游经济活动只考虑旅游企业的微观效益,而不考虑旅游业整体的宏观效益,很可能由于旅游企业的逐利化倾向,而破坏旅游业得以可持续发展的资源和环境,最终导致旅游企业的微观经济效益普遍不佳。因此,必须把旅游经济活动的微观效益同宏观效益统一起来,才能保证旅游经济效益的有效实现和提高。

第三节 旅游经济效益评价的分类及方法

旅游业中的宏观与微观经济效益相互关联、相互制约、相互促进,在制定旅游业发展方针、政策与规划时,应两者兼顾。

一、旅游微观经济效益评价

1. 旅游微观经济效益的内涵

旅游微观经济效益,一般指旅游企业经济效益,即旅游企业在旅游经济活动中,为了向旅游者提供旅游产品和服务而花费的物化劳动和活劳动同取得的经营效益的比较,也就是旅游企业的经营效益同成本的比较。

其中,旅游企业成本是指旅游企业在生产经营旅游产品或提供旅游服务时所耗费的物化劳动和活劳动的价值形态。按照旅游成本费用类别,可将旅游成本划分为营业成本、管理费用和财务费用三大类;按照旅游成本的性质,可将旅游成本分为固定成本和变动成本两部分;按照管理责任可将旅游成本分为可控成本与不可控成本。

旅游企业收益是指旅游企业从事旅游经济活动所创造的利润和税收,它是通过出售旅游产品或提供旅游服务后所取得的营业收入在补偿了旅游产品或服务成本以后的余额。旅游企业的收益,是分析旅游企业经营状况和评价其经济效益的重要指标。

2. 旅游微观经济效益评价指标

旅游企业的经济效益是通过分析旅游企业的收入、成本、利润的实现,以及它们之间的比较来体现的。

第一,旅游企业的营业收入。营业收入是指旅游企业在出售旅游产品或提供旅游服务中所实现的收入,其包括基本业务收入和其他业务收入。其中,基本业务收入如旅游景区的门票收入,旅行社的线路产品收入,酒店的客房、餐饮等收入,其他业务收入如政府对旅游企业的奖励等。

第二,旅游企业的经营成本。经营成本就是旅游企业从事旅游经济活动所耗费的全部成本费用之和,也是旅游企业的固定成本与变动成本之和。其中,固定成本如旅游企业的设施设备投入,变动成本如旅游企业的人力费用等。

第三,旅游企业的经营利润。经营利润是指旅游企业的全部收入减去全部成本,并缴纳税收后的余额,其包括营业利润、投资净收益和营业外收支净额。

3. 旅游微观经济效益评价方法

常用的经济效益评价方法主要有利润率分析法、盈亏平衡分析法、边际分析法等。

第一,利润率分析法。利润率是反映一定时期内旅游企业的利润同经营收入、劳动消耗和劳动占用之间的相互关系,通常有资金利润率、成本利润率和销售利润三个利润指标,它们从不同角度反映了旅游企业的经济效益状况。

第二,盈亏平衡分析方法。盈亏平衡分析方法是对旅游企业的成本、收入和利润三者的关系进行综合分析,从而确定旅游企业的保本营业收入,并分析和预测在一定营业收入水平上可能实现的利润水平。

第三,边际分析方法。边际分析法又称最大利润分析法,即引进边际收入和边际成本的概念,通过比较收入与边际成本来分析旅游企业实现最大利润的经营规模的方法。

4.提高旅游微观经济效益的途径

一般可从企业的外部环境、企业自身因素以及企业收入、成本等方面提高旅游企业的经济效益。

(1)企业外部环境因素——企业不可控制因素(宏观因素)。

第一,监察和适应环境。环境是指存在于企业整体之外并与企业相关联的一切自然和社会因素。外部环境与企业间的作用是相互的、双向的;外部环境对企业生产、经营提供条件、产生制约;企业活动也影响外部环境变化。不同的外部环境因素对不同企业的影响程度是不同的,其中,起主要作用的因素称为主导因素。宏观(外部)环境因素主要有国家(地区)经济社会环境、自然环境以及国家(地区)宏观政策等。从经济利益关系看,旅游企业、国家和社会(主要表现为目的地居民)三方面利益主体之间的关系,构成影响旅游企业的经营主导因素。

旅游企业应根据外部环境的现状与变化趋势,主动调整自身的经营方针、策略,与外部环境相适应,寻求市场机会,避免环境威胁。

第二,一体化发展和协作。旅游产品是综合性产品,旅游供给包括吃、住、行、游、购、娱等旅游"六要素",并涉及国民经济的其他部门。因此,旅游企业之间及与国民经济其他部门之间的协调、配合更加重要。分工、协作、密切配合是旅游经济顺利持续运行的前提和保证。

第三,旅游企业的集团化经营。组建旅游企业集团,进行一体化经营,多元化发展,可实现外部市场交易的内部化,降低生产经营成本,可满足旅游者多方面需求,抵制市场风险能力强,市场占有率高,有利于经济效益的提高。

(2)旅游企业内部因素——可控制因素(微观环境)。

第一,加强旅游企业服务设施建设。硬件系统建设以提高其现代化水平,提高旅游经营的科技含量为中心(如网络手段的运用);软件系统建设主要包括人才选聘、培养和使用,以及完善的组织系统和管理体系的建设。

第二,加强旅游促销。旅游产品具有空间不可转移性,旅游产品消费是通过旅游者的空间移动实现的,这就决定了旅游促销和旅游形象塑造的重要性。一方面,要不断地将旅游产品信息传递给旅游者,树立良好形象,刺激、引导消费;另一方面,不断接受市场信息反馈,调整企业营销组合,适应、创造、满足旅游需求。

第三,旅游企业的成本控制。建立健全成本控制制度和有效的监督机制,对成本支出范围及费用开支标准实行严格控制,减少不必要开支浪费。其中,成本控制的有效方法是在企业内部实行全员、全过程成本管理;同时,要建立有效的监督机制,实现对旅游企业成本的科学控制。

二、旅游宏观经济效益评价

1.旅游宏观经济效益的内涵

旅游宏观经济效益,是指在旅游经济活动中,以尽可能少的劳动和资源的占用和耗费,而为全社会带来的综合成果和收益,即通过对旅游宏观成本和宏观收益进行比较,而获得尽可能多的经济效益、社会效益和生态效益。

其中,旅游宏观成本是指为开展旅游经济活动而形成的整个社会的耗费和支出,即旅游的社会总成本。其一般分为无形成本和有形成本。有形成本是指为开展旅游经济活动而必须付出的直接成本,主要体现在经济上的支出,如旅游设施的投资。无形成本,是指为发展旅游业而导致对社会、经济和生态环境等方面产生负面影响所花费的成本,即间接支付的成本,如旅游活动对环境的消极影响。

旅游宏观收益是反映通过发展旅游业而为全社会带来的成果和收益。它不仅包括旅游业自身所获得的经济收益,也包括对相关产业、部门的带动,对社会文化的促进,以及对整个社会、经济所产生的积极作用等。它也分为有形收益和无形收益两大部分。有形收益是指发展旅游业而给社会带来的直接经济收益,如旅游活动的营业收入和税收等。无形收益是指发展旅游业给旅游目的地国家或地区的社会经济带来的无法量化的收益,如对目的地的宣传效应。

2.旅游宏观经济效益评价指标

第一,旅游创汇收入。旅游创汇收入指标反映了旅游目的地国家或地区通过发展国际旅游,直接从国际旅游者的旅游消费支出中所得到的外汇收入。

第二,旅游总收入。旅游总收入指标是指旅游目的地国家或地区通过开展旅游经济活动从国际国内旅游者的支出中所得到的全部收入,其反映了旅游产业发展的总规模收益,是评价旅游宏观经济效益的主要指标。

第三,旅游就业人数。旅游就业人数指标反映了旅游产业发展过程中,为社会提供的劳动就业人数的总量。

第四,旅游投资效果系数。旅游投资效果系数指标,是指一项旅游投资项目所获得的盈利总额同投资总额的比值,是反映旅游投资效益的重要指标。

第五,旅游投资回收期。旅游投资回收期是指一项旅游投资项目回收的年限,是投资效果系数的倒数,也是反映旅游投资效益的重要指标之一。

第六,旅游带动系数。旅游带动系数指标,也称旅游乘数,是指旅游直接收入的增加对国民经济各部门收入增加的促进作用。

3.旅游宏观经济效益评价方法

对旅游宏观经济效益的评价,主要是评价旅游产业的发展对整个国民经济发展的贡献。它可以从以下三方面进行综合评价:

第一,对旅游产业的自身经济效益评价。对旅游产业的自身经济效益评价,是旅游宏观经济效益评价的主要内容,即通过分析旅游业满足社会需要的程度,同发展旅游业所消耗的社会总劳动量间的比较来评价旅游业的宏观经济效益。

第二,对旅游产业的社会经济效益评价。旅游业是一个综合性的经济产业,同国民经济的其他许多部门有着紧密的联系,因此对旅游业的社会经济效益评价,主要是分析和评价其对相关产业的带动及对整个社会经济的促进作用。例如,评价旅游业的就业乘数效应。

第三,对旅游产业的社会非经济效果评价。旅游业对社会经济的影响效果不仅体现在经济效果方面,还体现在非经济效果方面,但由于对这些非经济效果无法以准确的量化数据来反映,因此只能根据某些主观判断来评价。为了尽量减少偏差,通常是采用专家调查法。

4. 提高旅游宏观经济效益的途径

第一,改善宏观调控,完善旅游产业政策。要提高旅游宏观经济效益,就要求国家不断改善和加强宏观调控,对整个旅游产业的发展作出统一、科学合理的规划,制定和完善旅游产业政策,充分利用和发挥经济、行政、法律等调控手段,调动社会各方面的积极性,促进整个旅游产业的发展。

第二,改革旅游经济管理体制,建立现代企业制度。提高旅游宏观经济效益,还必须对传统经济管理体制进行改革,按照市场经济的要求,建立适应社会主义市场经济的现代企业制度和旅游经济管理体制。

第三,加快旅游设施建设,提高旅游服务质量。旅游业的发展和旅游宏观经济效益的提高,离不开旅游"硬件"和"软件"建设。所谓"硬件",就是指旅游产业的基础设施和接待设施等方面。所谓"软件",是指旅游服务质量,即旅游行业职工的服务态度、服务技能和服务水平。

第四,抓好旅游市场管理,加强法制建设。旅游业是一个新兴产业,涉及面广,因此在经济管理、行政管理及法制建设等多方面都有待进一步规范化和法制化。

思考与练习

1. 影响旅游经济效益的因素有哪些?
2. 为什么我国旅游企业的经济效益差? 如何解决?
3. 如何提高我国旅游宏观的经济效益?

第十一章
旅游经济的发展趋势

学习目标

◎ 了解旅游可持续发展的重要性、规律与重点；

◎ 了解智慧旅游的起源、内涵与发展趋势；

◎ 了解创意旅游的内涵与特征；

◎ 了解全域旅游的内涵、特征与理念。

引导案例

北京成为智慧旅游城市

查看景区天气、购买门票、导游讲解……如今，在北京出门逛景点全程您都可以交给"i游北京"，享受智慧旅游带来的方便。北京市旅游委介绍，通过多种技术支持，游客在食、住、行、游、购、娱上都能体验到智慧旅游带来的便捷。

1.海外游客爱用旅游网

北京市旅游网是目前全国语言版本最多的政府网站，多达10种语言，也正因为多语种服务，不少外国游客首先是通过北京旅游网了解到北京。

在北京旅游网中，每5个IP地址访问中就有一个来自于海外。实际上，北京旅游网的官方微信目前也在全国各类政务微信中影响力靠前，总阅读量名列第三。游客通过北京旅游网或者"i游北京"APP都可以快速查询了解到全市40个景区当天当时的景区游览舒适度指数、周边交通状况和气象实况。

这些服务功能如何实现？首都旅游产业运行监测调度中心集数据共享、产业监测、视频监控、公共服务、应急调度、视频会议等多项功能于一体，在全国旅游系统是首创。调度中心实时监控全市近100家重点景区、饭店和游客集中区域，定时发布京城各大景区的游览舒适度指数，为游客出行提供参考，为假日旅游安全应急提供保障。调度中心被国家旅游局确定为"重点景区游客流量监测和服务系统试点省市"。

而这些信息都是可以通过北京旅游委官方网站和APP查询到，比如景区舒适度，每15分钟更新一次，共分5个级别，分别是5级舒适、4级较为舒适、3级一般、2级较拥挤、1级拥挤，游客可以以此为出游依据。此外，也可以通过北京旅游网（www.visitbeijing.com.cn）购买到北京众多景区的门票。

2.APP防黑一日游

不少初次到北京的游客只是凭借街头广告和推销者经常被黑一日游坑骗。使用手机"i游北京"APP，就能帮助游客有效防止落入黑一日游陷阱。

比如在APP里输入导游证件号码，"李鬼"导游就会自动被甄别。游客遇到的导游、大巴车是否为正规,一查即可知道。如果您是旅行团的游客,还可以查询到导游的资格和旅行社资质。

据悉,首都旅游产业运行监测调度中心整合了 10 余家委办局和区的信息资源,同时接入了全市 7000 余辆旅游营运车辆 GPS 信息、全市 40 家重点景区气象信息以及全市 4A 以上重点景区、5 星级重点饭店近百家单位的视频监控信息。

3. 游客和市民导游助手

很多人去景区习惯租一个讲解器,但多数讲解器却没有定位功能,只能随时查找翻看。而通过"i 游北京"APP,市民和游客相当于随身携带一位智慧导游。"i 游北京"APP 景区的导游导览功能有些类似于手机导航,把手机里的 GPS 定位系统打开,APP 就能识别出游客的具体位置,然后根据位置为游客导游,游客走到哪里就听到哪里。

据北京市旅游委相关部门负责人介绍,景区自助导游系统不仅能在景区没有网络信号的情况下为游客提供免费手机导游自助讲解服务,还能为景区、旅游管理部门提供后台管理功能,方便景区实时对景区自助导游内容进行在线增加、修改。

除了随身携带的手机 APP,您也可以通过北京旅游网遍览京城美景。在"北京旅游网"的"虚拟导游"栏目中,游客在家里就能以 360 度的角度环视北京热点景区内的各景点,观赏各景点不同季节风采和景观,聆听各景点生动的介绍和解说。目前,"虚拟导游"栏目共收纳了北京200 多个景区。北京市旅游委相关部门负责人表示,北京 A 级景区虚拟旅游项目不仅创新、优化了为市民提供公共服务的手段和方式,同时为景区宣传推广提供了更多的渠道和广阔空间。这项工程可以说是提升旅游服务、改善旅游体验、创新旅游管理、优化旅游资源利用的智慧旅游基础建设工程。

随着现代旅游业的快速发展,各种新型的旅游形式如雨后春笋般涌现。伴随着互联网的普及,智慧旅游将成为未来旅游发展的大势。

资料来源:傅洋.北京成为智慧旅游城市[N].北京晚报,2016-01-29.

第一节 旅游可持续发展

一、资源、环境与旅游业发展的关系

1. 旅游资源与旅游业发展的关系

在现代旅游活动中,旅游资源与旅游业发展是密切联系的。旅游资源作为自然和人类社会中一切能够吸引旅游者进行旅游活动的自然资源和社会文化资源,其本质就是能够激发旅游者的旅游动机,具有吸引旅游者进行旅游消费,并促成旅游行为的功能。旅游发展,是指人们以经济效益为目的,以满足旅游者需求为重点,为了充分发挥旅游资源的吸引力,而围绕旅游资源所进行的一系列开发和建设的活动。只有当人们认识到旅游资源对于旅游业和社会经济发展的重要性时,才会主动自觉地开发和利用旅游资源,因此,旅游资源的开发就成为旅游发展的重要内容。

2. 旅游环境与旅游业发展的关系

所谓环境,是指作用于人类的所有外界影响因素与力量的总和,是人们赖以生存和发展的客观条件,从旅游角度看,旅游发展的实质就是利用优美的自然环境条件,按照人们的要求对旅游资源进行整修和提高,从而形成各种各样的风景区和良好的旅游环境,满足人们的旅游需求。从环境保护的角度看,旅游活动的开展有利于环境保护,但同时也会带来一些对环境的消极影响。

二、旅游可持续发展的重要性

1.旅游可持续发展的概念

旅游可持续发展是指在充分考虑旅游与自然资源、社会文化和生态环境相互作用和影响的前提下,把旅游开发建立在生态环境承受能力之上,努力谋求旅游业与自然、文化和人类生存环境协调发展,并福及子孙后代的一种经济发展模式,其目的在于为旅游者提供高质量的感受和体验,提高旅游目的地人民的收入水平和生活质量,并切实维护旅游者和旅游目的地人民共同依赖的环境质量。

2.旅游可持续发展的主要特点

第一,旅游可持续发展的目标是满足人们多样化需求。根据马斯洛需求层次理论,旅游需求属于高层次的需求,随着人们生活水平的提高,越来越多的人们普遍会产生对旅游的需求,加之人们的旅游需求丰富多样,因而旅游经济的可持续发展必然以满足人类的多样化需求为根本目标。

第二,旅游可持续发展的重点是保护资源和环境。旅游资源是一地发展旅游的根本,而环境是一地发展旅游的保证。因此,旅游要想获得可持续发展,就必须加强对旅游资源和环境的保护,这是旅游可持续发展的根本。

第三,旅游可持续发展的前提条件是合理地规划和开发。旅游开发,规划先行。只有进行科学、合理的规划,旅游资源和环境才能够得到有效的保护。现实中旅游资源和环境的破坏,要么缺乏科学的规划,要么规划缺乏有力的执行。而只有旅游资源和环境得到有效的保护,旅游业实现可持续发展才有可能。

第四,旅游可持续发展的重要保障是加强旅游行业管理。由于旅游业的综合性和复杂性,在旅游业的发展过程中,常常由于一处旅游资源归属不同的部门管理,导致政出多门,管理低效。因此,加强对旅游行业的统一管理对实现旅游业的可持续发展至关重要。

3.旅游可持续发展的重要意义

第一,可持续发展有利于对旅游资源的保护和持续利用。可持续发展战略是一种适度、有节制的发展,由于旅游资源是有限的,旅游环境的容量是一定的,因此对于旅游开发来说,可持续发展就是要有计划、有序、有重点地开发和利用一地的旅游资源,而且每一阶段的开发都要控制在旅游资源和环境的容量之内。

第二,可持续发展有利于促进经济与社会、环境协调发展。可持续发展是一种综合、系统的发展观,不仅仅强调旅游业的经济效益,同时也要充分考虑旅游业的社会和生态效益。例如,旅游发展要尽可能吸纳当地的居民就业,旅游发展要利于保护和美化当地的生态环境。总之,旅游可持续发展要有利于促进目的地经济与社会、环境协调发展。

第三,可持续发展有利于旅游市场的繁荣和稳定。旅游可持续发展可以延长旅游地的生命周期,进而有利于吸引更多的旅游者,保证旅游市场的繁荣。同时,旅游可持续发展通过不断开发新的旅游项目,也利于保持旅游市场的相对稳定。

第四,可持续发展有利于促进旅游经济增长方式的转变。坚持旅游可持续发展,将促使旅游业逐渐转变增长方式,由粗放式增长模式向综合增长模式转变,具体表现为由传统的仅仅关注于游客的数量到提升旅游服务的品质转变。

第五,可持续发展有利于促进贫困地区尽快脱贫致富。旅游可持续发展有助于脱贫,贫困地区居民通过持续参与旅游活动,将不断提高收入水平,提高生活质量,最终脱离贫困,走向富裕。

三、旅游可持续发展的观念与规律

1.旅游可持续发展观念

(1)旅游可持续发展系统观。

旅游可持续发展系统观是把自然圈、生物圈和社会圈视为一个完整的生态系统,其核心是强调人与自然、人与环境、人与社会相互依赖、相互和谐的共生共存关系。

(2)旅游可持续发展的资源观。

旅游可持续发展的资源观引入了可持续发展的理念,强调自然资源与环境的有价性,并将自然资源和环境视为旅游活动的资本,将其价值计入旅游活动的成本中,以期从旅游收入中给予补偿,从而实现自然资源和环境的永续利用。

(3)旅游可持续发展的市场观。

旅游可持续发展的市场观是根据市场的需求特点、规模、档次、水平及变化规律和趋势,对现有旅游产品进行组合包装,积极开拓新的旅游产品,适应国际旅游市场需求多样化的市场群体细分化的要求,增强旅游产品的吸引力,促进旅游经济的可持续发展。

(4)旅游可持续发展的产业观。

旅游可持续发展的产业观要求加快旅游资源的开发,积极培育和发展旅游支柱产业,提升旅游业在一地经济体系中的地位,进而促进旅游业的快速发展。

(5)旅游可持续发展的效益观。

旅游业作为一项经济产业,在其发展中应始终把提高经济效益、社会效益和环境效益作为主要的目标,推动整个社会生产力的发展。

2.旅游可持续发展规律

(1)环境保护超前规律。

环境保护必须超前于旅游资源开发,这是旅游可持续发展的客观规律性。现实中对环境保护的忽视,往往导致旅游开发的难以持续。

(2)环境承载力规律。

环境承载力是把生态环境与人口规模结合起来,研究人口规模在何等程度时能保证生态环境的持续性。旅游环境承载力是指旅游活动中,旅游目的地最大限度能容纳旅游者数量的能力。其规律是指旅游经济的可持续发展必须以不超过旅游目的地环境承载能力为前提,并以此作为旅游业各方面发展的依据。

(3)综合协调发展规律。

旅游可持续发展要求的是综合协调的发展,而不能只单纯追求某一方面的发展,即旅游经济发展要遵循综合协调发展的规律,以旅游活动各环节或各要素为纽带,在统一管理、统一协调的前提下,谋求旅游业与其他行业或部门以及旅游业内部各方利益的最大一致化。

（4）创新发展规律。

创新发展规律是旅游活动中有关环节或要素在内外因素的作用下，减少了旅游活动内部矛盾并促使旅游活动呈现出更高级的特征，提高了旅游经济的运行质量和效果，从而带动旅游经济健康、持续地发展。

四、旅游可持续发展的重点

1. 推进旅游可持续发展的职责

在一地的旅游可持续发展过程中，政府部门通常是推进旅游可持续发展的主体力量；旅游企业是可持续发展的受益者，也是可持续发展的主要参与者和执行者；旅游者既是旅游可持续发展的直接受益者，在推进旅游经济的可持续发展中，他们也应该承担一定的责任和义务。另外，还有非政府组织，是指那些代表和保护公众利益的社团机构，他们的积极参与将对旅游业的可持续发展提供有力的支持。

2. 旅游可持续发展的重点

旅游可持续发展的重点是在尊重自然生态环境及旅游资源形成的基础上，把合理利用旅游资源和保护旅游环境相结合，把近期利益与长期利益相衔接，努力谋取旅游经济效益、社会效益和生态效益的协调发展。

（1）有效开发和合理利用旅游资源。

开发旅游资源的根本目的是为了利用旅游资源，但客观上对某些旅游资源的开发本身就意味着破坏，因而必须根据不同的旅游资源采取不同的开发原则，而旅游资源保护的重点是其特色。

（2）重视和加强旅游环境的保护。

必须把环境保护贯穿于旅游开发和旅游经济发展的始终，使旅游业发展建立在生态环境的承受能力之上。要在旅游开发中采取一切有效的环境保护措施。在旅游目的地开发景点时，不能损害当地的生态环境和社会经济环境；各旅游目的地接待旅游者不能超过旅游景区景点的承载能力；景区景点交通系统的重点应放在公共交通工具和无污染交通手段上；尽可能保护地方文化的本质特征及真实性。

（3）加大旅游可持续发展的资金投入。

坚持旅游可持续发展，应继续贯彻执行利用内资和引进外资相结合，国家、地方、部门、集体、个人一起上的方针，加大对旅游可持续发展的资金投入。要积极争取国家各种专项建设资金的扶持，建立各级政府的旅游发展专项基金，积极引进国内外资金，同时多形式、多渠道地筹集社会资金。

（4）加快旅游可持续发展所需人才的培养。

旅游业作为劳动密集型产业，其快速发展需要大量的旅游管理专业人才。加快旅游管理专业人才的培养不仅是旅游资源的开发、建设和保护的客观需要，也是大力促进旅游可持续发展的现实要求。

（5）制定促进旅游可持续发展的政策。

在旅游发展实践中，旅游地资源和环境的破坏，很大程度上是由于当地在旅游发展过程中没有坚持可持续发展的理念。必须围绕旅游可持续发展的战略和目标，由主管部门宏观协调各相关部门，制定各种相互配合、协调一致的扶持政策。

第二节　智慧旅游

一、智慧旅游的起源及发展条件

1.智慧旅游的起源

智慧旅游来源于"智慧地球(smarter planet)"及其在中国实践的"智慧城市(smarter cities)"。2008年,国际商用机器公司(international business machine,IBM)首先提出了"智慧地球"概念,指出智慧地球的核心是以一种更智慧的方法通过利用新一代信息技术来改变政府、公司和人们相互交互的方式,以便提高交互的明确性、效率、灵活性和响应速度。

"智慧城市"是"智慧地球"从理念到实际、落地城市的举措。IBM认为,21世纪的"智慧城市"能够充分运用信息和通信技术手段感测、分析、整合城市运行核心系统的各项关键信息,从而对于包括民生、环保、公共安全、城市服务、工商业活动在内的各种需求做出智能的响应,为人类创造更美好的城市生活。IBM的"智慧城市"理念把城市本身看成一个生态系统,城市中的市民、交通、能源、商业、通信、水资源构成了子系统,这些子系统形成一个普遍联系、相互促进、彼此影响的整体。

在国务院《关于加快发展旅游业的意见》(国发[2009]41号)精神指引下,旅游业开始寻求以信息技术为纽带的旅游产业体系与服务管理模式重构方式,以实现旅游业建设成为现代服务业的质的跨越。受智慧城市的理念及其在我国建设与发展的启发,"智慧旅游"应运而生。从城市角度,"智慧旅游"可视作智慧城市信息网络和产业发展的一个重要子系统,实现"智慧旅游"的某些功能可借助或共享智慧城市的已有成果。因"智慧旅游"是一项侧重公共管理与服务的惠民工程,将"智慧旅游"在城市视角下纳入智慧城市有助于明确建设主体并集约资源。

2.智慧旅游的发展条件

智慧旅游发展的推动力依托以下六个方面:第一,全球信息化浪潮促进了旅游产业的信息化进程;第二,旅游产业的快速发展需要借助信息化手段,尤其是旅游业被国务院定位为"国民经济的战略性支柱产业和人民群众更加满意的现代服务业"以来,旅游业与信息产业的融合发展成为引导旅游消费、提升旅游产业素质的关键环节;第三,物联网/泛在网、移动通信/移动互联网、云计算以及人工智能技术的成熟与发展具备了促成智慧旅游建设的技术支撑;第四,整个社会的信息化水平逐渐提升促进了旅游者的信息手段应用能力,使智能化的变革具有广泛的用户基础;第五,智能手机、平板电脑等智能移动终端的普及提供了智慧旅游的应用载体;第六,最为重要的是,随着旅游者增加和对旅游体验的深入需求,旅游者对信息服务的需求在逐渐增加,尤其旅游是在开放性的、不同空间之间的流动,旅游过程具有很大的不确定性和不可预见性,实时实地、随时随地获取信息是提高旅游体验质量的重要方式,也昭示了智慧旅游建设的强大市场需求。

智慧化是社会继工业化、电气化、信息化之后的又一次突破,智慧旅游已经成为旅游业的一次深刻变革。

二、智慧旅游的概念

智慧旅游是基于新一代信息技术(也称信息通信技术,ICT),为满足游客个性化需求,提供高品质、高满意度服务,而实现旅游资源及社会资源的共享与有效利用的系统化、集约化的管理变革。

智慧旅游是智慧地球及智慧城市的一部分。智慧旅游与旅游信息化既有区别又有联系。信息化是指充分利用信息技术,开发利用信息资源,促进信息交流和知识共享,提高经济增长质量,推动经济社会发展转型的历史进程。狭义的旅游信息化是指旅游信息的数字化,即把旅游信息通过信息技术进行采集、处理、转换,能够用文字、数字、图形、声音、动画等来存储、传输、应用的内容或特征;广义的旅游信息化是指充分利用信息技术,对旅游产业链进行深层次重构,即对旅游产业链的组成要素进行重新分配、组合、加工、传播、销售,以促进传统旅游业向现代旅游业的转化,加快旅游业的发展速度。因此,信息化与旅游信息化既是过程也是结果,过程的理解侧重于实现信息化的过程,而结果则侧重于"信息化了"的结果。然而,由于信息技术的不断发展,信息化在实践中更侧重于是一个随着信息技术的发展而不断进行的过程。智慧旅游则可理解为旅游信息化的高级阶段,其并不是旅游电子政务、旅游电子商务、数字化景区等用"智慧化"概念的重新包装,而是要能够解决旅游发展中出现的新问题,满足旅游发展中的新需求,实现旅游发展中的新思路以及新理念。

为此,智慧旅游的建设目的集中于三个方面:

第一,满足海量游客的个性化需求。日渐兴盛的散客市场使得自助游和散客游已经成为一种主要的出游方式。据不完全统计,北京旅游的散客占到游客总数的91%[①]。未来散客的市场份额将不断扩大,因此更加便利快捷的智能化、个性化、信息化的服务需求量将不断扩大。

第二,实现旅游公共服务与公共管理的无缝整合。随着电子政务向构建服务型政府方向发展,旅游信息化的高级阶段应是海量信息的充分利用、交流与共享,以"公共服务"为中心的服务与管理流程的无缝整合,实现服务与管理决策的科学、合理。

第三,为企业(尤其是中小企业)提供服务。旅游中小企业的信息化水平不高,在智慧旅游的建设过程中如何吸引旅游中小企业加快信息化进程是目前各智慧旅游试点省市在实践中遇到的难点问题。基于云计算的智慧旅游平台能够向中小旅游企业提供服务,为其节省信息化建设投资与运营成本,是旅游中小企业进行智慧旅游集约化建设的最佳方式。

三、智慧旅游的核心技术

1. 物联网技术

物联网是智慧旅游的核心网络。物联网实现了物与物、人与物、人与人的互联(国际电信联盟,ITU)。从定义上讲,物联网是通过射频识别(RFID)、红外感应器、全球定位系统(GPS)、激光扫描等信息传感设备,按约定的协议,把物品与网络连接起来进行信息交换和通信,以实现智能化识别、定位、跟踪、监控和管理的一种网络。

智慧旅游中的物联网可以理解为互联网旅游应用的扩展以及泛在网的旅游应用形式。如果称基于互联网技术的旅游应用为"线上旅游",那么基于物联网技术的旅游应用则可称为同时涵盖"线上"与"线下"的"线上线下旅游"。物联网技术突破了互联网应用的"在线"局限,而这种突破是适应旅游者的移动以及非在线特征的。泛在网是指无所不在的网络,即基于个人

---

① 北京市旅游局.北京市旅游统计年鉴(2010)[M].北京:北京市旅游局,2010.

和社会的需求,利用现有的和新的网络技术,实现人与人、人与物、物与物之间无所不在的按需进行的信息获取、传递、存储、认知、决策及使用等的综合服务网络体系。基于物联网的旅游应用的"线上""线下"融合体现了泛在网"无所不在"的本质特征,而这种本质也是适应旅游者的动态与移动特征的。

2.移动通信技术

移动通信是物与物通信模式中的一种,主要是指移动设备之间以及移动设备与固定设备之间的无线通信,以实现设备的实时数据在系统之间、远程设备之间的无线连接。因此,移动通信可理解为物联网的一种物与物连接方式,是支撑智慧旅游物联网的核心基础设施。

移动通信技术作为物联网的一种连接方式之所以被特别提出,是因为随着移动终端设备的发展与普及,移动通信技术使得信息技术的旅游应用从以个人计算机为中心向以携带移动通信终端设备的"人"——旅游者——为中心发展,体现了以散客为服务对象的信息技术应用方向。个人计算机基于计算机网络技术连接,通过互联网技术繁荣各种旅游应用;而移动通信终端设备基于移动通信技术连接,通过互联网、物联网技术繁荣各种旅游应用。移动通信技术自诞生以来迅猛发展,已经从第一代发展至第三代,并正在向第四代前进,第四代也被称为新一代、超三代。智慧旅游中的移动通信技术为旅游者提供丰富的高质量服务,如全程(游前、在途、游后)信息服务、无所不在(任何时刻、任何地点)的移动接入服务、多样化的用户终端(个性化以及语音、触觉、视觉等多方式人机交互)以及智能服务(智能移动代理、Intelligent Agent)等。智慧旅游的移动通信技术应用将极大改善旅游者的旅游体验与游憩质量,提升旅游目的地管理水平与服务质量,将使旅游管理与服务向着更加精细以及高质量方向推进。移动通信技术在智慧旅游中体现的是满足游客个性化需求,提供高品质、高满意度服务的智慧。

3.云计算技术

云计算是一种网络应用模式,计算机终端、移动终端等终端使用者不需了解技术细节或相关专业知识,只需关注自己需要什么样的资源以及如何通过网络来得到相应服务,其目的是解决互联网发展所带来的巨量数据存储与处理问题。云计算的核心思想是计算、信息等资源的有效分配。

云计算技术包含两个方面的含义:一方面指用来构造应用程序的系统平台,其地位相当于个人计算机上的操作系统,称为云计算平台(简称云平台);另一方面描述了建立在这种平台之上的云计算应用(简称云应用)。云计算平台可按需动态部署、配置、重新配置以及取消部署服务,这些服务器可以是物理的或者虚拟的。云计算应用指一种可以扩展至通过互联网访问的应用程序,其使用大规模的数据中心以及功能强劲的服务器来运行网络应用程序与网络服务,使得任何用户通过适当的互联网接入设备与标准的浏览器就能够访问云计算应用。

智慧旅游的云计算建设须同时包含云计算平台与云计算应用。目前,智慧旅游实践中经常混淆了云计算平台与云计算应用两个概念,如"旅游云""旅游云计算""旅游云计算平台"等。实际上,云平台具有某种程度的具体应用无关性,因此智慧旅游的云计算技术的应用研究应侧重于云计算应用,如研究如何将大量、甚至海量的旅游信息进行整合并存放于数据中心,如何构建可供旅游者、旅游组织(企业、公共管理与服务等)获取、存储、处理、交换、查询、分析、利用的各种旅游应用(信息查询、网上预订、支付等)。从某种程度上讲,云计算技术在智慧旅游中体现的是旅游资源与社会资源的共享与充分利用以及一种资源优化的集约性智慧。

4. 人工智能技术

人工智能(artificial intelligence,AI)研究如何应用计算机的软硬件来模拟人类某些智能行为的基本理论、方法和技术,涉及知识表示、自动推理和搜索方法、机器学习和知识获取、知识处理系统、自然语言理解、计算机视觉、智能机器人、自动程序设计等方面的研究内容。目前人工智能技术已经被广泛应用于机器人、决策系统、控制系统以及仿真系统中。智慧旅游包含了以物联网与移动通信为核心的先进计算机软硬件以及通信技术,也包含了以云计算为核心的计算与信息资源的合理及有效分配技术。但是,如何充分利用智慧旅游不断采集、存储及处理的大量甚至海量数据信息,使其能够在旅游服务及管理等方面发挥重要作用,是关系智慧旅游成败的关键问题。人工智能就是智慧旅游用来有效处理与使用数据、信息与知识,利用计算机推理技术进行决策支持并解决问题的关键技术。在旅游研究领域,人工智能更多地被用于旅游需求预测中;而人工智能在智慧旅游中的作用不仅在于此,还包含游憩质量评价、旅游服务质量评价、旅游突发事件预警、旅游影响感知研究等诸多领域。如果将物联网、云计算以及移动通信技术看成智慧旅游的构架技术,那么人工智能就是智慧旅游的内核技术。

四、智慧旅游的推广价值

1. 加强景区的监管安保工作

智慧景区实时定位管理的三种模式,即常态监管模式、警报导航模式和灾害救助模式。常态监管模式对景区、景点客流分流导航提供决策信息,主要用于常态化的安全监管工作;警报导航模式针对游客在监管系统中突然消失下的主动报警救助,适用于非正常状态下的安全救助;灾害救助模式针对火灾、地震等灾害状态下的救助行动,只用于极端状态下的安保救助,对大型景区的监控安保具有极强的应用价值。

2. 增加景区的互动体验质量

国家旅游局的"智慧旅游"战略不仅包括智慧旅游景区的建设,还包括智慧城市、智慧交通、智慧酒店、智慧餐饮等,智慧旅游的信息化水平与人们信息生活相互推动,随着旅游景区"数字化"建设逐步被"智慧化"建设所取代,更高阶的信息服务成为人们旅游生活必要组成部分,信息化的服务改变并提升旅游互动体验质量。

3. 推动景区引领趋势与潮流

智慧旅游具有国际化、品牌化、个性化、集成化、科技化的发展趋势。大型5A景区发展智慧旅游管理系统具有更强的国际竞争力,易于形成独特竞争优势,形成品牌优势和科技服务优势。

4. 改变旅游产业格局

智慧旅游在优势地区与优势景区首先建立,将进一步扩大其竞争优势,并影响云计算、物联网等新兴信息产业的发展;促进智能手机、平板电脑等智能移动终端产业发展,以及旅游在线服务、旅游搜索引擎、GPS定位导航等相关产业发展。

五、智慧旅游的发展趋势

智慧旅游有着广泛的应用前景,它不仅引领世界旅游的发展潮流,成为现代服务业与科技结合的典范,还可以改善管理平台、增强竞争优势,满足旅游者的个性需求。

1. 引领世界旅游的发展潮流

智慧旅游以人本、绿色、科技创新为特征,利用云计算、物联网、高速通信技术等高科技提升旅游服务质量与服务方式,改变人们的旅游消费习惯与旅游体验,成为旅游发展与科技进步结合的世界时尚潮流。尽管欧美等发达国家在旅游智能化方面取得令人羡慕的成就,但云计算、物联网、高速互联网等新型信息技术在旅游领域尝试性运用却刚刚开始,各国在智慧旅游发展上处在同一起跑线上,谁在智慧旅游发展方面占据先机,谁就能引领世界旅游发展的潮流。国家旅游局提出争取用10年左右时间,在我国初步实现"智慧旅游"的战略目标,这必将使我国在世界旅游竞争格局中占据优势地位,成为引领世界旅游产业发展的重要力量。

2. 打造现代服务业科技典范

目前,我国旅游业因其科技含量不足、知识密集程度不够、经营管理方式传统尚不属于现代服务业的范畴。智慧旅游建设是我国旅游业由传统服务业向现代服务业转变的突破口,借助智慧旅游示范城市、示范企业的建设,强化我国智慧旅游装备制造、智慧旅游应用软件、智慧旅游经营发展模式等方面的探索和建设,以提升我国旅游业的科技含量,增强我国旅游创新能力,提升我国旅游服务质量和国际竞争力。以云计算、物联网、高速通信技术等信息技术的有机整合,使旅游业的信息化水平与工业信息化水平同步发展;使旅游业的信息化水平超前于服务业整体的信息化水平;使旅游业发展成为高信息含量、知识密集的现代服务业的典范。

3. 提升科技集成的竞争优势

目前,智慧旅游作为一个发展概念,尚无技术标准和建设发展模式,现在进行的智慧旅游建设均属于探索性的建设。在未来智慧旅游主导的旅游产业竞争格局中,谁参与了智慧旅游标准制订、谁参与了智慧旅游技术整合、谁参与了智慧旅游经营模式探索,谁就可能获得世界旅游产业中利润最丰厚的部分,占据旅游产业的市场优势和竞争主动权。因此,在智慧旅游"云—端"的模式总体框架下,将云计算中心、高速互联网、高速移动通信网、物联网等进行集成性融合尝试;采用"私有云计算"的服务方式降低基础设施建设成本、维护成本和升级成本,提升信息处理能力;采取虚拟定位技术,将游客锁定到三维地图之中,进行可监控救援服务;采取游客信息采集处理技术,对消费者进行类别区分,提供贴身营销服务等,实现智慧旅游信息科技集成条件下的精细管理的价值诉求。

4. 探索旅游管理的创新平台

智慧旅游需要有智慧旅游系统应用平台的支撑。智慧旅游系统应用平台作为一个信息集成系统,收集景区物联网的监控信息,如智慧园区客流动态监控状况,游客消费实时信息,餐饮、饭店、商铺经营动态系统,景区生态、遗产文物等实时监控状况,安保信息系统等。物联网采集信息通过虚拟数据中心的云计算驳接系统,传输到云计算中心,在云计算中心完成信息计算与处理,再返回虚拟数据中心,虚拟数据中心的系统平台提供分析结果,供决策管理者进行旅游信息决策,使智慧旅游景区管理更加高效合理。

5. 满足旅游体验的个性需求

智慧旅游发展的直接受益者是旅游者。旅游者通过智慧旅游系统的终端驳接工具,完成网上旅游咨询服务,如查询观光信息、网上预约和网上淘宝服务,还可以订制私人旅游线路,合理安排个人日程,最大化地利用旅游时间。智慧景区也将提供更加多元化、个性化的服务,旅游者能够根据自己的需要,选择性消费,如根据自己的需要选择导游讲解语种、讲解风格、讲解深度等,旅游者借助虚拟辅助系统能够全面、直观、深入地进行旅游体验。旅游者与智慧景区系统不断地进行信息互动,进而使景区服务形式和消费内容不断创新,旅游者每次到来都有不同的体验和感受,从而乐于重复消费。

第三节　创意旅游

创意产业的兴起提升了世人的创意意识,"创意"一词也变得家喻户晓,创意产业的巨大威力令人咋舌,人们对创意的需求也日益强烈,于是,对创意的渴求便催生了创意旅游。创意元素的融入为旅游业的发展注入了新的活力,促进了旅游业的深层次发展。旅游业不仅仅是对现有的已存在的资源的开发和利用,它更是资源的创造,创意也使得资源的深度开发更为便利。爱诺(Eno)在论及艺术家所发挥的作用时说:"那些曾被我们不屑一顾甚至遭受抛弃的事物,经艺术家之手后,刹那间变得光彩夺目,魅力逼人。"创意之于旅游业正如艺术家之于平凡之物,前者的融入为后者创造了更大的价值。创意旅游是创意产业在旅游业的延伸,是创意产业与旅游业的融合。

一、创意旅游的兴起

创意旅游的兴起是顺应市场潮流的,是对市场需求进行挖掘后产生的具有市场引导性的旅游产品,当然,创意旅游能够投入市场也是建立在一定的供给基础上的,供需结合使创意旅游成为可能。

1.体验经济的风靡

所谓体验经济,即指企业以服务为舞台,以商品为道具,以消费者为中心,创造能使消费者参与、值得回忆的体验活动为目标的一种经济形态。体验经济起源于美国,在取得一些令人欣慰的成绩后迅速向世界其他国家和地区渗透和拓展。当今世界已迈入火热的体验时代,许多行业都在进行不同程度的体验尝试。而体验与旅游有着直接的天然的联系,旅游者花费了时间、精力和金钱,增长的是阅历,得到的是体验,体验经济会刺激旅游消费,旅游体验经济就是通过各个方面的努力使游客达到深度体验。

旅游体验与一般旅游商品的主要区别在于旅游者的主动参与,在于旅游者用整个身心来体验。在经济技术日新月异的时代里,观赏性已经不再是旅游商品区别于其他商品的重要特征,而文化性的重要性则日益凸显。文化性是创意产业的特点,时尚尖端更是创意旅游的特征之一。创新是当今全球性的主题,通过创意旅游,游客可以丰富个人的创意阅历,提高个人的创意能力,对融入急速变化的创新社会不无帮助。

2.基于创意阶层的崛起

创意产业是一个高度推崇个体创造性的产业,创意人才在创意产业发展过程中具有举足轻重的意义。当创意成为经济发展的重要推动力,创意人才和人力资本就具有了重要的意义。美国文化经济学家理查德·弗洛里达(Richard Florida)在其《创意阶层的崛起》(The Rise of the Creative Class)一书中指出:创意在当代经济中的异军突起表明了一个职业阶层的崛起。

创意阶层与其他阶层的根本区别在于创意阶层的认识构思和解决难题,被要求去发挥,有较多的自主权和灵活性,而属于工作阶层或服务业阶层的人按指令行事。创意阶层由两个基本"层面"组成:一个层面是中心内核,包含从事科学、工程建筑、设计、教育以及艺术、音乐、戏剧的人士。它的经济功能是创造观念、技术和新的内容。另一个层面,是在这个"超前创意"中心的周围形成一个更宽泛的职业者团体,在商业、医学、财政、法律部门供职,是从事与解决各种复杂难题的人士,解决这些难题需要充分的独立判断力和深厚的文化资本。创意需要大量的原始资料的积累,创意不是凭空出现的,它源于创意从业者人文底蕴的培养,创意资料的积累。因此,创意从业者需要不断地从周围环境中汲取创意元素,创意旅游的产生会扩大创意阶层的接触范围,创意阶层也乐于通过该项旅游产品获取更多的创意经验,创意旅游可以为游客提供浓厚的创意氛围,提高创意从业者的创意互动层次,对创意的激发具有极大的促进作用。创意阶层对创意旅游需求的形成基于对休闲体验要素的需求,一个宽松愉悦的环境,有利于激发创意阶层的灵感,创造出更好的产品。

可以说,体验经济的风靡带来了创意旅游的大众需求,而创意阶级的崛起则构成了创意旅游的专业需求。

3.基于旅游产品的供给

创意产业的发展要求各行业通过产品展示或其他形式进行一定的交流活动,这恰恰为旅游业提供了一个平台,如各项展览、节庆活动等,游客通过参观或参与到此类活动中,接触到各项创意元素,实现个人素质的提高,这些都可以构成创意旅游。

另外,从创意旅游产品的定义来看,创意旅游的关键在于旅游者是否能够获得创意性体验,实现创意能力的提升;创意旅游是基于文化旅游之上的一种新型的旅游产品,以为游客提供体验式经历为主要目标。因此,现存的大量的文化旅游产品都可以作为创意旅游产品的原体,增加产品中的互动元素,为游客获得深层次的体验提供便利条件。同时,创意旅游对实体资源的要求较少,这也就极大地便利了创意旅游产品的开发。

二、创意旅游的概念与内涵

创意旅游这一概念由学者格雷·理查德(Grey Richards)和克里斯宾·雷蒙德(Crispin Raymond)于2000年首次共同提出。理查德和雷蒙德对"创意旅游"作了如下定义:创意旅游指游客在游览过程中学习旅游目的地国家或社区的某种文化或技巧的一种旅游产品;创意旅游者通过参加互动性工作室(interactive workshop),开发自身创意潜能,拉近与当地居民的距离,进一步体验旅游目的地的文化氛围。该概念对创意旅游的表现形式、实现路径及目标进行了具体的叙述,着重强调互动性措施对创意旅游的重要性。这一概念自提出后,并未得到广泛应用。更多的学者认为互动要素的添加有利于当地对文化旅游资源的诠释,提升当地文化旅游产品的品质,而并未采用创意旅游这一概念。

国内学者周均、冯学钢(2008)认为,创意旅游并非仅局限于互动要素的添加,理查德和雷蒙德的定义更多地是从技术层面对创意旅游进行界定。基于以上论述,可以将创意旅游作如下界定:创意旅游是指以旅游者与旅游目的地之间的创意性互动为核心要素的一项旅游产品,旅游者通过此过程实现知识或技能的输入,开发个人创意潜能,形成个性化的旅游体验及旅游经历。

创意旅游并非为创意与旅游的简单合并,并非所有添加了创意元素的旅游产品均可称为创意旅游,创意旅游是应旅游者日益高涨的精神文化需求以及旅游目的地实现可持续发展的需要而产生的一项新的旅游产品。创意旅游与文化旅游关系甚密,文化是创意旅游的核心要素之一,它的形成基于文化旅游,也实现了对文化旅游的进一步发展。

三、创意旅游的特征

创意旅游作为一项新的旅游产品,具有独有的特点,根据对创意旅游的界定,创意旅游主要有如下几大特征:

1.创意旅游是以文化为本位的旅游产品

创意旅游与文化旅游从本质上来说是相同的,即创意本位,两者都将文化作为旅游产品的主要内容,不过前者比后者对旅游者的要求更高,从这个角度上来说,我们可以将创意旅游称为高级的文化旅游。

创意产业本身是经济发展到一定阶段、人们对精神层面的需求上升到一定高度后才出现的新兴产业,那么创意产业所提供的产品和服务就必须要能够满足人们的精神需求,就必须具有文化品位和文化底蕴。创意产业与旅游业相融合形成的创意旅游自然也是如此。创意旅游以文化资源为生产要素,文化内涵为主要内容,体验式消费为主要特征。人们对旅游创意产品的消费主要是为了满足自身精神需求,是对旅游产品文化附加值的要求。创意旅游的文化本位决定了其具有一般的文化旅游的一些特点,如高附加值、无形性等;同时作为文化旅游的一种发展形式,创意旅游具有其特有的特点。

第一,高品位。创意旅游对旅游者的要求极高。首先,对创意的需求是一种高层次的精神需求,马斯洛提出的"需要层次理论"指出,人总是先追求较低层次的生理需求,当温饱等低层次需求得到一定程度满足后,才会转向追求较高层次的精神需求。因此,创意旅游的消费者一定是具有一定经济水平的消费者。其次,创意旅游中,旅游体验是旅游者自己创造的,而游客只有具有了一定的文化水平,才会领悟到周围环境的内涵,与环境产生共鸣。如果游客没有一定的文化底蕴,外在的刺激物对于游客只不过是无关之物,不能发挥作用。外在的创意刺激物就如同开启创意大门的钥匙,找不到钥匙,创意生产就不能进行,更谈不上创意互动,这种也就和传统意义上的观光旅游无甚大差异。

第二,高流动性。相对于其他有形的旅游资源,创意具有高度的流动性。传统的文化资源如遗迹遗址、建筑设施等,对该类文化旅游资源的消费依托于文化资源的集聚,但创意资源并非如此,世界各地均可以创造并展示表演艺术以及各类艺术品。创意旅游的可移动性的特征源于其对基础设施的低要求,作为创意旅游客体的旅游目的地不需要大量的实体建筑,也无须支付高额的保护和维修费用,因此,创意旅游是一个流动性高的旅游产品,受空间局限少。

2.创意旅游以产品中的创意元素为基准

创意旅游的客体资源源于创意产业,如手工艺品、表演艺术、摄影等;但与创意产业相关并不意味着就可以构成创意旅游,创意旅游要求有动态的创意过程,旅游者不是被动地参观,而是积极主动地参与,激发创意灵感,发掘创意潜能,从而形成有个性特征的独特的旅游体验。创意旅游的创意基准造就了创意旅游双向性及高附加值两大特征。

第一,双向性。创意旅游需要旅游目的地和旅游者共同协作,只有实现了二者共同作用的旅游产品才算真正的创意旅游。创意旅游的资源不仅要靠旅游目的地来创造,更要靠旅游者自己去创造。因此,旅游者身担创意消费者和创意生产者两职。旅游者参与到他们所消费的创意体验当中,这是旅游目的地必须要保证的关键要素之一。同时,由于旅游者要能够利用当地的旅游资源,这就决定了旅游目的地有义务激发旅游者的创意过程和创意生产。

第二,高附加值。创意旅游的文化性的特征决定了该旅游产品相比普通产品具有更高的附加值,高附加值也是旅游产品的主要特征,这里所讲的高附加值是相对于一般旅游产品的高附加值。创意旅游产品的高附加值来自于旅游目的地与旅游者的共同创造,而一般普通的旅游产品,产品的附加值只是由旅游目的地单方面创造的。因此,创意旅游产品相对于一般的旅游产品具有更高的附加值。

3. 创意旅游需要旅游者与旅游目的地共同协作

作为创意旅游产品,游客参与是创意旅游的关键,创意旅游与传统旅游如文化旅游最大的不同在于,创意体验的获得不仅仅是靠旅游目的地的提供,更重要的是旅游者自身的创造。创意旅游需要旅游者与旅游目的地共同协作。

对于旅游目的地,除了为旅游者提供体验的环境之外,还要能够激发旅游者的创意行为,使其自主自愿地参与到创意过程中,并从所处环境中有所得,运用到自身能力的提高中,从而形成具有个性特征的积极持久的旅游体验。作为旅游目的地,必须能够提供各项创意旅游资源,主要有以下两种形式:

第一,为旅游者展示各项创意活动。旅游目的地为旅游者展示各项富有创意的活动或者事物,旅游者在导游或其他引导系统的了解下,了解所展览或展示的事物。各大艺术馆、博物馆提供的都是这种创意展示的服务,他们向旅游者展示各项由创意工作者们创造艺术品等,许多节庆活动也可以纳入创意展示的范围。以创意展览为主要特征的创意旅游对旅游者来说形成的创意体验是类似的,即使存在体验上的差异,也只是从被动的接受中所收获的知识的多少。因此,创意展览作为一种低层次的创意旅游也就在于此,它不能为旅游者提供个性化的旅游体验。

第二,为旅游者构建创意空间。所谓创意空间是指能激发旅游者创意灵感,帮助旅游者发掘其创意潜能的一个空间范围。创意空间的主题是不确定的,它为旅游者的再创造预留了大量的空间。同样的环境,不同的时间,会给游客带来不同的体验。创意空间是多功能的象征,没有了既定的主题,任何一种解释都可以成为合理的解释,某个特定空间的代表意义可以根据不同人的观念得到无限的丰富和扩张。简而言之,创意空间具有极高的适应性和动态性。

创意空间的代表是一些以创意为特征的空间范围,由于其创意性的特征,这类空间无论是在视觉上还是在感觉上都极具诱惑力,吸引了大量的游客前来观赏、体验,创意产业园区是一个主要代表。但创意产业园区并不是创意空间的全部,创意空间的关键在于其非主题化,也即创意空间能够充分发挥旅游者主观能动性,实现思维的自由。已经主题化了的旅游环境对创意旅游来说是无效的环境,一旦其内涵或主题已经确定,创意生产的大门也就随之关闭,也就谈不上旅游者的创意再生产,创意旅游的讨论也就毫无必要。

四、创意旅游的应用

我国当前的旅游产品以单一的观光产品居多,旅游资源的开发仅仅停留在表层,创意旅游这一产品可以在一定程度上改善这一状况,有利于实现我国旅游业潜力的深度发掘,促进我国从旅游大国向旅游强国转变这一进程。

1. 创意旅游扩展了旅游资源的涵盖范围

创意旅游使一些原不具备旅游资源特征的资源以及不便于进行开发的旅游资源均可借创意旅游之翼进一步扩大其发展空间。例如在文化旅游资源的开发过程中,我们可以在以往以展示为主要开发方式的基础上引入创意旅游,增强与游客的互动性,如旅游目的地一方面向游客展示各项民俗表演,同时也建立专门的民俗表演学习场所,并配备专门的指导老师;其他一些特色物品也可以采用此类方式,如民俗服装的缝制、风味小吃的烹饪、当地传统物品的制作等,游客在进一步了解该项民俗表演的同时"游有所得",更重要的是游客形成了具有个性特征的旅游体验。

2.创意旅游也为旅游目的地创造新产品提供了新路径

某些旅游目的地与周边景区相比或具有资源的同质性,或景色劣于他区,吸引游客的竞争优势不强,对于此类地区,则可引入创意旅游,从而创造其绝对的竞争优势。游客游览并不以欣赏自然风光为主要目的,而是以游客的自由创作活动为主体,形式可以包括摄影、绘画以及其他艺术创造活动等。自然风光以创意空间的功能主体存在,其主要功能是为各位游客提供创意素材,激发创意灵感等,与此同时,诸多具有相同爱好的游客聚集一地也能为游客之间互相交流创作经验、加速创意进程提供一个良好的氛围。如此,不具备有形资源竞争优势的旅游目的地以创意这一无形资源形成了自己的独特吸引力。一些城市远郊地区亦可采用此方式实现旅游业的发展。

在全球范围内,已经出现了一些符合创意旅游特征的产品:新西兰尼尔森(Nelson)的"新西兰创意之旅"(Creative Tourism New Zealand),为游客提供多方面的创意体验及学习,内容包括骨雕、纺织、木雕、马里奥语以及新西兰烹饪方法的学习;还有加拿大安大略省的"野郊之美"(Arts in the Wild),主要涉及的内容有绘画、雕塑、雕刻以及摄影,旨在激发灵感,感受自然;法国的香水之旅,巴塞罗那的"美食与烹饪"等,我国某学者在论及对丽江古城旅游开发时提出了"纳西文化与象形文字研习游"的产品开发思路。这些均可以为创意旅游的发展提供思路,成为我们借鉴和学习的对象。

第四节　全域旅游

旅游业发展进入新的战略机遇期后,有越来越多的省份和城市提出了建设世界一流旅游目的地、世界一流旅游城市或者世界著名旅游城市等新的战略目标。例如,北京市提出"旅游资源多样化、旅游服务便利化、旅游管理精细化和旅游市场国际化"等具体要求,上海市提出了优化旅游公共服务、完善旅游土地资源配置等措施。但是,世界一流旅游目的地的建设不仅需要有新的战略举措,同时更需要有发展理念上的突破。在未来的发展中,需要高度重视从旅游产业理念向旅游经济理念的转变、重视旅游产业向旅游目的地理念的转变,树立"全域旅游"的发展新理念,相信这对未来中国旅游经济的发展是会有所裨益的。

一、全域旅游的概念与内涵

所谓"全域旅游"是指各行业积极融入其中,各部门齐抓共管,全城居民共同参与,充分利用目的地全部的吸引物要素,为前来旅游的游客提供全过程、全时空的体验产品,从而全面地满足游客的全方位体验需求(胡晓苒,2010)。"全域旅游"所追求的,不再停留在旅游人次的增长上,而是旅游质量的提升,追求的是旅游对人们生活品质提升的意义,追求的是旅游在人们新财富革命中的价值。

相应地,全域旅游目的地是指全域范围内一切可资利用的旅游吸引物都被开发形成吸引旅游者的吸引节点、旅游整体形象突出、旅游设施服务完备、旅游业态丰富多样、能吸引相当规模的旅游者的综合性区域空间,是以全域旅游理念打造的全新目的地。

全域旅游强调居民与游客的融合,目标是让旅游目的地真正成为居民的家园、游客的"家园",而不是成为游客的"主题公园",居民更不是"主题公园"中的演员。在全域旅游战略中,居民是"家园"的主人,游客也是这个"家园"中的一份子。主题公园只能短暂停留,只有家园才是可以永远值得挂念的地方。在全域旅游目的地空间中,各个产业通过适当的方式进行了有效的融合,使旅游业成为该区域空间内的产业融合的"触媒"和"融头"。

简而言之,全域旅游目的地指的就是一个旅游相关要素配置完备、能够全面满足游客体验需求的综合性旅游目的地、开放式旅游目的地,是一个能够全面动员(资源)、立足全面创新(产品)、可以全面满足(需求)的旅游目的地。从实践的角度,以城市(镇)为全域旅游目的地的空间尺度最为适宜。

二、全域旅游的特征

1. 全新的资源观

根据全新的资源观不仅是旅游吸引物的类型需要从自然的、人文的类型再进一步扩张到社会的旅游吸引物,还需要将吸引物自身与吸引物所处环境结合在一起,否则孤立的吸引物就如同博物馆中的展品,很容易丧失其鲜活的生命力和吸引力。对于中国多数具有文化底蕴的旅游目的地而言,都需要进一步理清自身的文化特质,需要加快进行自身文化的整理和重建,而文化的整理和重建同样离不开生发出文化的地域背景及其存在环境。

2. 全新的产品观

全域旅游的产品观不仅仅是要包括吸引物、吸引物所在的环境,还需要包括吸引物所处环境中的居民;目的地的文化不仅体现在建筑上、文物上,同时也体现在当地居民的交流语言、生活态度、行为方式、文化取向上,居民的参与是全新产品观的重要体现,居民对所居城市的记忆和体验是游客感受目的地的重要媒介和信息来源。

3. 全新的产业观

全域旅游概念中,旅的发展不是孤军奋战,而是在产业融合中共同发展,有些形成了产业之间的交叉,有些形成了产业之间的互相渗透,有些则通过产业之间的聚变反应创造形成了全新的产业,比如旅游与农业的交叉融合形成的观光农业,文化与旅游的渗透融合形成的主题文化酒店等。

4. 全新的市场观

全域旅游概念中,游客与居民并不是非此即彼的关系,其市场主体也不局限于外来的基于旅游目的的游客,也包括内在的基于休闲需求的居民。居民可以从休闲中享受高品质的生活,休闲中的居民本身也是游客体验的兴趣点。全域旅游不仅要为外来游客提供优质的服务,同时也要充分考虑"生于斯、长于斯"的本地居民的利益。

三、全域旅游的理念

全域旅游与五大发展理念高度契合,也是落实五大发展理念的重要途径。

(1)创新发展方面。发展全域旅游,就是要提升旅游业发展能力,拓展区域旅游发展空间,培育区域旅游增长极,构建旅游产业新体系,培育旅游市场新主体和消费新热点,实施旅游品牌驱动战略和创造旅游发展新引擎。

(2)协调发展方面。全域旅游是推进协调发展、提升发展质量的有效载体,有利于统筹实施供给侧结构性改革,促进供需协调;有利于推动区域特色化发展,促进景点景区内外协调;有利于推进乡村旅游提质增效,促进城乡协调;有利于完善产业配套要素,促进软硬件协调;有利于提升整体服务水平,促进规模质量协调。

(3)绿色发展方面。发展全域旅游,把生态和旅游结合起来,把资源和产品对接起来,把保护和发展统一起来,将生态环境优势转化为旅游发展优势,将绿水青山变成金山银山,创造更多的绿色财富和生态福利,避免陷入"破坏环境换取产值—花费巨大投入医治环境创伤"的恶性循环。

(4)开放发展方面。旅游业是天生的开放行业,而全域旅游更加注重构建开放发展空间,打破地域分割、行政分割,打破各种制约,走全方位开放之路,形成开放发展的大格局。

(5)共享发展方面。全域旅游是释放旅游业综合功能、共享旅游发展红利的有效方式,有利于共建共享美好生活,共建共享基础设施、公共服务、美丽生态环境。实施全域旅游,促进城乡旅游互动和城乡一体化,不仅能够带动广大乡村的基础设施投资,促进厕所革命、道路建设、农田改造等,提高农业人口的福祉,还能提升城市人口的生活质量,并形成统一高效、平等有序的城乡旅游大市场。

四、全域旅游理念的落实

全域旅游理念落地,则需要在全要素、全行业、全过程、全方位、全时空、全社会、全部门、全游客等八个层面加以落实。

1.全要素

全要素就是将整个目的地作为旅游的吸引物,依附在整个目的地的一切可以利用的资源都有可能成为吸引人们前来旅行的吸引物。为此,应该拓展旅游吸引物的范围,全面挖掘自然旅游资源、人文旅游资源和社会旅游资源,跳出景区看旅游、跳出旅游看旅游、跳出旅游目的地看旅游目的地。要关注传统旅游业之外的其他要素,诸如利用农业、工业等产业资源发展农业旅游、工业旅游等,要关注临近地区旅游资源的"飞地式"利用。只要对旅游者有吸引力,无论是物化的元素(如文化遗存)还是非物化的元素(如目的地的氛围),都应该成为全域旅游发展的吸引物。同时,需要高度重视资源的利用方式,因为资源的价值不仅仅取决于资源本身的品位,更在于采取什么的方式来利用资源。

在全要素理念中,需要从以前强调震撼力的景观要素转向景观要素与环境要素并重的思路上来。其实我们对很多国外旅游目的地、旅游城市的一个深刻感知就是,他们拥有的景观质量未必更高,旅游设施未必更豪华,但是他们往往拥有比我国绝大多数目的地更高的环境质量(包括空气质量和休闲环境)。要想发展全域旅游,让人们自愿作更长时间停留,一定要致力于打造具有感染力、渗透力的环境。这一点将随着休闲度假时代的到来而日益显得重要。

2.全行业

全行业就是指旅游在整个目的地产业结构中具有突出的地位,是目的地未来产业发展的融合点、动力点与核心点。随着目的地产业结构的调整,目的地的工业、商业、房地产、手工业等产业都可以打通与旅游业之间的关系,用旅游业来改造、提升这些产业的附加值,通过产业融合来推动这些产业与旅游业的共同发展。当然,在全行业融合过程中,未必能够齐头并进,但旅游目的地应该优选其中融合条件较为成熟的行业优先加以推进、发展。

3.全过程

所谓全过程即指从游客进入目的地开始,一直到游客离开目的地,在这整个过程中,目的地应能提供旅游体验,保证游客从一个体验点到另一个体验点的途中,旅游体验无处不在。因此,在全域旅游发展过程中,应该着力构建"体验点—体验线—体验面—体验场"的体验模型,既重视体验的过程管控,也重视体验的先期介入和后期调控。其实,旅游目的地每个体验环节的创新都可以成为提升旅游体验的"节点",无数个"体验点"的会聚构成"体验线",无数条"体验线"交织成"体验面",无数个"体验面"又构建出立体的"体验场",这个"体验场"就是旅游目的地提供给旅游者的完整体验。

4.全时空

全时空就是指在目的地旅游发展的过程中,无论是淡季还是旺季,无论是白天还是夜晚,无论是目的地核心旅游区域内还是核心旅游区域外,都能够给游客提供能够满足其体验需求的产品和服务,让其满怀信心而来,带着满意而归。

从时间上看,随着我国高速交通体系的形成,网格化的竞争格局必将深刻地影响着旅游目的地的发展空间。加强夜间休闲产品的建设是真正将该地区建设成可停留的目的地的重要一环,否则该地区很有可能成为别的地区的旅游资源"飞地"。从空间上看,全空间的发展并不意味着要全面开发搞旅游,而是要形成"斑块—廊道"的发展格局,依赖良好的交通体系,增加产业点、延伸产业链、拓展产业面、构建产业群,形成若干旅游产业聚集区,打造各具特色的旅游主体功能区,形成若干具有资本聚集、项目聚集、客流聚集、消费聚集的旅游产业集群。

5.全方位

全方位即不仅要满足游客在"吃住行游购娱"方面的体验需求,同时还应该增加"文化、科教、资讯、环境、制度"等相关要素上的供给。只有通过这种全方位的供给,目的地的投资吸引力、旅游吸引力、综合竞争力等才能得到本质的提升,从旅游产业转向旅游目的地、从旅游产业转向旅游经济才能真正得到实现。

另外,需要从主题化、舞台化、场景化等多层次给游客提供旅游体验,从而将目的地经营目标由"到此一游"转向"旅游体验",甚至转向"设计旅游者的人生回忆"。全域旅游必须在智慧旅游、资讯便利上多下工夫,通过与现代技术的结合,在游览引导、解说服务、休闲消费等方面形成卓有成效的创新,并形成全域性、全方位的应用。

6.全社会

全社会即吸引目的地最广泛的居民参与到旅游业服务、经营中来,使得最广大的人民群众都能从参与旅游中获得各自的利益,同时也通过最广大人民群众的积极参与,提升目的地的好客度,全面满足游客的旅游体验,提高旅游体验的满意度。吸引最广泛的投资者参与到旅游业的服务、经营中来,使得目的地能够最广泛地汇聚投资能力,形成快速的需求响应能力和多样化的供给能力,从而最大限度地消化市场需求,将市场需求转变为实实在在的目的地旅游收入。

7.全部门

全部门即全域旅游发展要吸引目的地各大部门积极参与到旅游开发、建设、管理中来,从而推动旅游业发展,同时也可以通过旅游业的发展来拓展本部门的价值。比如,税务部门在积极支持旅游业发展的同时,可以通过旅游业的发展强化税基,从而提升本部门的价值。这方面,河南栾川、重庆武隆、陕西凤县等一些县级目的地已经做出了很多有益尝试。虽然我们不一定要求每个部门都承担推广旅游的指标任务,但的确需要从制度上规定各个部门在目的地开发建设中的义务、目的地营销中的角色分工,尤其是要各个部门在全域旅游战略理念推广、全域旅游市场推广中的角色和义务作出明确规定,要形成全域旅游推广的规范性文本,以便各部门在对外联络推广时统一口径,形成目的地旅游的统一形象。

8.全游客

全游客即在目的地发展旅游的过程中,游客与居民之间的交融,要体现"游客即居民、居民即游客""人人为旅游、旅游为人人"的理念。从本质上看,游客只不过是一个相对短暂时期内、在异国他乡的短暂居住生活而已,在这个相对短暂的时期内,游客就是这个旅游目的地的居民,要真正将游客的身份融入到居民的身份中去,游客在目的地的体验才能深入,游客在目的地的归属感才会强烈,游客在目的地的停留时间才能长久,游客才能真正意义地成为这个旅游目的地的回头客。另外,居民在为外来的旅游者提供良好的服务,创造良好的环境的同时,自己也身处其中,享受着良好旅游环境(包括人文环境、自然环境等)、休闲环境所带来的生活质量的改善、幸福感的提升。

五、从景点旅游模式走向全域旅游模式

从景点旅游模式走向全域旅游模式,具体要实现以下几大转变:

1.从单一景点景区建设和管理向综合目的地统筹发展转变

破除景点景区内外的体制壁垒和管理围墙,实行多规合一,实行公共服务一体化,旅游监管全覆盖,实现产品营销与目的地推广的有效结合。旅游基础设施和公共服务建设从景点景区拓展到全域。

2.从门票经济向产业经济转变

实行分类改革,公益性景区要实行低价或免费开放,市场性投资开发的景点景区门票价格也要限高,遏制景点景区门票价格上涨过快势头,打击乱涨价和价格欺诈行为,从旅游过度依赖门票收入的阶段走出来。

3.导游从封闭式管理体制向开放式管理转变

导游必须由旅行社委派的封闭式管理体制向导游依法自由有序流动的开放式管理转变,实现导游执业的法制化和市场化。

4.从粗放低效旅游向精细高效旅游转变

加大供给侧结构性改革,增加有效供给,引导旅游需求,实现旅游供求的积极平衡。

5.从封闭的旅游自循环向开放的"旅游＋"融合发展方式转变

加大旅游与农业、林业、工业、商贸、金融、文化、体育、医药等产业的融合力度,形成综合新产能。

6.从旅游企业单打独享向社会共建共享转变

充分调动各方发展旅游的积极性,以旅游为导向整合资源,强化企业社会责任,推动建立旅游发展共建共享机制。

7.从"民团式"管理向全域管理转变

从景点景区围墙内的"民团式"治安管理、社会管理向全域旅游依法治理转变,旅游、公安、

工商、物价、交通等部门各司其职。

8.从部门行为向党政统筹推进转变

旅游管理不仅仅是旅游管理部门的实务,要在旅游管理方面形成综合产业综合抓的局面。

9.从简单的国际合作向全方位、多层次国际交流合作转变

从仅是景点景区接待国际游客和狭窄的国际合作向全域接待国际游客,全方位、多层次国际交流合作转变,最终实现从小旅游格局向大旅游格局转变。

思考与练习

1.可持续旅游发展有哪些特点?

2.我国为什么要创建智慧型旅游城市?

3.举例说明创意旅游的特点和发展趋势。

4.如何落实全域旅游?

参考文献

[1] Lan Li. A review of entrepreneurship research published in the hospitality and tourism management journals[J]. Tourism Management,2008,29(5):1013 - 1022.

[2] Larry Dwyer,Peter Forsyth,Ray Spun. Evaluating tourism's economic effects:new and old approaches[J]. Tourism Management,2008,29(3):307 - 317.

[3] Teresa Palmer, Antoni Riera. Tourism and environmental taxes. With spacial reference to the"Balearicecotax"[J]. Tourism management,2003,24(6):665 - 674.

[4] 刘耿大.论旅游经济学的学科体系与定位[J].学术季刊,1998(4):47.

[5] 戴斌.论国际旅游经济学的演进与发展[J].桂林旅游高等专科学校学报,1998,9(3):7.

[6] 申葆嘉.国外旅游研究进展(三)[J].旅游学刊,1996(3):48.

[7] Gray, H. P. The contributions of economics to tourism[J]. Annals of Tourism Research, 1982,9(1):105 - 125.

[8] Sessa, A. Comments on Peter Gray's"The contributions of economies to tourism"[J]. Annals of Tourism Research,1984,11(2):283,302.

[9] 沈杰飞,吴志宏.建立适合我国实际的旅游经学科[J].社会科学,1980(6):57 - 59.

[10] 方民生,王铁生,葛立成.关于旅游经济的几个理论问题[J].浙江学刊,1984(2):2 - 7.

[11] 王洪耘.旅游经济学现状与发展研究[J].首都经贸,1995(4):34 - 35.

[12] 钱林晓.对旅游经济学几个基础概念的新认识[J].桂林旅游高等专科学校学报,1998, 9(4):4.

[13] 刘耿大.论旅游经济学的学科体系与定位[J].学术季刊,1998(4):42 - 51.

[14] 张辉.旅游经济论[M].北京:旅游教育出版社,2002.

[15] 陈肖静.我国旅游经济学研究的回顾与思考[J].生产力研究,2006(4):27 - 29.

[16] 刘毅.旅游经济研究十年——观念与思潮[J].广东社会科学,1991(6):84.

[17] 林南枝,陶汉军.旅游经济学[M].天津:南开大学出版社,1994.

[18] 马波.试论旅游产业经济学的建立[J].旅游学刊,1999(14):24 - 28.

[19] 唐留雄.关于旅游产业经济研究的思考[J].桂林旅游高等专科学校学报,2000,11(1): 20 - 22.

[20] 谷冠鹏,王玉成.旅游经济学教材内容体系的沿革——兼论旅游经济学教材内容体系的 创新[J].河北大学成人教育学院学报,2001,3(2):34 - 36.

[21] 厉新建.旅游经济学批判与框架构建[J].北京第二外国语学院学报,2003(4):6 - 13.

[22] 谷冠鹏,任朝旺,王玉成.理论化:旅游经济学教材建设的持久主题[J].旅游学刊,2003 (18):61 - 64.

[23] 杜江,张凌云.解构与重构:旅游学学科发展的新思维[J].旅游学刊,2004,19(3):

19 - 26.

[24] 张德红.TSA 框架下的旅游消费特征及其影响——谦论旅游经济学研究的逻辑起点[J].消费经济,2006,22(4):63 - 66.

[25] 刘书安,林刚,杨俭波.《旅游经济学》理论体系探析[J].职教探索与研究,2007(2):31 - 34.

[26] 范英杰.经济学分析范式演变与旅游经济学教材内容的完善[J].青岛大学师范学院学报,2008,25(1):93.

[27] 黄月玲,王艳.旅游经济学[M].北京:清华大学出版社,北京交通大学出版社,2012.

[28] 田里.旅游经济学[M].北京:高等教育出版社,2008.

[29] 武瑞营,刘荣.旅游经济学[M].北京:化学工业出版社,2014.

[30] 罗明义.旅游经济学(第二版)[M].北京:北京师范大学出版社,2009.

[31] 田里.旅游经济学[M].北京:清华大学出版社,2007.

[32] 肖俊兰.旅游消费案例解析[M].北京:中国社会出版社,2010.

[33] 粟娟.旅游消费经济学[M].成都:西南交通大学出版社,2014.

[34] 刘又堂.旅游经济学[M].大连:大连理工大学出版社,2011.

[35] 吕汝健,刘俊丽,等.旅游市场营销[M].北京:清华大学出版社,2014.

[36] 许南垣,等.旅游投资研究[M].天津:南开大学出版社,2008.

[37] 姜若愚,刘奕文.旅游投资与管理[M].昆明:云南大学出版社,2007.

[38] 邹统钎,崔海雷.旅游地产开发与经营经典案例[M].北京:北京师范大学出版社,2010.

[39] 秦丹.旅游投资在大众旅游时代的发展模式浅见[J].旅游纵览(下半月),2016(07).

[40] 刘一杰.我国旅游投资问题探究[J].旅游纵览(下半月),2015(08).

[41] 孔英丽.基于旅游投资环境的旅游投资模式分析[J].财会通讯,2015(20).

[42] 麻学锋,何颖怡,孙根年.旅游投资决定机制及其时空响应——以张家界为例[J].地理科学进展,2014(02).

[43] 柳应华,宗刚,杨柳青.不确定条件下旅游投资决策分析方法的对比与应用[J].数学经济技术经济研究,2013(05).

[44] 周运瑜.张家界旅游投资环境研究——基于旅游投资企业的视角[J].怀化学院学报,2009(10).

[45] 陈军军,支国伟.柬埔寨旅游投资环境分析[J].旅游纵览(下半月),2015(02).

[46] 闫玮.洛阳市旅游投资环境评价[J].洛阳理工学院学报(社会科学版),2014(03).

[47] 艾冰.旅游投资热下的冷思考[J].企业观察家,2014(09).

[48] 张辉,魏翔.新编旅游经济学[M].天津:南开大学出版社,2007.

[49] 王大悟,魏小安.新编旅游经济学[M].上海:上海人民出版社,1998.

[50] 罗明义.旅游经济学[M].天津:南开大学出版社,1998.

[51] 李亚非.旅游经济[M].北京:中国林业出版社,2001.

[52] 田里.旅游经济学[M].北京:高等教育出版社,2001.

[53] 刘晓鹰.旅游经济学[M].北京:科学出版社,2008.

[54] 斯蒂格里茨.经济学[M].北京:中国人民大学出版社,1997.

[55] 郝索.旅游经济学[M].西安:西北大学出版社,1999.

[56] 戴斌.旅游中的经济现象与经济学视角下的旅游活动——论旅游经济学学科体系的构建[J].旅游学刊,2001:4.

[57] 中国旅游统计年鉴编委会.中国旅游统计年鉴(2014—2015)[M].北京:中国旅游出版社,2014—2015.

[58] 张晓明.论旅游经济效益及评价[J].合作经济与科技,2013(17):21-22.

[59] Adrian Bull. The Economics of Travel and Tourism[M].大连:东北财经大学出版社,2004.

[60] Nigel Morgen, Annette Pritchard, Roger Pride.旅游目的地品牌管理[M].天津:南开大学出版社,2006.

[61] 张凌云,黎巎,刘敏.智慧旅游的基本概念与理论体系[J].旅游学刊,2012(5):66-73.

[62] 刘军林,范云峰.智慧旅游的构成、价值与发展趋势[J].重庆社会科学,2011(10):121-124.

[63] 邬贺铨,刘健,戴荣利,等.信息化与城市建设和管理[J].信息化建设,2010(6):12-13.

[64] 李德仁,龚健雅,邵振峰.从数字地球到智慧地球[J].武汉大学学报(信息科学版),2010(2):127-132.

[65] 鹿晓龙.智慧旅游搞不好就纸上谈兵[N].中国旅游报,2011-07-01(2).

[66] 叶铁伟.智慧旅游:旅游业的第二次革命(上)[N].中国旅游报,2011-05-25(11).

[67] 黄超,李云鹏."十二五"期间"智慧城市"背景下的"智慧旅游"体系研究[C].2011旅游学刊年会会议论文集,2011:55-68.

[68] 吴学安."智慧旅游"让旅游进入"触摸时代"[N].人民日报(海外版),2011-06-09(08).

[69] 刘军林,范云峰.智慧旅游的构成、价值与发展趋势[J].重庆社会科学,2011(10):121-124.

[70] 王宏星.移动互联网技术在旅游业中的应用研究[D].杭州:浙江大学,2004:27-29.

[71] 乔玮.手机旅游信息服务初探[J].旅游科学,2006(3):67-71.

[72] 丁宁.科技让你乐享旅游[N].中国旅游报,2011-06-08(01,02).

[73] 黄羊山.智慧旅游的作用与前景(下)[N].中国旅游报,2011-02-18(11).

[74] 朱洪波,杨龙祥,于全.物联网的技术思想与应用策略研究[J].通信学报,2010(11):2-9.

[75] 邬贺权.物联网的应用与挑战综述[J].重庆邮电大学学报(自然科学版),2010,22(5):526-531.

[76] 宁焕生,徐群玉.全球物联网发展及中国物联网建设若干思考[J].电子学报,2010(11):590-599.

[77] 陈康,郑纬民.云计算:系统实例与研究现状[J].软件学报,2009(5):1337-1348.

[78] 杨立勋,殷书炉.人工智能方法在旅游预测中的应用及评析[J].旅游学刊,2008(9):17-22.

[79] 周钧,冯学钢.创意旅游及其特征研究[J].桂林旅游高等专科学校学报,2008(3):394-397,401.

[80] Drake G. 'This place gives me space':place and creativity in the creative industries[J]. Geoforum,2003(4):511-524.

［81］李学江,杜岩.体验经济给我国旅游商品开发的启示［J］.商业研究,2006(1):183－185.

［82］张京成.中国创意产业发展报告(2006)［M］.北京:中国经济出版社,2006.

［83］贺寿昌.创意学概论［M］.上海:上海人民出版社,2006.

［84］Grey Richards J W. Developing creativity in tourist experiences:A solution to the serial reproduction of culture? ［J］. Tourism Management,2006(6):1209－1223.

［85］厉新建,张凌云,崔莉.全域旅游:建设世界一流旅游目的地的理念创新——以北京为例［J］.人文地理,2013(3):130－134.

［86］李金早.从景点旅游模式走向全域旅游模式［J］.紫光阁,2016(3):42.

［87］张辉,厉新建.旅游经济学原理［M］.北京:旅游教育出版社,2004.

图书在版编目(CIP)数据

旅游经济学/温秀主编. —西安:西安交通大学
出版社,2017.1(2021.7重印)
ISBN 978 - 7 - 5605 - 9313 - 5

Ⅰ.①旅… Ⅱ.①温… Ⅲ.①旅游经济学
Ⅳ.①F590

中国版本图书馆 CIP 数据核字(2016)第 321818 号

书 名	旅游经济学
主 编	温 秀
责任编辑	王建洪

出版发行	西安交通大学出版社
	(西安市兴庆南路 1 号 邮政编码 710048)
网 址	http://www.xjtupress.com
电 话	(029)82668357 82667874(发行中心)
	(029)82668315(总编办)
传 真	(029)82668280
印 刷	西安日报社印务中心

开 本	787mm×1092mm 1/16 印张 11 字数 262 千字
版次印次	2017 年 5 月第 1 版 2021 年 7 月第 3 次印刷
书 号	ISBN 978 - 7 - 5605 - 9313 - 5
定 价	29.80 元